国家科技重大专项“涪陵页岩气开发示范工程”（编号：2016ZX05060）项目成果

中国页岩气发展战略与政策体系研究

A Study on China's Shale Gas Development Strategy and Policy System

马忠玉　胡德高　著

中国环境出版集团·北京

图书在版编目（CIP）数据

中国页岩气发展战略与政策体系研究/马忠玉，胡德高著．—北京：中国环境出版集团，2019.5
ISBN 978-7-5111-3971-9

Ⅰ．①中…　Ⅱ．①马…②胡…　Ⅲ．①油页岩资源—产业发展—研究—中国　Ⅳ．①F426.22

中国版本图书馆 CIP 数据核字（2019）第 083344 号

出 版 人　武德凯
责任编辑　董蓓蓓
责任校对　任　丽
封面设计　宋　瑞

出版发行　中国环境出版集团
（100062　北京市东城区广渠门内大街 16 号）
网　　址：http：//www.cesp.com.cn
电子邮箱：bjgl@cesp.com.cn
联系电话：010-67112765（编辑管理部）
发行热线：010-67125803，010-67113405（传真）
印　　刷　北京中科印刷有限公司
经　　销　各地新华书店
版　　次　2019 年 5 月第 1 版
印　　次　2019 年 5 月第 1 次印刷
开　　本　787×960　1/16
印　　张　16.75
字　　数　300 千字
定　　价　119.00 元

前 言

天然气作为优质、高效、清洁的低碳能源，是“十三五”时期及未来中长期我国能源结构优化和大气污染防治的根本选择。我国政府高度重视天然气发展，在《能源发展“十三五”规划》《天然气发展“十三五”规划》中均提出以提高天然气在一次能源消费结构中的比重为发展目标，大力发展天然气产业，逐步将天然气培育成为主体能源之一。随着能源生产消费革命的落实、新型城镇化进程的加快、国际国内天然气供应稳定、油气体制改革深入推进，天然气等清洁能源比重将进一步提高，为页岩气产业大发展提供了重要战略机遇。

我国页岩气资源总体较为丰富，得益于确立页岩气新矿种地位、招标出让页岩气探矿权、制定页岩气产业发展规划、深化油气监管体制改革、出台页岩气开发利用补贴政策等支持政策相继取得重大突破，我国业已成为北美洲之外第一个实现页岩气规模化商业开发的国家。但目前我国页岩气产业还处于起步阶段，依然面临市场开拓难度较大、深层技术有待突破、鼓励竞争还须加强等多重挑战。亟须在现有产业支持政策的基础上，开展我国页岩气发展战略与政策体系研究，为促进我国页岩气产业健康可持续发展提供政策参考。

本书在我国经济发展新时代和能源发展新战略的大背景下，对我国页岩气发展战略与政策体系进行了深入研究，主要做了四个方面的探讨。一是深入分析了我国页岩气和其他来源天然气的资源供应能力和需求，通过构建天然气供应优化模型，测算满足未来天然气需求的最优供应路径，进而判断页岩气产业增长潜力。二是在页岩气开发潜力的基础上，定性和定量分析了页岩气开发对我国经济社会环境综合影响。三是开展了美国支持页岩气发展的政策研究，为我国相关支持页岩气发展的政策制定提供参考，研究提出了促进我国页岩气发展的政策措施及战略建议。四是以重庆页岩气开发为案例，分析了重庆页岩气开发现状、模式、产业链及监管政策与措施等，为我国其他地区页岩气开发提供借鉴。本书分为上、下两篇，共 12 章，具体内容安排如下:

第 1 章“我国页岩气资源潜力分布与开发现状”，阐述了世界和我国页岩气资源潜力与分布以及勘探开发情况，并重点介绍了我国 4 个国家级页岩气示范区在勘探开发方面的相关进展，同时分析了当前我国页岩气勘探开发面临的问题。

第 2 章“基于优化模型的我国页岩气供应潜力测算”，对我国未来中长期全国及分省的能源供需走势进行了预测，结合不同政策情景，评估了我国天然气需求潜力以及各地的天然气需求潜力。依据天然气供应优化模型，测算满足这些未来需求的天然气最优供应路径，进而判断页岩气产业增长潜力及区域分布。

第 3 章“页岩气开发经济社会环境影响研究”，在页岩气开发潜力的基础上，首先定性和定量分析了页岩气开发对我国经济社会的影响，其次定量分析了页岩气开发对我国环境的影响，最后提出在全国进行页岩气开发之前应采取差异化开发和管理措施。

第 4 章“美国页岩气开发政策体系及借鉴启示”，梳理了美国在页岩气不同发展时期的政府资助勘探开发技术研究、财政税收优惠、公平准入等市场化机制、系列环境保护法律法规等产业扶持政策体系，借鉴美国的相关经验和做法，提出了进一步健全和完善我国页岩气产业政策体系。

第5章“我国页岩气产业发展政策体系研究”，系统梳理了当前我国的页岩气相关政策，从页岩气勘探开发、科技支持、运输和市场、财政补贴和税收优惠等方面剖析了当前我国页岩气开发政策体系存在的问题，最后构建了我国页岩气产业发展的政策体系。

第6章“我国页岩气产业发展战略研究”，在分析“十三五”时期我国页岩气产业发展机遇与挑战的基础上，提出深入贯彻页岩气“四个革命、一个合作”发展战略思想，从“积极培育页岩气多行业应用、稳步开展页岩气多层次开发、加强自主勘探开发技术攻关、完善页岩气产业链扶持政策、创新页岩气对外多模式合作”五个维度着力的战略选择，为促进页岩气产业快速健康发展提供战略支撑。

第7章“重庆页岩气开发现状分析”，分析了重庆页岩气资源状况及分布，将重庆页岩气资源分布划分为中部、渝东南、渝东北、渝西4个区块。针对重庆页岩气勘探开发情况，给出了页岩气开发区域分布情况、页岩气主要开发公司情况、页岩气勘探开发区块情况、页岩气勘探开发重点项目情况。

第8章“重庆页岩气开发模式分析”，首先对国内的页岩气主要开发模式进行梳理，分析不同企业在不同发展阶段所采取开发模式的特点、优点和缺点，以及各种开发模式的适用条件；其次分析页岩气开发模式构建的影响因素，提出重庆市构建以“央企+地方政府”为主、适当引入下游产业链企业参与的开发示范模式，满足精细化工产业需求；最后构建了“以央企为主，地方政府和企业参与”的开发模式，既有利于促进页岩气的就地消纳和产业布局，又有利于促进城乡一体化建设。

第9章“重庆涪陵‘油公司’开发模式分析”，从涪陵“油公司”模式现状、优势、不足等维度出发，重点剖析了涪陵“油公司”模式的利弊，提出了深化改进的措施，并提出了复制和推广涪陵开发建设模式、深化“油公司”开发管理模式、整合培育页岩气产业服务公司等页岩气行业发展模式建议。

第 10 章“重庆页岩气开发的产业链研究”，在分析重庆页岩气产业链现状以及产业链优势、劣势、机遇与挑战的基础上，提出了重庆页岩气装备产业、LNG 产业、环保产业与天然气化工产业 4 个重点产业发展方向，以及重庆页岩气产业的发展目标。

第 11 章“重庆页岩气开发产业分析”，重点分析了重庆页岩气装备产业、环保产业和利用产业的发展。在调查分析国内外页岩气装备产业发展现状的基础上，分析了国内页岩气装备产业的竞争态势、重庆装备产业优劣势，提出了装备产业发展路径；在分析重庆环保产业的基础上，对环保产业产值进行了预测，并提出了环保产业发展方式；在着重分析页岩气化工、LNG 汽车、页岩气发电等利用产业的基础上，提出了页岩气利用新领域和未来趋势。

第 12 章“重庆页岩气开发监管政策与措施”，从税收优惠、财政补贴、投资融资、技术创新等方面构建了重庆页岩气开发政策体系，主要包括充分发挥市场机制作用、提高就地转化水平、构建页岩气开发环境监管长效协调机制、共同促进市场发育和监管体系完善等，为页岩气产业可持续发展注入活力及提供保障。

本书技术路线和研究方法科学合理。一是采用模型仿真、部门分析法、定性分析和案例调研相结合的方法，对未来页岩气产业发展的战略定位进行了系统评估，对行业健康发展的商业模式进行了系统分析。二是运用产业经济学、能源系统分析、成本效益评估、环境保护等多学科交叉知识，以及国内外资料研究、实地调研与模型测算相结合的技术路线，全面解析了涪陵页岩气开发项目的成功经验和面临的挑战。三是运用国家信息中心中国中长期能源供需预测模型，通过情景测算对各种现存发展障碍的影响和拟推行政策可能达到的效果进行综合评估，明确了我国页岩气发展的战略定位和未来发展所需的政策支持。

本书是在国家科技重大专项“涪陵页岩气开发示范工程”（编号：2016ZX05060）专题任务“我国页岩气发展战略与政策体系研究”（编号：2016ZX05060-028）的基础上修订完成的，专题任务负责人为国家信息中心副主任马忠玉研究员。本书共分为上、下两篇，上篇为我国页岩气开发潜力、战略与政策体系研究，下篇为重庆页岩气开发案例研究。马忠玉研究员、胡德高总经理负责全书统稿与审定，肖宏伟、温志超负责部分章节统稿，各章节撰写分工如下：

上篇：我国页岩气开发潜力、战略与政策体系研究		
章 序	章 名	撰写者
前言	前言	肖宏伟、温志超
第 1 章	我国页岩气资源潜力分布与开发现状	温志超、肖宏伟
第 2 章	基于优化模型的我国页岩气供应潜力测算	李继峰、温志超
第 3 章	页岩气开发经济社会环境影响研究	温志超、谢海燕、肖宏伟
第 4 章	美国页岩气开发政策体系及借鉴启示	肖宏伟、谢海燕
第 5 章	我国页岩气产业发展政策体系研究	温志超、肖宏伟、李继峰
第 6 章	我国页岩气产业发展战略研究	肖宏伟、温志超
下篇：重庆页岩气开发案例研究		
章 序	章 名	撰写者
第 7 章	重庆页岩气开发现状分析	黄仲尧
第 8 章	重庆页岩气开发模式分析	廖如刚
第 9 章	重庆涪陵“油公司”开发模式分析	温志超、谢海燕
第 10 章	重庆页岩气开发的产业链研究	廖如刚
第 11 章	重庆页岩气开发产业分析	黄仲尧
第 12 章	重庆页岩气开发监管政策与措施	廖如刚

参与本书撰写的主要成员如下：

序号	姓　名	单　位	职务/职称
1	马忠玉	国家信息中心	副主任/研究员
2	胡德高	中石化重庆涪陵页岩气勘探开发有限公司	总经理/教授
3	李继峰	国家信息中心经济预测部	副处长/副研究员
4	肖宏伟	国家信息中心经济预测部	副研究员
5	谢海燕	国家发展改革委经济体制与管理研究所	副处长/副研究员
6	温志超	国家信息中心经济预测部	助理研究员
7	黄仲尧	中石化重庆涪陵页岩气勘探开发有限公司	副总经理
8	廖如刚	中石化重庆涪陵页岩气勘探开发有限公司	技术中心主管

在研究过程中，课题组得到了中石化重庆涪陵页岩气勘探开发有限公司副总经理黄仲尧、技术中心主管廖如刚等专家学者的协助，在此表示衷心感谢！同时，本书能顺利出版，中国环境出版集团的帮助也十分珍贵，本书作者在此对他们表示诚挚的感谢。

由于作者研究水平有限，书中难免有不当和错漏之处，敬请批评指正。

目　录

上篇　我国页岩气开发潜力、战略与政策体系研究

下篇 重庆页岩气开发案例研究

/ 图目录 /

表目录

上　篇

我国页岩气开发潜力、战略与政策体系研究

第1章 我国页岩气资源潜力分布与开发现状

全球页岩气资源潜力巨大，目前探明的页岩气资源量超过 200 万亿 m^3，主要分布在亚太、北美、南美、非洲和欧洲等地区。美国、加拿大、中国和阿根廷是目前世界上实现页岩气商业化开发的国家。美国是世界上页岩气开发最为成功的国家，受美国“页岩气革命”的鼓舞，我国也掀起了页岩气开发的热潮。我国页岩气资源丰富、分布广泛、开发前景广阔。目前我国页岩气勘探开发工作主要集中在四川盆地和其周边地区，部分地区已成功取得了商业化开发，然而我国页岩气勘探开发尚处于初级阶段，仍面临诸多问题。

1.1 世界页岩气资源潜力与开发进程

1.1.1 世界页岩气资源潜力与分布

2011 年，美国能源署（EIA）对 46 个国家的页岩气资源进行了评估。EIA 的评估数据显示，全世界拥有页岩气资源为 214.10 万亿 m^3，其中亚太地区为 51 万亿 m^3，排在第一位；北美地区为 49.2 万亿 m^3，排在第二位；南美地区和非洲地区分别排在第三位和第四位，页岩气资源量分别为 40.4 万亿 m^3 和 39.6 万亿 m^3；而西欧、东欧和中东页岩气资源量相对较少。世界各地区页岩气资源量见表 1-1。

从国家来看，页岩气资源量排在前十位的分别是中国、阿根廷、阿尔及利亚、美国、加拿大、墨西哥、澳大利亚、南非、俄罗斯和巴西（图 1-1）。中国页岩气资源量为 31.6 万亿 m^3，远高于排在第二位的阿根廷，是美国页岩气资源量的近 2 倍。页岩气资源量前十国家占世界页岩气总资源量的 75.4%。

表 1-1 世界各地区页岩气资源量

单位：万亿 m^3

地区	国家	页岩气资源量	地区	国家	页岩气资源量
西欧	丹麦	0.9	南美	阿根廷	22.7
	法国	3.9		玻利维亚	1.0
	德国	0.5		巴西	6.9
	荷兰	0.7		智利	1.4
	挪威	0		哥伦比亚	1.5
	西班牙	0.2		巴拉圭	2.1
	瑞典	0.3		乌拉圭	0.1
	英国	0.7		委内瑞拉	4.7
	总计	7.2		总计	40.4
非洲	阿尔及利亚	20.0	亚太	中国	31.6
	埃及	2.8		印度	2.7
	利比亚	3.4		印度尼西亚	1.3
	毛里塔尼亚	0		蒙古	0.1
	摩洛哥	0.3		巴基斯坦	3.0
	突尼斯	0.6		泰国	0.2
	西撒哈拉	0.2		澳大利亚	12.1
	乍得	1.3		总计	51.0
	南非	11.0	东欧+欧亚	保加利亚	0.5
	总计	39.6		立陶宛	0.1
中东	约旦	0.2		波兰	4.1
	阿曼	1.4		罗马尼亚	1.4
	阿联酋	5.8		俄罗斯	8.1
	总计	7.4		土耳其	0.7
北美	美国	17.6		哈萨克斯坦	0.8
	加拿大	16.2		乌克兰	3.6
	墨西哥	15.4		总计	19.3
	总计	49.2	世界	总计	214.10

资料来源：EIA，2012。

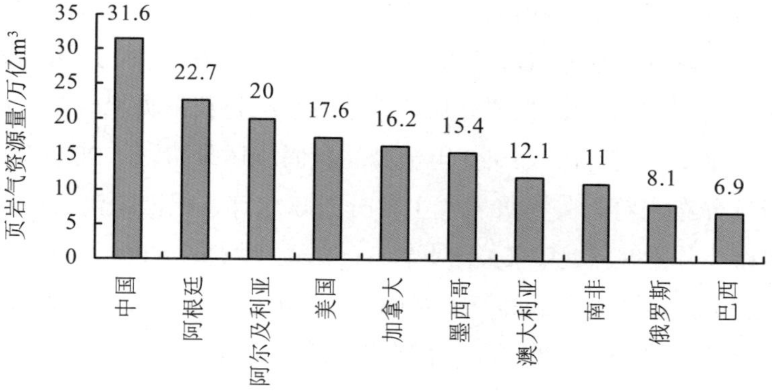

图 1-1 页岩气资源量前十国家

1.1.2 世界页岩气勘探开发概况

目前，世界上只有美国、加拿大、中国和阿根廷成功实现了页岩气的商业化开发，其他国家仍处于页岩气的勘探和待开发阶段。2017 年，全球页岩气产量为 4 937 亿 m^3，其中美国 4 772.28 亿 m^3、中国 90.25 亿 m^3、加拿大 52.14 亿 m^3、阿根廷 22.30 亿 m^3。

（1）美国页岩气勘探开发概况

美国是世界上页岩气勘探开发最早也是最成功的国家。1821 年，美国第一口页岩气井钻探于纽约州 Chautanqua 县 Fredonia 镇的泥盆系页岩。然而一直到 20 世纪 80 年代，页岩气仍然被认为是无法进行商业化开发的。1981 年美国政府开始投入大量的资金用于页岩气的勘探研究，最终促进了后期水力压裂等一系列技术的形成。1997 年，Mitchell 能源公司在巴奈特页岩开发中首次使用了清水压裂技术，至此水力压裂技术形成。水力压裂技术，使巴奈特的最终采收率提高了 20% 以上，作业费用减少了 65%。1999 年和 2003 年分别实现重复压裂技术和水平井开采，使得美国页岩气产量大幅增长。1997—2009 年，美国 10 年间完成了 13 500 口钻井，这其中主要是水平钻井。

巴奈特页岩在美国页岩气商业开发过程中具有代表性意义，其开发是美国页岩气开发技术进步及产量提高的历程缩影，其开发历程大体可划分为五个阶段。第一阶段：页岩气开发初期阶段（1981—1985 年），采用直井式生产方式，通过泡沫压裂获得页岩气。第二阶段：大型水力压裂阶段（1985—1997 年），采用直井式生产方式，通过交联冻胶液获得页岩气。第三阶段：清水压裂阶段（1997 年至今），采用清水作为压裂的主要介质，通过清水压裂获得页岩气。第四阶段和第五阶段分别为重复压裂阶段（1999 年至今）和同步压裂阶段（2006 年至今）。

从页岩气分布来看，美国页岩气主要分布东北部、墨西哥湾、中部内陆、洛基山和西海岸。总体上，近年来美国页岩气产量逐年增长，2000 年美国的页岩气年产量为 122 亿 m^3，仅占美国天然气产量的 1%；2010 年页岩气产量为 1 378 亿 m^3，占美国天然气产量的 23%；2017 年美国页岩气产量为 4 772 亿 m^3，占美国天然气产量的近一半，为 49.9%。

（2）加拿大页岩气勘探开发概况

加拿大是在美国之后，第二个对页岩气进行勘探开发的国家，同时也是实现对页岩气成功商业化开发的国家。虽与世界其他国家和地区相比，加拿大已实现页岩气的商业化开发，但是与美国相比，加拿大还处于起步阶段。

20 世纪 90 年代，加拿大开始进行页岩气勘探，主要集中在阿尔伯塔省（Alberta），后期逐渐拓展到不列颠哥伦比亚（British Columbia）等省。2000—2001 年，不列颠哥伦比亚省三叠纪页岩气开始进行商业性开发，而后页岩气的勘探开发扩展到萨斯喀彻温省（Saskatchewan）、安大略省（Ontario）、魁北克省（Quebec）以及新斯科舍省（Nova Scotia）等。目前，加拿大页岩气勘探开发主要集中在不列颠哥伦比亚省东北部的中泥盆统霍恩河盆地与三叠纪的 Montney 页岩。

加拿大的页岩气资源主要分布在不列颠哥伦比亚省、阿尔伯塔省、萨斯喀彻温省、安大略省、魁北克省低地、滨海诸省（Mar-itimes）5 个地区。

2014 年加拿大页岩气产量约为 215 亿 m^3，占天然气总产量的 15%，占天然气消费量的 21.4%。2017 年加拿大页岩气产量没有太大变化，仍约为 215 亿 m^3。据美国高级资源国际公司（ARI）预测，到 2020 年加拿大页岩气产量预计超过 625 亿 m^3，但从目前的进度来看，ARI 对加拿大 2020 年的页岩气产量明显过于乐观。

（3）阿根廷页岩气勘探开发概况

阿根廷是继北美地区之后实现页岩气商业开发的新兴国家。

2011 年 1 月，阿根廷国家石油公司（YPF）与法国道达尔公司合作获得了内乌肯盆地的 4 个页岩气区块开发的权益。2011 年 8 月，美国哈利伯顿公司在内乌肯盆地完成了第一口水平井，并实施了多阶段的水力压裂，获得了高产页岩气。2012 年 Apache 公司在阿根廷乌内肯盆地对中侏罗统洛斯莫莱斯组页岩获日产天然气 12.7 万 m^3。Exxon Mobile 和 Amrica Petrogas 公司针对巴卡穆埃尔塔组页岩采用直井 4 段分段压裂，获日产气 9 万 m^3、日产油 18 桶。2013 年 7 月，阿根廷国家石油公司与雪佛龙公司合作，双方协议初期投资 12.4 亿美元开发页岩油气，在 5 000 英亩①的土地上钻井 100 口。阿根廷国家石油公司也与美国的陶氏化学签署了初步的合作协议，对页岩气油气资源进行开发。2014 年 12 月，阿根廷国家石油公司与巴西石油公司合作开发阿马加奇卡区块，数据表明在 2015 年 4 月，阿根廷国家石油公司已获得每日 22 900 桶石油和 6 700 万 ft^3 ②天然气的生产量。

阿根廷最大的页岩油气储藏在内乌肯盆地。此外，阿根廷境内的格尔夫圣乔治盆地以及南部麦哲伦盆地的页岩具有较大的油气资源潜力。2017 年阿根廷页岩气产量为 22.30 亿 m^3。

（4）其他国家和地区页岩气勘探开发概况

欧盟的油气供应一直依赖于俄罗斯，随着美国“页岩气革命”的成功，欧盟也开始了页岩气的勘探开发进程。总体层面上，欧盟对页岩气的开采持比较谨慎的态度，其中欧盟中波兰和英国是页岩气勘探开发比较积极的国家，并在国内立法层面大力推动；而德国由之前的禁止页岩气勘探开发转为有条件开放开发，而法国一直是保持禁止开发的态度。

波兰是欧盟中页岩气储量最多的国家，也是页岩气开发积极的推动者。波兰有三大页岩气盆地，分别位于波罗的海、波德拉谢以及卢布林地区。巨大的页岩气资源吸引国内外各大能源公司纷纷加入波兰的页岩气勘探开发。波兰已颁布超过 100 个页岩气勘探许可，已引入了埃克森美孚、康菲和埃尼等国际能源巨头。但由于波兰技术和资金等问题，波兰页岩气开发进展缓慢。波兰天然气公司在 2012 年投资 2 亿美元用于勘探页岩气，拟 2014 年实现商业化开采页岩气资源，但 2014 年下半年以来，国际油价大幅下行，使得波兰页岩气勘探开发陷入了困境，错失了页岩气勘探开发的窗口期，所有页岩气项目基本停止。波兰迄今为止仍未钻出一口商业化的页岩气井，并且因为投资过高，埃克森美孚等能源巨头先后撤

① 1 英亩=0.404 9 hm^2。
② 1 ft^3（立方英尺）= 2.832×10^{-2} m^3。

离。波兰石油天然气公司预计波兰页岩气实现商业化开发仍需 6 年。随着波兰页岩气勘探开发进展缓慢，以及国际能源巨头公司的陆续离开，波兰政府意识到需要采取一些页岩气勘探开发的优惠举措。

英国之前曾颁布页岩气开采的禁令，但随着大规模离岸页岩气资源的发现，其态度在逐步转变。英国页岩气潜在技术可采资源量为 0.74 万亿 m^3。英国富含页岩油气的区域主要分布在英格兰北部的鲍兰—霍德尔盆地（Bowland Hodder Basin）、英格兰南部的威尔德盆地（Weald Basin）和苏格兰中央平原地区（Midland Valley of Scotland）。

1.2 我国页岩气资源潜力与开发进展

1.2.1 我国页岩气资源潜力与分布

我国页岩气资源分布广、发育层系多，形成条件多样，整体资源潜力很大，开发前景广阔。2009 年以来，国内外多家机构对我国页岩气资源量进行了评估。

（1）美国 EIA 评估结果

2013 年 6 月，美国 EIA 发布了《世界页岩气和页岩气资源评价》报告，报告中对我国 7 个盆地和 18 个层系的页岩气资源量进行了评估。评估结果显示，我国页岩气技术可采资源量为 31.6 万亿 m^3，其中四川盆地页岩气资源最为丰富，技术可采资源量为 17.7 万亿 m^3，占总技术可采量的 56.0%；其次是塔里木盆地和扬子台地，技术可采量分别占总技术可采量的 19.3%和 13.4%。

（2）国土资源部评估结果

2012 年 3 月，国土资源部发布了《中国陆域页岩气资源潜力评价初步成果》，对我国陆域 5 大区、41 个盆地和地区、87 个评价单元、57 个含气页岩层段的页岩气资源潜力进行了评价。评估结果表明，我国页岩气地质资源量为 134.41 万亿 m^3，技术可采资源量为 25.08 万亿 m^3。评估结果优选出 180 个页岩气有利区。其中，上扬子及滇黔桂区有利区 60 个，占全国总数的 33%；华北及东北区 57 个，占全国总数的 32%；西北区 38 个，占全国总数的 21%；中下扬子及东南区 25 个，占全国总数的 14%。国土资源部详细的资源评价结果见表 1-2。

表 1-2　我国页岩气资源评估结果　　单位：万亿 m^3

评价单元		地质资源量	技术可采量	技术可采量占比/%
上扬子及滇黔桂区	四川盆地及周缘	40.02	6.44	39.62
	黔中隆起及周缘	14.44	1.87	
	桂中坳陷	2.33	0.53	
	南盘江盆地	2.36	0.26	
	百色南宁盆地	1.01	0.25	
	十万大山盆地	0.79	0.14	
	黔南坳陷	0.69	0.26	
	六盘山盆地	0.46	0.13	
	楚雄盆地	0.42	0.04	
	西昌盆地	0.14	0.01	
华北及东北区	鄂尔多斯盆地及外围地区	11.81	2.71	26.7
	松辽盆地及其外围地区	5.90	1.65	
	渤海湾盆地及其外围地区	5.06	1.34	
	南襄盆地及南华北地区	3.44	0.86	
	沁水盆地及其外围地区	0.57	0.14	
中下扬子及东南区	中扬子地区	9.81	1.59	18.49
	下扬子地区	5.94	1.07	
	苏北地区	3.28	0.48	
	湘中地区	2.81	0.75	
	湘东南	1.53	0.34	
	萍乐坳陷	0.62	0.16	
	东南地区	0.61	0.16	
	赣西北地区	0.56	0.09	
西北区	塔里木盆地	9.90	1.58	15.19
	准格尔盆地	3.73	1.00	
	柴达木盆地	2.72	0.56	
	中小型盆地	1.88	0.35	
	吐哈盆地	1.39	0.29	
	酒泉盆地	0.28	0.03	
总　计		134.50	25.08	100

资料来源：国土资源部。

2015 年 10 月，国土资源部再次发布页岩气资源评价结果，全国页岩气技术可采资源量有所降低，为 21.8 万亿 m^3，其中海相页岩 13.0 万亿 m^3、海陆过渡相页岩 5.1 万亿 m^3、陆相页岩 3.7 万亿 m^3。

（3）其他研究机构评估结果

2009 年，中国地质大学张金川等采用统计法、类比法以及德尔菲法等估算得出，我国页岩气可采资源量为 26 万亿 m^3。2010 年，中国石油勘探开发研究院廊坊分院的刘洪林等采用类比法，得出我国页岩气资源量为 21.5 万亿～45 万亿 m^3。2012 年，中国工程院在《我国页岩气和致密气资源潜力与开发利用战略研究》中评价了我国页岩气资源量，得出我国页岩气技术可采量为 11.5 万亿 m^3。各机构发布的我国页岩气资源评估结果见表 1-3。

表 1-3 国内外各机构发布的我国页岩气资源评估结果 单位：万亿 m^3

年份	研究机构	地质资源量	可采资源量
2009	中国地质大学	—	26
2010	中国石油勘探开发研究院廊坊分院	—	21.5～45
2012	国土资源部	134.50	25.08
2012	中国工程院	—	11.5
2013	美国 EIA	—	31.6
2015	国土资源部	—	21.8

从表 1-3 可以看出，中国工程院与各研究结构评价结果差异明显，中国工程院评价结果偏低。而且值得注意的是，国土资源部评估的 2015 年可采技术资源量比 2012 年评价结果降低了 13.1%。评价结果的差异和变化表明，我国页岩气资源调查和评价工作还有待进一步深入。

1.2.2 我国页岩气勘探开发进展

相比美国和加拿大，我国页岩气勘探开发起步较晚，但比世界其他国家和地区进展快。受国内天然气需求持续高速增长和美国页岩气商业性开发的影响，页岩气勘探开发受到我国政府的高度重视。2004 年，国土资源部油气资源战略研究中心和中国地质大学（北京）跟踪国外页岩气研究和勘探开发进展。2005 年，我国开始进行页岩气地质条件初步分析。2006 年，我国进行了页岩气开发的基础研究。2009 年，我国开展了页岩气先导试验区优选和试采；中石油在四川长宁—威远、富顺—永川等地区启动了首批页岩气工业化实验区建设。2010 年中石油在四川盆地开发威 201 井获得工业气流，实现我国页岩气首次工业化突破。2012 年，中石化在重庆涪陵焦页 1HF 井获得工业气流。2013 年以来，我国在四川盆地页岩气勘探开发取得重大进展。2017 年全国页岩气产量为 91 亿 m^3。

目前我国页岩气勘探开发工作主要集中在四川盆地和其周边地区，勘探开发的主体是中石化、中石油和延长石油。有实际性进展的区块有中石化的重庆涪陵、中石油的长宁—威远、富顺—永川和邵通区块。

（1）中石化——重庆涪陵国家级页岩气示范区

自 2006 年开始，中石化重点关注页岩气；2007 年初步完成选区评价工作，并申请登记区块；2009 年开始页岩气勘探；2010 年优选井进行压裂测试，并部署钻探；2011 年中石化勘探南方分公司对前期优选的区块开展深入评价，落实了四川盆地内焦石坝、南川等 5 个有利勘探目标；2012 年在最有利的焦石坝目标区部署了第一口海相页岩气探井——焦页 1 井，在焦页 1 井完钻后，迅速实施钻水平井——焦页 1HF 井。2012 年 11 月 28 日，焦页 1HF 井放喷测试获 20.3 万 m^3/d 的工业气流，取得了中石化页岩气勘探突破。

为加快页岩气勘探开发技术创新，完善地质评价方法和参数体系建设，推动我国海相页岩气产业化发展，国家能源局于 2013 年 11 月正式设立“重庆涪陵国家级页岩气示范区”。截至 2017 年年底涪陵页岩气田产气 60.04 亿 m^3，占我国页岩气总产气量的 66%。

（2）中石油——四川长宁—威远和滇黔北邵通国家级页岩气示范区

中石油公司勘探开发区块主要包括长宁—威远、昭通两个国家级示范区和富顺—永川对外合作区。在前期地质勘探、地震资料处理解释和资料井的基础上，2009 年中石油钻探了我国第一口页岩气评价井威 201 井；2010 年中石油完钻我国第一口水平井威 201-H1 井。2012 年完钻宁 201-H1 井获得高产。2013 年，中石油围绕宁 201-H1 高产井，启动了长宁 H2、H3 两个“工厂化”平台试验，H2 平台部署 8 口水平井，H3 平台部署 6 口水平井。

为落实《页岩气发展规划（2011—2015年）》，加快页岩气勘探开发技术集成和突破，推动我国页岩气产业化发展，国家发展改革委和国家能源局于2013年1月正式成立了四川长宁—威远国家级页岩气示范区和滇黔北邵通国家级页岩气示范区。2017年，长宁—威远页岩气田产气24.73亿 m^3；邵通区块页岩气田产气5亿多 m^3。

（3）延长油田——延安国家级陆相页岩气示范区

2008年以来，延长石油开始开展非常规资源前期调研工作，查阅并收集国内外页岩气勘探开发与研究的相关文献资料；2009年开始详细对比分析国内外页岩气成藏地质条件，对鄂尔多斯盆地东南部页岩地层页岩气成藏条件进行初步评价；2010年延长油田在油气勘探整体规划的基础上，加大了对非常规资源的勘探投入，选定甘泉—直罗和云岩—延川两个页岩气有利区；2011年4月，柳评177井长七段进行了小规模压裂测试，日产气 2 350 m^3，突破陆相页岩气出气关，成为我国乃至世界上第一口陆相页岩气井；2013年9月延长石油公司在云岩—延川区顺利完钻上古生界第一口页岩气水平井——云页平1井。

2012年9月，国家发展改革委批复陕西省设立“延长石油延安国家级陆相页岩气示范区”。截至2015年9月，延安国家级陆相页岩气示范区完钻井59口，其中中生界直井41口、水平井3口，上古生届直井12口、水平井3口。

（4）其他主体勘探开发进展

①中国海洋石油总公司。2014年6月，中海油第一口页岩气探井“徽页1井”顺利完钻，完钻井深3 001 m，钻井周期91天，但经过初步评估后，得到安徽的页岩气资源量不足以支持大规模开发的结论。

②中国华电集团公司。2013年7月至2014年8月，在湖北鹤峰区块完成2 306 km^2 的二维地震外业和数据整理与分析工作；2014年12月，贵州绥阳区块项目二维勘探野外采集资料工作通过验收；2015年5月，在湖南花垣区块开钻“花页1井”；2015年10月16日，在湖北来凤—咸丰区块成功压裂“来页1井”。

③国家开发投资公司。2014年8月，在重庆城口区块开钻第一口页岩气探井“城探1井”，2015年6月，该井压裂试气。

④湖南华晟能源投资发展有限公司。2014年9月，在湖南龙山区块第一口参数井“龙参2井”完钻。2015年1月，在龙山地区部署三维地震勘探和水平井钻

探工作。

⑤中煤地质工程总公司。2015 年 11 月 14 日，在贵州凤冈区块开钻页岩气“永新 1 井”。在湖南桑植区块已完成地质调查、野外踏勘、二维地震、钻探“桑页 2 井”等工作。

⑥神华地质勘查有限责任公司。2014 年 6 月以来，在湖南保靖区块成功开钻了“保页 1”“保页 2”“保页 3 井”“保页 4XF”4 口探井。

1.3　我国页岩气勘探开发面临的主要问题

目前我国页岩气勘探开发尚处于起步阶段，页岩气开发取得突破的区域仅局限于四川盆地内的海相页岩局部地层，包括中石化重庆涪陵区块、中石油四川长宁—威远和邵通等区块，其他区域的海相页岩地层及广泛分布的陆相地层和海陆相过渡页岩地层尚未取得突破，未形成商业化产能。我国页岩气勘探开发仍面临许多问题，主要表现在资源量待落实、矿权重叠问题待解决、矿业权市场待完善、地质地表条件复杂、技术和装备水平待提高、开发成本待降低、基础设施待完善、资料共享和信息公开制度待建立等几个方面。

（1）页岩气可采资源量有待进一步落实

实现我国页岩气大规模开发，需要精确和详细的地质资料作为支撑，以降低企业开发的勘探风险和成本。当前国内外研究机构发布的我国页岩气资源数据，无论是在资源总量还是技术可采资源量上都存在较大差异，说明我国页岩气资源情况尚未完全掌握清楚，有待进一步落实。可采资源量的进一步落实，也有利于企业参与勘探开发的积极性。

（2）矿权重叠问题有待解决和矿业权市场有待进一步完善

我国页岩气勘探开发竞争不足，这与我国页岩气矿业权市场不够完善有很大关系。建立充分竞争的页岩气产业格局，需要大量社会资本无障碍地进入或退出。页岩气与其他矿种矿业权重叠，页岩气矿业权与常规天然气普遍存在空间上的重叠，大约 70%的页岩气分布区与常规天然气分布区重叠，很难发挥页岩气作为独立矿种的优势，严重影响页岩气的有效开发利用。两轮探矿权招标的探索，虽为完善页岩气矿权竞争性出让和建立矿权退出机制积累了有益经验，但目前来看，整个页岩气上游勘探开发的市场化竞争格局还远未形成，需要进一步完善矿权流转机制、进入与退出机制。

（3）页岩气地质地表条件复杂，勘探开发难度大

与美国海相页岩沉积、页岩气藏埋深较浅（1 500～3 500 m）、产层厚度大、地下构造简单不同，我国页岩地质条件复杂，海相、海陆过渡相和陆相页岩具有发育；页岩气藏埋深较深，65%以上超过 3 500 m，部分页岩储层埋深超过 5 000 m；地下构造破碎，缺乏大面积的稳定区；而且我国页岩气具有多层系分布、多种成因类型（热成因和生物成因等）、复杂的后期改造等特点，使得我国页岩气勘探开发难度加大。此外，与美国页岩气主要分布在平原区、地势相对平坦不同，我国页岩气主要分布中西部山区、丘陵地带，地形复杂，地表条件差。美国相对简单的地表条件，可以大规模进行“工厂化”作业开采，而我国的地表条件不利于大规模进行“工厂化”作业，一定程度上也使得我国页岩气勘探开发难度加大。

（4）核心技术和关键装备水平有待进一步提高

目前我国在重庆涪陵、长宁—威远、富顺—永川和邵通三大国家级页岩气示范区勘探开发过程中，初步形成了一系列适合我国页岩气资源开发的核心技术，包括资源评价技术、钻井技术和分段压裂技术等，但相关技术指标与美国相比还有一定的差距，如钻井周期长、自动化技术水平低和压裂周期长等。近年来，我国成功研制了压裂车、自然伽马测量仪、随钻感应电阻率测量仪、桥塞等关键装备，但装备在可靠性、时效性及测量精度方面和国外先进水平还有差距，装备性能仍有待提高。

（5）页岩气开发项目初期成本较高

目前我国页岩气开发整体还处于探索和起步阶段，页岩气地质基础工作和地质理论研究还比较薄弱，地质地表条件复杂，核心技术和关键装备水平还有待提高，导致我国页岩气开发成本还比较高，初始水平井建井成本都在 1 亿元左右。近年来，随着核心技术和关键装备水平的日益提高，成本有所降低，水平井建井成本控制在 7 000 万元左右，但仍然高于国外水平井 4 000 万元左右的成本。

（6）输送管道等基础设施不完善

相比美国地面设施完备、输气管道遍布全国，我国地面设施还不够完备，天然气管网不够发达。截至 2017 年年底，我国已建成天然气输气管道总长度约 7.4

万 km，而美国输气管道的总长度在 55 万 km，我国输气管道总长度约为美国的 1/7，且输气能力有限。我国页岩气资源多集中在中西部地区，管网建设难度大，成本高。运输管道等基础设施的不完善，限制了页岩气的产能，不利于页岩气的外输和下游市场的有效开发。

（7）资料共享和信息公开制度亟待建立

通过页岩气开发资料的共享和信息透明公开，美国推动页岩气田开发少走了不少弯路，加快推进了页岩气的勘探开发。我国尚未建立资料共享制度，地质资料由少数页岩气开发公司掌握。页岩气勘探开发信息公开制度也未建立，勘探开发资料大都掌握在国土资源部和国有大型石油公司手里。国土资源部发布的信息不全而且比较分散；而国有大型石油公司较为熟悉开发区块条件，但核心资料却相当保密。为加速我国页岩气勘探开发，资料共享和信息公开制度亟待建立。

第2章 基于优化模型的我国页岩气供应潜力测算

天然气供应优化模型是根据各气源的供应能力以及气源供给成本等信息构建的跨期供应优化模型，在给定某一时段内各时点上的天然气需求总量的前提下，以综合成本最小化为原则，测算满足各时点需求的最优气源结构。我国目前的气源主要包括常规天然气（含致密气）、页岩气、煤层气、煤制气、进口管道气和进口 LNG 等，因此利用天然气供给优化模型，可以在给定未来天然气需求情景的基础上，综合考虑各种环境保护及政策约束、各气源供给能力，按照成本最小化目标，测算我国未来页岩气的最优供给量。

2.1 我国天然气供应优化模型

2.1.1 建模思路

构建天然气供应优化模型遵循一般的能源系统优化模型的开发思路，包括目标函数、约束方程两方面内容。这类模型中各种政策情景下的最终结果都是通过优化技术路线来体现的。国际上比较有代表性的模型包括 TIMES、MARKAL（IEA，1981）和 MESSAGE（IAEA，2002）。此外，还有少部分模型没有采用优化思路，而是完全由模型操作者根据方案设定技术选择路线进行情景分析，这类模型有 LEAP 模型[①]等。在本书中，我们借鉴优化模型的思路，构建了一个简单的天然气多气源供应优化模型，目标函数基于各气源动态成本信息构建而成，表明模型的优化目标是整个研究期内的成本最小化。约束方程主要包括两个方面，一

① http://forums.seib.org/leap/.

是各气源的供应能力约束，二是用于开展政策模拟的情景约束。

作为研究我国天然气供给结构优化的模型体系，各来源天然气的供应成本是至关重要的。目前国内常规气主要集中在新疆、鄂尔多斯、四川等地，页岩气主要集中在川渝黔贵等地，煤层气主要集中在山西，由于各气源地的生产成本和产量结构相对稳定，本书将各地的气源供给简化成常规气（含致密气）、页岩气和煤层气三种气源供给，再考虑煤制气、进口管道气（PNG）、进口液化天然气（LNG），本书重点研究的是这 6 类气源的供给结构。其中，4 类国产气选择出厂成本作为供给成本，两类进口气选择到岸完税成本作为供给成本。在各气源的成本分析上，因为非常规气中的页岩气和煤层气目前还处于开发初级阶段，未来随着技术进步可实现供给成本的持续降低；煤制气重点考虑未来煤价等要素对供给成本的影响；进口气主要分为管道气和 LNG，管道气主要是长期协议价格，LNG 价格中除部分长期协议价格外，现货主要跟随亚洲现货市场价格。同时由于常规气、煤制气、管道进口气远离用气负荷中心，而 LNG、煤层气、页岩气目前还以就近利用为主，因此还需要考虑运费带来的成本差异。

此外，根据我国天然气实际供应过程，以供需平衡为前提，未来各气源供应存在一些先后顺序。例如，管道气和长协 LNG 的资源稳定性较高，考虑到照付不议的交易条件，这部分资源需要首先合理安排；国产常规气灵活性最大，未来常规气的产量将根据市场需求情况结合其他气源供应情况作为调节气源考虑；页岩气属于鼓励性生产资源，在天然气需求较大、常规气等天然气无法满足需求时，根据其成本情况，应尽可能按照产能进行开发供应；在天然气供大于求的情况下，考虑其规模，根据其成本情况，将其作为调节气源；煤层气也属于鼓励性生产资源，考虑到其巨大的安全效益，应尽可能按照产能进行开发供应；煤制甲烷 2030 年产能有望达到 500 亿 m^3，但由于环境、能耗等多因素限制，应将煤制甲烷项目作为调节气源，根据气源供应紧张情况进行压减和增产；现货 LNG 相对灵活，可根据市场价格灵活调整。由于我国目前签订的长协 LNG 价格普遍偏高，因此，在天然气需要增大条件下，可以适当考虑配置一些价格较低的现货 LNG 以平抑价格。尽管长远来看天然气水合物（可燃冰）有望实现商业化，但 2030 年之前，这 6 类气源仍将作为主要供应气源。最后，从保障天然气供应安全的角度出发，进口天然气的对外依赖应尽可能降低。

2.1.2 基本原理

首先，天然气供应优化模型确保各来源天然气能够满足外生的天然气需求（DM）：

$$\sum \mathrm{Sup}_i \leqslant \mathrm{DM}$$

其中，Sup 表示供应，$i \leqslant 6$，i=常规气，页岩气，煤层气，煤制气，LNG，PNG。

其次，各来源天然气要满足一些条件，在鼓励页岩气和煤层气发展情景下，尽可能用足页岩气和煤层气的供给能力，此外，进口气应满足能源安全（$\mathrm{Sup}_{\mathrm{LNG}}+\mathrm{Sup}_{\mathrm{PNG}}$）/（$\mathrm{Sup}_{常规气}+\mathrm{Sup}_{页岩气}+\mathrm{Sup}_{煤层气}+\mathrm{Sup}_{煤制气}+\mathrm{Sup}_{\mathrm{LNG}}+\mathrm{Sup}_{\mathrm{PNG}}$）$\leqslant 0.4$；在总供应成本最小情景下，按照供应成本最小化原则依次满足天然气总需求。

模型的目标函数即在满足国内天然气总消费需求情况下的天然气供给总成本最小化，总成本函数为

$\sum T_{\mathrm{COST}}=\mathrm{Sup}_{常规气\ \mathrm{COST}}+\mathrm{Sup}_{页岩气\ \mathrm{COST}}+\mathrm{Sup}_{煤层气\ \mathrm{COST}}+\mathrm{Sup}_{煤制气\ \mathrm{COST}}+\mathrm{Sup}_{\mathrm{LNG\ COST}}+\mathrm{Sup}_{\mathrm{PNG\ COST}}$

2.1.3 我国各气源的供应能力分析

（1）国内天然气资源禀赋

1）常规天然气资源情况

我国常规天然气资源比较丰富。国土资源部《2013 年全国油气资源勘探开发成果丰硕》显示，截至 2013 年年底，我国常规天然气地质资源量为 62 万亿 m^3，全国天然气累计探明地质储量为 11.58 万亿 m^3。2015 年我国天然气探明地质储量仍保持“十二五”时期以来持续增长态势，新增探明地质储量 6 772.20 亿 m^3，新增探明技术可采储量 3 754.35 亿 m^3。至 2015 年年底，剩余技术可采储量 51 939.45 亿 m^{3}①。总体上看，我国常规天然气勘探处于初期阶段，资源潜力较大，具备天然气快速发展的资源基础。

① 国土资源部：《中国矿产资源报告（2016）》，2016 年。

2）页岩气资源情况

我国页岩气资源潜力大，分布面积广、发育层系多，开发前景广阔。根据国土资源部 2012 年 3 月发布的《中国陆域页岩气资源潜力评价初步成果》，我国陆上页岩气地质资源潜力和可采资源潜力分别为 134.41 万亿 m^3 和 25.08 万亿 m^3（不含青藏区）。页岩气主要分布在上扬子及滇黔桂、华北及东北、中下扬子及东南和西北区（表 2-1）。

表 2-1　分地区页岩气资源情况　　单位：万亿 m^3

地　区	地质资源量	可采资源量
上扬子及滇黔桂区	62.66	9.93
华北及东北区	26.78	6.70
中下扬子及东南区	25.16	4.64
西北区	19.90	3.81
合　计	134.50	25.08

资料来源：根据国土资源部等资料分析、整理。

我国页岩地层在各地质历史时期发育良好，并形成了海相、海陆交互相和陆相等多种类型富有机质页岩层系。其中，三大海相页岩气区域主要包括南方古生界海相页岩、华北地区下古生界海相页岩、塔里木盆地海相页岩；五大陆相页岩盆地主要包括松辽盆地、准噶尔盆地、鄂尔多斯盆地、吐哈盆地、渤海湾盆地（表 2-2）。全国含气页岩分布面积多达 200 万 km^2，具有富含有机质页岩的地质条件。

表 2-2　页岩气资源地理分布

积页岩	分布地区
海相	南方，西北塔里木，以中上扬子地区为主
海陆交互相	西南、北方，以华北、滇黔桂、西北地区为主
陆相	大中型含油气盆地，以松辽、渤海湾、鄂尔多斯、准噶尔等为主，大量中小盆地也广泛发育

其中，我国海相页岩气地质资源量为 59.1 万亿 m^3，占全国总量的 44%，可

采资源量为 8.2 万亿 m^3，占全国总量的 32.7%；海陆过渡相地质资源量为 40.1 万亿 m^3，占全国总量的 29.8%，可采资源量为 9.0 万亿 m^3，占全国总量的 35.8%；陆相地质资源量为 35.3 万亿 m^3，占全国总量的 26.2%，可采资源量为 7.9 万亿 m^3，占全国总量的 31.5%（表 2-3）。

表 2-3　分类页岩气资源量情况

	地质资源量		可采资源量	
	总量/万亿 m^3	占全国比重/%	总量/万亿 m^3	占全国比重/%
海相	59.1	44.0	8.2	32.7
海陆交互相	40.1	29.8	9.0	35.8
陆相	35.3	26.2	7.9	31.5

资料来源：国土资源部《中国陆域页岩气资源潜力评价初步成果》，2012。

截至 2016 年年底，我国累计探明页岩气地质储量 5 441.3 亿 m^3，累计产量 136.2 亿 m^3，资源探明率 0.4%，探明储量采出程度 2.5%，剩余可采储量 1 224.1 亿 m^3（国务院发展研究中心资源与环境政策研究所，2017 年）。“十三五”时期是我国页岩气发展的关键期，进入页岩气开发技术试验与工业化应用阶段，预计“十三五”期间将全面完成全国页岩气资源潜力调查与评价，准确掌握全国页岩气资源及其分布规律，新增探明地质储量为 8 000 亿 m^3；2021—2035 年将是我国页岩气快速发展期，有望进入大规模开发利用阶段，海相页岩气资源核心开发区基本全部落实，陆相—过渡相页岩气取得重大突破，页岩气勘探开发技术体系基本完善、配套和规模化应用，预计新增探明地质储量 10 000 亿 m^3；预计 2025 年以后将形成便捷、高效、低成本和环境友好的页岩气勘探开发配套技术体系，新增探明地质储量为 12 000 亿 m^3（表 2-4）。

表 2-4　全国页岩气储量预测　　单位：亿 m^3

	2015 年	2020 年	2025 年	2030 年
新增探明地质储量	4 373	8 000	10 000	12 000
累计探明地质储量	5 440	10 000	20 000	32 000

资料来源：国务院发展研究中心，2016 年。

3）煤层气资源情况

我国煤层气资源丰富，其特点表现为含煤盆地多、含煤层系多、煤种全、煤层气藏类型多。由于我国含煤盆地类型和聚煤环境差异较大，后期构造运动改造强烈，使我国的煤层气资源蕴藏在非常复杂的地质环境中，煤层气资源主要分布在北方三区（西部区、中部区、东部区）和九大盆地（伊犁、准格尔、塔里木、吐哈、鄂尔多斯、沁水、海拉尔、二连、滇东黔西盆地）。

全国油气资源动态评价（国土资源部，2015）显示，我国 2 000 m 以浅煤层气地质资源量 36.8 万亿 m^3（表 2-5）。从技术上看，20 年内可被勘探开发；2 000～4 000 m 范围的煤层气资源量约为 50 万亿 m^3，这部分埋藏较深的资源由于开发成本较高，在短期内难以利用，但随着技术进步和成本降低、气价提高，在未来也有可能得以开发利用。

表 2-5　我国 3 000 m 以浅煤层气资源量

深　度	储量/万亿 m^3	占比/%
1 000 m 以浅	14.3	26.0
1 000～1 500 m	10.6	19.3
1 500～2 000 m	11.9	21.6
小　计	36.8	66.9
2 000～3 000 m	18.2	33.1
合　计	55.0	

根据美国成熟地区煤层气采收率估计，一般煤层气资源可采系数为 10%～50%，中值为 30%，据此推算我国 2 000 m 以浅煤层气可采资源量约 10 万亿 m^3。有专家测算，按 45%资源量可转化为探明储量推算，可转化煤层气资源量为 16.6 万亿 m^3，可采储量按 50%计算，约为 8.3 万亿 m^3。按照平均年产量 500 亿 m^3 计算，储采比可达 160 余年。我国煤层气资源更加靠近东中部人口稠密地区的市场（表 2-6），如果技术能够突破，其经济效益将极为突出。

“十二五”期间，我国煤层气累计新增探明地质储量 3 504.89 亿 m^3，较“十一五”时期增加 1 844.80 亿 m^3，增长 111.1%。2015 年全国煤层气勘查新增探明地质储量 26.34 亿 m^3，新增探明技术可采储量 13.17 亿 m^3。至 2015 年年底，全国煤层气剩余技术可采储量 3 063.41 亿 m^3。

表 2-6　中国 2 000 m 以浅煤层气资源分布

资源分布	储量/万亿 m^3	占比/%
东部地区	11.3	30.7
中部地区	10.5	28.5
西部地区	10.4	28.3
南部地区	4.6	12.5
合　计	36.8	

4）煤制气发展情况

目前我国投产的煤制气项目主要包括内蒙古大唐克旗煤制气，产能预计达到 40 亿 m^3/a；新疆庆华煤制气，产能规模 55 亿 m^3/a，一期建设 13.75 亿 m^3/a，于 2013 年 12 月进入试运行；新疆伊犁新天 20 亿 m^3/a 的产能已基本建成。其他核准在建的煤制甲烷项目约 128 亿 m^3/a，其中包括阜新煤制气产能规模 40 亿 m^3/a，内蒙古神华鄂尔多斯产能规模 20 亿 m^3/a。在建及投产的煤制甲烷项目如表 2-7 所示。

表 2-7　全国投产及在建煤制气项目

类别	项目名称	投产日期	投产规模/（亿 m^3/a）	总产能规模/（亿 m^3/a）
投产	大唐克旗煤制气	2013 年	13.3	40
	新疆庆华煤制气	2013 年	13.75	55
	新疆伊犁新天煤制气	2015 年	—	20
在建	辽宁大唐阜新煤制气	—	—	40
	内蒙古神华鄂尔多斯煤制气	—	—	20
其　他				68

尽管目前已发路条的煤制气项目总量达到 842 亿 m^3/a（表 2-8），但是根据现有项目进展情况，并综合考虑全球油气未来价格走势，预计煤制气项目难有较好的发展前景，大部分项目的建成时间预计将大大延后。

表 2-8　全国已发路条的煤制气项目　　单位：亿 m^3/a

序号	所属省份	项目名称	总产能
1	内蒙古	新蒙能源投资股份有限公司煤制甲烷项目	40
2	内蒙古	鄂尔多斯煤制甲烷工业园暨 120 亿 m^3 煤制甲烷	120
3	内蒙古	国电内蒙古兴安盟煤制甲烷项目	40
4	内蒙古	华能伊敏煤制甲烷	40
5	内蒙古	内蒙古华星能源有限公司煤制甲烷项目	40
6	新疆	华能新疆煤制甲烷	40
7	新疆	中电投新疆霍城煤制甲烷（分三期）	60
8	新疆	新疆富蕴广汇煤制甲烷	40
9	新疆	中煤能源新疆煤制甲烷	40
10	新疆	国电平煤煤制甲烷	40
11	新疆	新疆龙宇煤制甲烷	40
12	新疆	华电新疆煤制甲烷（西黑山煤制甲烷）	40
13	新疆	中国石化长城能源煤制甲烷	80
14	新疆	新疆伊犁新天煤制甲烷（新汶一期）	20
15	新疆	苏新能源和丰新疆煤制甲烷	40
16	新疆	中电投伊南煤制甲烷项目（分三期）	60
17	山西	中海油山西大同煤制甲烷	40
18	安徽	安徽淮南煤制甲烷示范项目	22
合　计			842

5）可燃冰资源情况

可燃冰即天然气水合物，分布于深海沉积物或陆域的永久冻土中，由天然气与水在高压低温条件下形成的类冰状的结晶物质。因其外观像冰一样而且遇火即可燃烧得名，又被称作“固体瓦斯”和“气冰”。可燃冰是一种新型高效能源，其成分与平时所使用的天然气相近，但更为纯净，开采时只需将固体的“天然气水合物”升温减压就可释放出大量的甲烷气体。1 m^3 的天然气水合物分解后可生成 164～180 m^3 的天然气。

1999 年，我国正式启动了对海域内“可燃冰”资源的专项调查与研究。2007 年，首次在南海北部神狐海域通过钻探成功获取了“可燃冰”实物样品。2008 年，在青海祁连山冻土区成功钻获“可燃冰”样品，证实我国是既有海域“可燃冰”又有陆域“可燃冰”的少数国家之一。2013 年，在珠江口盆地东部海域首次钻获高纯度“可燃冰”，其具有埋藏浅、厚度大、类型多、纯度高 4 个特点。通过实施 23 口钻探井，控制“可燃冰”分布面积 55 km^2，控制储量相当于 1 000 亿～1 500 亿 m^3 天然气。通过对可燃冰开展实质性的调查和研究，我国可燃冰主要分布在南海海域、东海海域、青藏高原冻土带以及东北冻土带，据粗略估算，其资源量分别约为 64.97 万亿 m^3、3.38 万亿 m^3、12.5 万亿 m^3 和 2.8 万亿 m^3。2017 年 5 月国土资源部中国地质调查局官方宣布，我国在南海首次成功完成了可燃冰试采工作，实现了连续 8 天稳定产气，这也是世界上对于此种类别的可燃冰第一次试开采成功，预计 2030 年前后我国可燃冰有望实现商业化开采，届时将成为保障我国供气安全的又一重要气源。

6）生物质燃气资源情况

生物质燃气是利用农作物秸秆、林木废弃物、食用菌渣、禽畜粪便及一切可燃性物质作为原料转换为可燃性能源。据统计，2015 年全国主要农作物秸秆理论资源量为 10.4 亿 t，可收集资源量为 9.0 亿 t，利用量为 7.2 亿 t，秸秆综合利用率为 80.1%。其中秸秆肥料化利用量 3.9 亿 t，占可收集量的 43.3%；秸秆饲料化利用量 1.7 亿 t，占可收集量的 18.9%；秸秆基料化利用量 0.4 亿 t，占可收集量的 4.4%；秸秆燃料化利用量 1.0 亿 t，占可收集量的 11.1%；秸秆原料化利用量 0.2 亿 t，占可收集量的 2.2%。如果将作为燃料、食用菌生产以及还田使用的秸秆都回收利用转换沼气，作为饲料的秸秆也以养殖废弃物形态转换沼气，则直接和间接可以利用的秸秆或与秸秆相关的废弃物，以及一些养殖种植垃圾和水生废弃物可超过 7.5 亿 t，可转换商品气 1 732 亿 m^3（表 2-9）。

表 2-9　部分可以商业化利用的生物质燃气资源量

项目	沼气量/亿 m^3	甲烷含量/%	天然气量/亿 m^3
农业秸秆	2 887.00	60	1 732.00
城市污水	29.60	60	17.76
酒精废水	26.25	60	15.75
奶牛厂	52.56	60	31.54
养猪场	171.57	55	94.36
养鸡场	127.75	65	83.04
垃圾场填埋气	230.00	55	126.50
合　计	3 524.73	—	2 100.95

（2）进口天然气现状

1）进口管道气资源情况

我国已形成了中亚、中缅两大管道气进口通道；根据 2014 年 5 月 21 日签署的《中俄东线供气购销合同》，中俄东线的建设也在紧锣密鼓地进行中，预计到 2019 年俄罗斯开始向我国供气。

①中亚管道气进展。

我国进口中亚管道气资源来自土库曼斯坦、乌兹别克斯坦和哈萨克斯坦三国。《BP 世界能源统计年鉴 2016》显示，截至 2015 年年底，土库曼斯坦境内天然气剩余探明可采储量为 17.5 万亿 m^3、乌兹别克斯坦为 1.1 万亿 m^3、哈萨克斯坦为 0.9 万亿 m^3，3 个国家天然气剩余探明可采储量占全球的比例为 10.47%（表 2-10），其中土库曼斯坦剩余探明可采储量仅次于伊朗、俄罗斯、卡塔尔，位居全球第四。

表 2-10　中亚气进口国资源情况

国家	剩余探明可采储量/万亿 m^3	占全球比重/%	2015 年产量/亿 m^3	储采比/%
土库曼斯坦	17.5	9.40	724	241.4
乌兹别克斯坦	1.1	0.59	577	18.8
哈萨克斯坦	0.9	0.48	124	75.7
合计	19.5	10.47	1 425	—

资料来源：《BP 世界能源统计年鉴 2016》。

自 2007 年中土签署 300 亿 m^3 天然气资源以来，截至 2013 年年底中亚管道已签署天然气资源量 800 亿～850 亿 m^3：

2006 年 4 月，我国和土库曼斯坦签署了《中土天然气合作总协议》，为我国进口中亚管道气打下了坚实基础。

2007 年 7 月 17 日，中国石油天然气集团公司分别与土库曼斯坦油气资源管理利用署和国家天然气康采恩签署了《中土天然气购销协议》《土库曼斯坦阿姆河右岸天然气产品分成合同》。根据协议，从 2009 年开始在未来 30 年内土库曼斯坦通过中亚管道向中国每年出口 300 亿 m^3 的天然气。

2008 年 8 月，中国与土库曼斯坦再次签署《扩大 100 亿 m^3 天然气合作框架协议》，至此土库曼斯坦向我国输气协议规模达到每年 400 亿 m^3。

2013 年 9 月 4 日，中国石油天然气集团公司与土库曼斯坦国家天然气康采恩签署了《中国石油天然气集团公司和土库曼斯坦康采恩关于土库曼斯坦增供 250 亿 m^3/a 的购销协议》，根据协议，在现有供气基础上，土库曼斯坦还将逐步增加向中国的供气量，预计到 2020 年土库曼斯坦每年向中国出口天然气总量可达 650 亿 m^3。

2008 年 10 月 31 日，中国石油天然气集团公司与哈萨克斯坦国家石油天然气股份公司签署了《关于在天然气及天然气管道领域扩大合作的框架协议》。根据协议，哈方在保证每年提供 50 亿 m^3 天然气资源进入中哈天然气二期管道的基础上，还将采取一切必要措施，保证中国石油阿克纠宾油田生产的天然气进入中哈天然气二期管道进行输送。同时，双方将扩大在天然气领域的合作，共同研究和推动合作开发乌里赫套凝析气田，在满足哈国南部地区天然气需求的情况下，组织每年 50 亿～100 亿 m^3 的哈国天然气出口到中国。

2011 年 2 月 22 日，中国石油与哈萨克斯坦国家石油天然气股份公司签署了《关于哈萨克斯坦乌里赫套项目合作的原则协议》，根据协议，中哈双方将按 50：50 的权益成立合资企业，联合勘探开发哈萨克斯坦乌里赫套气田。该气田将为中哈天然气管道二期提供气源保障，二期工程始于哈萨克斯坦曼格斯套州的别伊涅乌，在南哈萨克斯坦州的奇姆肯特与中亚天然气管道相连，设计输气能力为 100 亿 m^3/a。

2010 年 6 月 9 日，中国石油集团与乌兹别克斯坦国家油气公司签署了《关于天然气购销的框架协议》。根据协议，乌兹别克斯坦将每年向中国供应天然气 100 亿 m^3，实现乌兹别克斯坦管道输气系统与中乌天然气管道系统连接。我国与中亚各国签署的天然气购销合同见表 2-11。

②中缅管道气进展。

缅甸蕴藏丰富的天然气，已探明地质储量为 2.54 万亿 m^3，是世界第十大天然气资源国，天然气资源主要集中在临海盆地，近年来在海上马达盆地及若开盆地相继发现了 Yetagun、Yanada、Shwe 及 ShwePhyu 四个大型气田。《BP 世界能源统计年鉴 2016》显示，缅甸天然气剩余探明可采储量为 0.5 万亿 m^3，2015 年天然气产量为 196 亿 m^3，储采比大于 27。中缅天然气管道资源来源于缅甸若开邦延安以外海域 A1 和 A3 油气区块及尚在勘探的潜在资源，若开邦近海地区 A1 区块上的 shwe、ShwePhyu 和 A3 区块上的 Mya 三个气田的总储量为 0.136 万亿～0.244 万亿 m^3。

表 2-11　我国与中亚各国的天然气购销合作

签署单位	签署时间	签署资源量/亿 m^3	签署文件
中国石油与土库曼斯坦油气资源管理利用署	2007 年 7 月	300	《中土天然气购销协议》
中国石油与土库曼斯坦国家天然气康采恩	2008 年 8 月	100	《扩大 100 亿 m^3 天然气合作框架协议》
中国石油与哈萨克斯坦国家石油天然气股份公司	2008 年 10 月	50～100	《关于在天然气及天然气管道领域扩大合作的框架协议》
中国石油与乌兹别克斯坦国家油气公司	2010 年 6 月	100	《关于天然气购销的框架协议》
中国石油与土库曼斯坦国家天然气康采恩	2013 年 9 月	250	《中国石油天然气集团公司和土库曼斯坦康采恩关于土库曼斯坦增供 250 亿 m^3/a 的购销协议》

③中俄管道气进展。

俄罗斯是世界天然气资源最为丰富的国家之一,《BP 世界能源统计年鉴 2016》显示,2015 年俄罗斯天然气探明储量为 32.3 万亿 m^3,占全球总探明储量的 17.3%,仅次于伊朗位居世界第二；天然气产量为 5 733 亿 m^3，占全球总产量的 16.2%，仅次于美国，位居世界第二；天然气消费量为 3 915 亿 m^3，占全球消费总量的 11.3%，仅次于美国，位居世界第二。中俄天然气东线管道主供气源地为俄罗斯东西伯利亚的伊尔库茨克州科维克金气田和萨哈共和国恰扬金气田。俄罗斯自然资源部官方网站公布的信息表明,伊尔库茨克州天然气预测可采储量为 7.5 万亿 m^3。截至 2011 年 3 月，科维克金凝析气田的天然气 C1+C2 级储量约为 2 万亿 m^3，该气田勘探开发潜力巨大，天然气年均开采量可保证在 300 亿 m^3 以上。恰扬金气田 C1+C2 级储量约为 0.9 万亿 m^3。

2）进口 LNG 现状与合同签订情况

①进口 LNG 现状。

2017 年，我国进口 LNG 493 亿 m^3，LNG 进口始于 2006 年，广东大鹏 LNG 项目一期工程的投产标志着我国进口 LNG 时代的到来。随后莆田、上海等 LNG 项目相继建成投产，我国进口 LNG 的发展速度不断加快。截至 2017 年年底，我国已投产 18 个 LNG 接收终端，合计 LNG 年接收能力为 5 960 万 t。

我国沿海部分 LNG 接收站见表 2-12。

表 2-12　我国沿海部分 LNG 接收站　　单位：万 t

公司	情况	接收站	建成时间	年处理能力		气　源
				1 期	2 期	
中海油	建成	广东大鹏	2006 年	680		澳大利亚、卡塔尔
		福建莆田	2008 年	520		印度尼西亚
		上海洋山	2009 年	300	600	马来西亚
		天津浮式	2013 年	220		
	在建	广东珠海	2013 年	350	700	卡塔尔
		浙江宁波	2012 年	300	600	卡塔尔
中石油	已建成	江苏如东	2011 年	350	650	卡塔尔
		辽宁大连	2011 年	300	600	卡塔尔
	在建	河北唐山	2013 年	350	650	卡塔尔
		深圳大铲湾	2013 年	300	600	
		海南洋浦	2014 年	300		
中石化	在建	山东青岛	2013 年	300		
		广西北海	2014 年	300		
华电	前期	广东江门	2018 年	300		加拿大
新奥	前期	浙江舟山	2017 年	300	300	
广汇、壳牌		江苏启东		60	300	
合计				5 230	5 000	
总计				10 230		

②LNG 贸易和资源合同签订情况。

2016 年随着美国成为我国新的天然气进口来源国，我国 LNG 进口来源国已经增加到 18 个，2016 年我国从澳大利亚进口 LNG 大幅增长，达到 1 198 万 t，同比增长 116%。通过第三方转运等方式，2016 年我国首次接收美国 LNG，总计 3 船 19.9 万 t。

天然气进口仍以中国石油、中国石化和中国海油为主导，其他企业介入程度逐步加深。2016 年三大石油公司进口天然气合计 706 亿 m^3，占全国进口量的 97.9%。北京燃气、广东九丰、中国燃气等城镇燃气公司、发电企业积极到海外获取资源，以签署液化天然气贸易合同和现货采购等方式不断加大进口力度，2016 年进口天然气 15 亿 m^3，占进口量的 2.1%。新奥-道达尔、新奥-雪佛龙、新奥-Origin、九丰-马国油、九丰-雪佛龙等新签署各类天然气贸易合同合计近 300 万 t/a，合同期限以 10 年之内的中短期为主，此外，深圳燃气、新疆广汇、广州燃气等也正在积极推进 LNG 采购协议谈判。

我国目前与主要国际公司签订的进口 LNG 长协合同见表 2-13。

表 2-13　我国目前与主要国际公司签订的进口 LNG 长协合同　单位：万 t

进口国及公司	合同量
澳大利亚	2 415
卡塔尔	800
马来西亚	300
印度尼西亚	260
俄罗斯	300
英国 BP	150
荷兰壳牌	150
其　他	570
合　计	4 945

2.1.4　各天然气来源的成本

（1）常规天然气开采成本分析

1）常规天然气开采流程

常规天然气也同原油一样埋藏在地下封闭的地质构造之中，有些和原油储藏在同一层位，有些单独存在。对于和原油储藏在同一层位的天然气，会伴随原油一起开采出来。天然气开采过程中，首先利用直井钻井技术钻入蕴藏有天然气的地层中，然后下油管和套管，装好井口下油管带射孔枪射孔，天然气就顺着射孔枪在套管上射开的孔中出来。由于天然气密度小，为 0.75～0.8 kg/m^3，井筒气柱对井底的压力小；黏度小，在地层和管道中的流动阻力也小；又由于膨胀系数大，其弹性能量也大。因此，天然气开采一般采用自喷方式。

2）常规天然气开采技术

目前国内外已形成 10 项天然气开采技术，分别是气层保护及完井技术、高效射孔技术、气井增产措施技术、排水采气技术、气井试井及动态监测技术、采气作业安全控制技术、低压气井集输工艺技术、修井技术、防腐防水合物技术和一井双管采气技术。常规天然气开采技术主要为气田的排水采气技术和气井增产措施技术。

①排水采气技术。

该技术是水侵气田生产中常见的采气工艺，发展了优选管柱、泡沫、柱塞、气举、电潜泵和射流泵等技术。该项技术应用的关键是人工助排时间的选择，过早不经济，过晚待气井水淹严重时，气相渗透率急剧下降，影响采气效果。国外产水气田的排水采气技术应用始于 20 世纪初，发展较为成熟，应用后采收率提高了 20%。随着对水驱气机理的实验与研究，单井排水采气技术除发展了气举、机抽、电潜泵等多种成套技术，已经广泛应用，并取得了巨大的经济效益外，同时还进行了排水采气技术与装备、井下作业、修井技术的系列配套研究；进行了连续油管在排水采气技术中的应用研究；研究应用了能提高气井产量、降低操作和处理费用的井下气水分离、回注系统；喷射气举、腔式气举、射流泵和气举组合开采等新工艺、新技术；发展了胶带传动游梁式等多类型抽油机；开发了可实施气举等各种用途的新型天然气压缩机组和气举阀，耐高温、耐硫化氢腐蚀、防气的大功率电潜泵和高抗腐蚀、高耐磨性的特制陶瓷射流泵，以及智能人工举升配套装备，使排水采气技术逐步向遥控、集中、高度自动化、智能化举升方向发展。

最近几年，针对我国气田地下地质条件，国内学者也研究了许多排水采气的新工艺，各有各自的特点和适用条件，丰富了含水气田的排水采气技术体系，并在现场取得了成功，如组合排水采气工艺技术、连续油管深井排水采气技术、球塞气举排水采气工艺等。

②气井增产措施技术。

气井增产措施是指向气层中注入某一种或几种物质，通过与地面岩石或这些物质本身相互间在某一特定条件下所产生的物理或化学反应，提高或恢复气层的渗透性，从而提高施工井产气能力的工艺措施，主要有压裂、酸化、爆炸等措施。

国外在低渗改造方面，增产措施已从单井的增产处理发展为对整个气田进行总体改造，发展应用了特大型水力压裂、高能气体压裂、改变压力场压裂、注二氧化碳压裂、氮压裂、泡沫压裂等新型酸化压裂技术。国内压裂技术已普遍应用于低渗透储层的改造，特别是随着大型和特大型低渗透储层气藏的相继发现，通过引进国外先进技术、装备和组织攻关、试验研究，基本上形成了与不同储层相适应的一系列压裂及配套技术，取得了显著的增产效果。

我国在低渗透储层增产措施方面，取得了较大的发展，各种增产措施已成为改善天然气开发效果和保持天然气产量稳定增长的重要因素。以四川气田为例，通过对 3 000 口气井进行酸化压裂作业，增加的产能占当年新增产能的 1/4～1/3，近年来又发展了稠化酸、前置液、泡沫酸化技术和多级注入闭合酸化压裂技术，使酸蚀缝长由 10～20 m 增加到 40～50 m。

3）常规天然气开采成本分析与成本预测

国产常规气的成本取决于国内勘探开发生产情况，其生产成本远远低于进口气价格，目前的井口价格为 0.6～0.7 元/m^3，目前我国常规气勘探开发及生产技术比较成熟，未来将维持该出厂价格水平。

（2）页岩气开采成本分析

1）页岩气开采流程

页岩气开采过程中，首先利用传统的直井钻井技术钻入蕴藏有页岩气的地层中。当钻机触及地下页岩，钻头转向水平，开凿出水平井，水平井横贯储藏有天然气的页岩层。然后分段实施水力压裂，把水、某些化学制剂及沙子灌入井中，促使岩层产生裂缝，进而使困于页岩内的天然气释放出来，从页岩内流入井里，最后将页岩气抽采到地表。

2）页岩气开采技术

页岩气开采技术，主要包括水平井钻井技术、多级压裂技术、清水压裂技术、重复压裂技术及同步压裂技术。

水平井钻井技术是页岩气成功发展的核心技术之一，深受业界重视。与直井相比，水平井成本虽然是直井的 2～3 倍，但产量却是直井的 3～5 倍。水平井提高了与页岩层中裂缝接触的可能性，增大了与储层中气体的接触面积，在直井收效甚微的地区，水平井开采效果良好。同时，水平井减少了地面设施，开采延伸范围大，避免了地面不利条件的干扰。当前，国外常用的水平井钻井技术有欠平衡钻井、旋转导向钻井、控制压力钻井、随钻测井技术（LWD）和随钻测量技术（MWD）等。

多级压裂技术是利用封堵球或限流技术分隔储层不同层位进行分段压裂，是页岩气水力压裂的主要技术。

清水压裂技术采用清水添加适当的减阻剂、黏土稳定剂和表面活性剂等作为压裂液，可以改善页岩气层的渗透率，提高导流性，减小地层损害，是页岩气井最主要的增产措施。

重复压裂技术是在老井中再次进行水力压裂，直井中的重复压裂可以在原生产层再次射孔，注入的压裂液体积至少比其最初的水力压裂多出 25%，可使采收率增加 30%～80%，水平井的重复压裂必须设法隔离初始压裂层位，新的压裂层位必须是未压裂过的区域。

同步压裂技术指对两口或两口以上的配对井同时进行压裂，以促使水力裂缝扩展过程中相互作用，对相邻且平行的水平井交互作业，增加改造体积。同步压裂的目的是用更大的压力和更复杂的网络裂缝压裂泥页岩，从而提高初始产量和采收率。

3）页岩气开采成本分析

页岩气的开发成本主要包括：购置成本，包括勘探权、采矿权和租赁成本（占地成本）；勘探成本，包括地震勘探、钻井勘探和地质综合调查；开发成本，以钻井和完井成本为主，还包括地面设施设备成本，建筑、通信、道路、桥梁和管道建设等费用；操作成本，包括租赁营业费用、行政费用、销售费用、矿产资源补偿费、财务费用开支等；各种税收，包括增值税、建筑税、教育附加费、资源税、收入所得税。这其中以开发成本和操作成本为主。

①购置成本。

勘探权：在我国，油气资源等矿业的所有权都属于国家，勘探权是国家实行矿业权有偿取得制度的组成部分。根据《矿产资源勘查区块登记管理办法》有关规定："申请国家出资勘查并已经探明矿产地的区块的探矿权的，探矿权申请人除依照本办法的规定缴纳探矿权使用费外，还应当缴纳经评估确认的国家出资勘查形成的探矿权价款。"

我国当前实行的探矿权使用费制度是按年度、按面积收取费用。设置探矿权使用费的目的在于维护国家对矿产资源的所有权益，避免占用矿地面积过大、时间过长的弊端，保证探矿权人的合法权利。

采矿权：对国家所有的矿产资源享有的占有、开采和收益的一种特别法上的物权。我国采矿权的收费标准为：①采矿登记办证费，大型矿山 500 元、中型矿山 300～500 元、小型矿山 200～300 元。②采矿权使用费，每平方公里 1 000 元。

为了加速开发页岩气，当前我国不收取页岩气的勘探权和采矿权费用。

占地成本：久占地补偿费标准为 15 000 元/亩，临时占地补偿标准为 2 000 元/亩。

②勘探成本。

不同调查地区的勘探成本是不同的。根据勘探井的数量及勘探成功率，可以粗略估算勘探平均成本。

$$勘探成本=地震勘探成本+探井费用+其他费用$$

地震勘探成本包括二维地震勘探成本和三维地震勘探成本，由以下公式计算：

$$地震勘探成本=二维地震测线长度\times单位长度成本+三维地震勘探面积\times单位面积成本$$

探井费用可由以下公式简化计算：

$$探井费用=探井井数\times探井平均进尺\times单位进尺成本$$

③开发成本。

开发成本主要以钻井成本和完井成本（主要为压裂成本）为主。

钻井成本：钻井成本是页岩气开发成本中最大的一部分，占开发成本的 40%～60%。钻井成本直接受钻井水平长度和垂直长度的影响。

压裂成本：压裂成本是页岩气开发的另一个重要成本。预测压裂成本的相关研究较少。

地面设施成本：地面设施成本也是一个重要的成本。由于页岩气单井产量的急速下降，需要钻探更多的井，这需要更多的设备支持。

④操作成本。

操作成本是生产运营的费用，也是生产成本的一个重要因素。

⑤税收。

当前我国的税收主要包括增值税、建筑税、教育附加费、资源税、收入所得税。其中增值税税率为 8.5%、建筑税税率为 7%、教育附加费税率为 3%、资源税税率为 5%、收入所得税税率为 25%。运用现金流模式不包括收入所得税，但基本税包括建筑税和教育附加费。

4）页岩气成本预测

页岩气的成本取决于国内勘探开发生产情况，目前涪陵页岩气成本在 1.35 元/m^3 左右，还有补贴 0.3 元/m^3，单考虑成本，页岩气有价格竞争优势，且国家政策鼓励页岩气发展。未来随着技术的不断突破，我国页岩气生产成本将会大幅下降。美国的学习曲线表明非常规油气开发初期的成本处于最高水平，当技术水平提升和实践经验积累达到一定的程度，成本必定下降。我国页岩气尚处于学习曲线的起始阶段，需要高度重视研究学习规律，寻求学习曲线加速效应，加快技术进步、成本下降、产量上升的进程。

①页岩气学习曲线。

以四川盆地川东北页岩气水平井为例，平均单段压裂费用下降幅度大，压裂费用下降幅度大，由第一轮的 515 万元下降到第二轮的 341 万元，然后进一步下降到第三轮的 298 万元。通过莱特公式进行计算，可得页岩气学习曲线（图 2-1）。

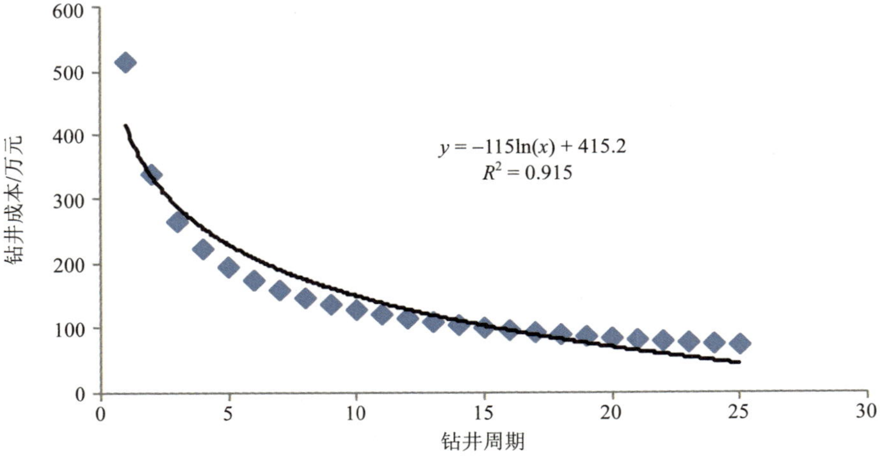

图 2-1　页岩气开发成本学习曲线

②页岩气成本曲线。

通过页岩气学习曲线，最终得到页岩气成本变化曲线（图 2-2）。

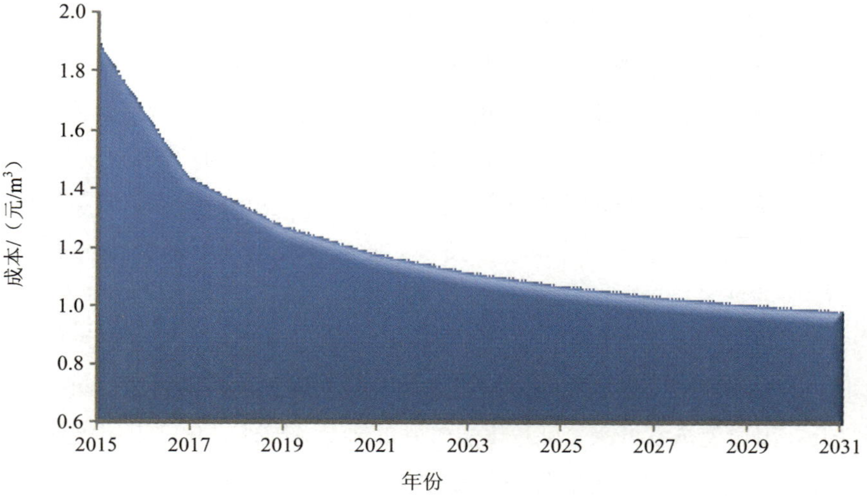

图 2-2　页岩气成本变化曲线

（3）煤层气开采成本分析

1）煤层气开采流程

煤层气的开采流程主要包括资源勘探和评价、钻井开采、加工处理和储存运输 4 个阶段。煤层气的开采主要有两种方式：地面钻井抽采和煤矿井下抽采。地面钻井抽采方式下开发效率高，煤层气的产气量大、产气时间长、甲烷含量高，可以支撑大规模的商业化利用。而煤矿井下抽采方式下的煤层气产量较小、甲烷浓度不高，多以煤矿安全生产为目的，大部分煤层气资源被放空，煤层气的利用率相对较低。大规模的产业化开采主要采取地面钻井抽采方式。

2）煤层气开采主要技术

煤层气开采技术主要包括钻井完井技术、强化增产措施、井网布置、排采工艺 4 个方面。其主要目的可以概括为：保护煤层自身稳定性，确保开采过程中不受污染和强烈扰动；改善煤储层渗透性，提高导流能力；最大限度降低储层压力，促使更多煤层气解吸，提高采收率。

①多分支水平井技术。

煤层气多分支水平井与常规油气井有本质的不同，它由多分支水平井和洞穴井组成水平井组，创新了分支水平井技术、远距离连通技术、地质导向技术、欠平衡钻井技术等，是一项具有独特技术、施工难度高的系统工程。

目前，我国初步掌握了水平井眼侧钻技术、钻具组合优化设计技术、井眼轨迹导向控制技术、主水平井眼与裸眼洞穴连通工艺技术、抽排井造洞穴工艺技术。打破了国外公司对煤层气多分支水平井技术服务的垄断。我国多分支水平井技术已经取得了重大进展，但清水钻进过程中的煤层坍塌填埋钻具等风险尚未得到根本解决，严重地制约了多分支水平井技术的发展和煤层气资源的高效勘探开发。

②U 形井技术。

该技术集成了水平井技术、水平井与洞穴井的连通以及欠平衡钻井和地质导向等技术。U 形井可采用套管完井方案，在排采后期遇到煤粉堵塞通道可下钻修井，重新打开裂隙通道恢复开采，延长煤层气井的寿命。国外对我国煤层气钻采技术实行严格封锁和保密。因此包括 U 形井在内的高端技术核心成果，国内均无法获得，钻井完井技术指标等难以对国内有借鉴作用。国内公司多为通过相关理念结合自身多年经验做些探索性工作，取得了初步成功。

目前我国煤层气 U 形井钻完井及压裂技术研究处于起步阶段，钻井过程中没有形成成熟的煤层专用钻井完井液，煤层损害仍然比较严重。完井多为裸眼或筛管完井，煤粉堵塞问题较为严重，钻井损害难以解除。

③复杂结构井技术配套。

远距离连通技术是煤层多分支水平井、U 形井等复杂结构井开发的核心技术。该技术可以实时检测控制钻进轨迹，提供钻头的实时位置，为定向提供距离和方位参数，即时调整工具面，指导钻头向洞穴井钻进，实现主井眼与洞穴井较好连通。

3）典型煤层气开采成本分析

以沁水盆地某煤层气产能 2 亿 m^3 开发区块为例，该区块煤层埋藏深度 1 000～2 000 m，部署二维地震 100 km、参数井 27 口、排采井 62 口、开发直井 174 口、开发水平井 5 口，利用参数井 23 口、利用排采井 56 口，评价期 20 年，建设期 5 年。参数井单井钻井投资 300 万元、排采井单井钻井投资 240 万元、开发直井单井钻井投资 180 万元、开发水平井单井钻井投资 1 600 万元、单井排水采气工程投资 60 万元，直井单井地面及公用工程投资 150 万元，水平井单井地面及公用工程投资 360 万元。

煤层气开发生产过程中实际消耗的直接材料、直接工资、水处理费、压裂费、排采作业费、其他直接支出和其他开采费用，都计入开采成本；发生的期间费用（管理费用、财务费用、销售费用）作为当期损益。操作成本根据成本与开发变量（生产井数、煤层气产量、产水量）的关系，又可分为固定成本和可变成本。折旧折耗费、摊销费用则根据记取要求分别取值，计入总成本费用中。

4）煤层气成本预测

煤层气的成本取决于国内勘探开发生产情况，目前的出厂价格为 1.5～2 元/m^3，其成本对于进口气来说仍具有竞争力，目前我国煤层气开发处于初期，技术上还有很大上升空间。煤层气同页岩气一样，尚处于学习曲线的起始阶段，需要高度重视研究学习规律，寻求学习曲线加速效应，降低成本。

①煤层气学习曲线。

一般来说，煤层气直井成本为 250 万～300 万元，水平井为 1 200 万～1 700 万元，更复杂的多分支水平井在 4 000 万～5 000 万元。

②煤层气成本曲线及成本预测。

通过学习曲线，最终得到成本曲线（图 2-3）。

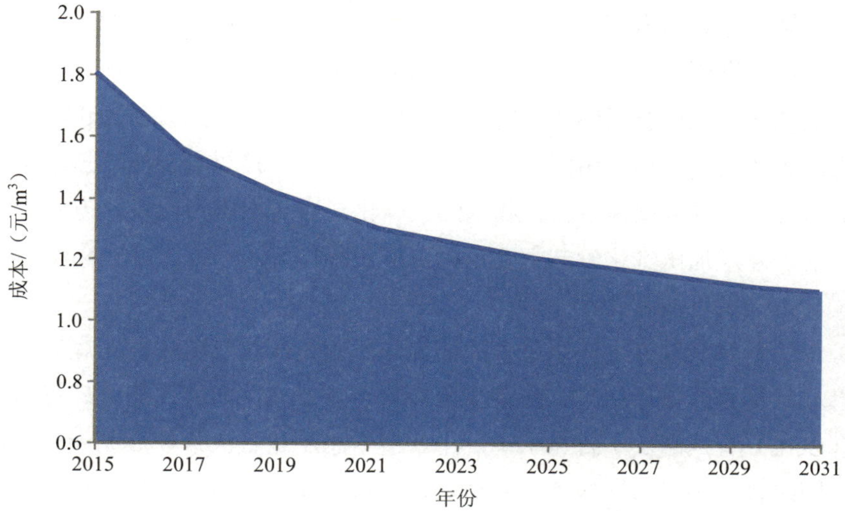

图 2-3　煤层气成本变化曲线

（4）煤制气成本分析

1）煤制气工艺流程

煤制天然气一般是利用褐煤等劣质煤炭，通过煤气化、一氧化碳变换、酸性气体脱除、高甲烷化工艺来生产代用天然气。

主要工艺流程：原煤经过备煤单元处理后，经煤锁送入气化炉。蒸汽和来自空气分离器的氧气作为气化剂从气化炉下部喷入。在气化炉内煤和气化剂逆流接触，煤经过干燥、干馏和气化、氧化后，生成粗合成气。这一过程主要发生的化学反应为煤（C）+水蒸气（H_2O）$\longrightarrow$一氧化碳（CO）+氢气（H_2）。粗合成气的主要组成为氢气、一氧化碳、二氧化碳、甲烷、硫化氢、油和高级烃，粗合成气经急冷和洗涤后送入变换单元。粗合成气经过部分变换和工艺废热回收后入酸性气体脱除单元。粗合成气经酸性气体脱除单元脱除硫化氢和二氧化碳及其他杂质后送入甲烷化单元。在甲烷化单元内，原料气经预热后送入硫保护反应器，脱硫后依次进入后续甲烷化反应器进行甲烷化反应单元，得到天然气产品。这一过程主要发生的化学反应为一氧化碳（CO）的气体+氢气（$3H_2$）$\longrightarrow$甲烷（CH_4）+水（H_2O）。主要关键点为气化、变换、酸性气脱除、甲烷化、生成合格天然气。

2）煤制气主要技术

煤制天然气技术可分为直接煤制天然气技术和间接煤制天然气技术。直接煤制天然气技术也被称为“一步法”煤制天然气技术。间接煤制天然气技术也被称为“两步法”煤制天然气技术，第一步指煤气化过程，第二步指煤气化产品合成气（经变换和净化调整氢碳比后的煤气）甲烷化的过程。到目前为止，在役或在建的煤制天然气工厂均采用间接煤制天然气技术。间接煤制天然气技术又主要以碎煤加压气化（以褐煤为原料）和水煤浆气化（以长焰煤为原料）为主。

目前，碎煤加压气化工艺主要包括以下三种技术。

①鲁奇甲烷化技术。

鲁奇炉是目前世界上应用最多的碎煤加压固定床煤气化炉，在煤制天然气领域具有非常优秀的处理工艺。随着我国对鲁奇炉工艺的研究，结合碎煤熔渣气化技术（BGL）有效解决了鲁奇炉单炉生产能力小不适合大规模煤制天然气项目的问题，同时鲁奇炉可以适应多种劣质煤，降低了煤制天然气的运行成本，鲁奇炉CO 转化率高而且在污水处理和排放、废水利用等方面也有重大进展，甲烷的产量可以高达 95%，可最大化实现产品工艺价值，提高了经济效益。

②托普索甲烷化技术。

托普索甲烷化技术最早可以追溯到 20 世纪 70 年代，具有很好的商业可操作性。托普索甲烷化技术投入较大，但可以有效解决空间有限问题，其化学反应在绝热条件下进行。托普索甲烷化技术通过高压过热蒸汽利用与回收甲烷化热量，并通过延长产业链实现产品附加值的提升。

③Davy 甲烷化技术。

Davy 甲烷化技术发展时间相比鲁奇甲烷化技术、托普索甲烷化技术较短，是英国燃气公司于 20 世纪 90 年代发展的。通过进一步开放与完善，Davy 甲烷化技术在托普索甲烷化技术用热蒸汽解决甲烷化热量的基础上，通过催化剂的研发，提高了 H/C，Davy 甲烷化催化剂已经成熟地应用于北美煤制天然气中，实践证明 Davy 甲烷化技术催化剂在 230～700℃范围内都具有很高且稳定的活性，具有广泛的适用性。

水煤浆气化工艺的典型代表是 GE 水煤浆气化技术。

GE 水煤浆气化技术首先需要制浆，制浆后水煤浆经高压煤浆泵加压后，在气化炉烧嘴与高压纯氧气（98%以上）混合，呈雾状喷入气化炉燃烧室。在燃烧室中，于加压条件下进行复杂的不完全氧化（气化）反应。整个气化过程时间很短，气化反应生成合成气和熔渣。合成气和熔渣经激冷环及下降管进入气化炉激冷室冷却，冷却后的合成气经喷嘴洗涤器进入旋风分离器和水洗塔，合成气进一步冷却、除尘并增湿，提高合成气中水蒸气的比例，水蒸气的比例提高可以通过整个系统中回收低压蒸汽、通过调节蒸汽的压力来实现，然后合成气进入后工序。

与传统的碎煤加压气化技术相比，采用水煤浆气化工艺对原料的要求更高，两者的成本构成上原料成本占比相差较大。使用水煤浆加压气化工艺需要以低灰、高热值的动力煤为原料，原料成本要高于以褐煤为原料的碎煤加压气化工艺项目。此外，水煤浆原料还需要额外的造浆成本。而水煤浆工艺的最大好处就是可大幅降低环保投入。根据目前已投运的煤制气项目的运营来看，以碎煤加压气化工艺处理 1 t 煤将产生 1 t 多含有苯酚、焦油等成分的废水，而处理这样 1 t 废水的花费高达 137 元。而水煤浆气化一开始就把固体煤制成了煤浆，减少了粉尘对环境的污染；在气化过程中，反应是在密闭加压环境下进行的，气化炉本身无有害气体排放，也不会产生焦油、萘、酚等各种难处理的有机物，处理系统相对简单，所需投入也较低。此外，在此过程中产生的大部分废水还可以返回水煤浆配浆阶段重复利用，水耗由此也将大幅降低。这对于大部分地处水资源紧张地区的煤制气项目来说吸引力也是巨大的。

3）典型煤制气成本分析

以内蒙古地区建设年产 40 亿 m^3 的煤制气项目为例，采用固定床加压气化和水煤浆气流床气化相结合的煤气化工艺，其典型投资构成见表 2-14。

表 2-14　40 亿 m^3/a 煤制气项目典型投资构成

项目	金额/亿元
项目规模总投资	285.0
建设投资	261.9
固定资产投资	229.7
无形资产投资	3.9
其他资产投资	1.5
预备费	26.8
建设期利息	22.2
铺底流动资金	0.9

根据上述成本构成可知，一般来说，煤制气项目外购原材料、燃料及动力成本等可变成本占 43.67%，固定成本占 56.33%。固定成本中，由于一次性投资较高，折旧费、修理费、利息等支出占比较高，分别占到总成本费用的 29.79%、13.49% 和 6.41%。

4）煤制气成本预测

煤制天然气成本主要受煤炭价格影响，原料煤成本占比 40%以上，每千立方米天然气耗煤 3 t 左右、耗水 7 t 左右。通过分析发现原水消耗在可变成本中所占比例较低，其价格变动对可变成本在总成本中所占比重的影响较小，对项目收益率的影响也相对较小。原水价格在 2～10 元/t 变化时，项目收益率的波动范围在 0.5%左右。我国煤价与煤制气价格比较见表 2-15。

表 2-15　我国煤价与煤制气价格比较

煤炭价格（元/t）	120	200	250	300	350	400	450	500
煤制气单位生产成本（元/m^3）	1.09	1.28	1.39	1.5	1.62	1.73	1.85	1.96
煤制气售价（元/m^3）	1.6	1.81	1.94	2.1	2.2	2.34	2.46	2.59

①近年来煤炭价格分析。

近年来煤炭价格持续走低，以内蒙古坑口褐煤价格为例，自 2014 年的 180 元/t 下降到 2015 年的 120 元/t，其走势见图 2-4。

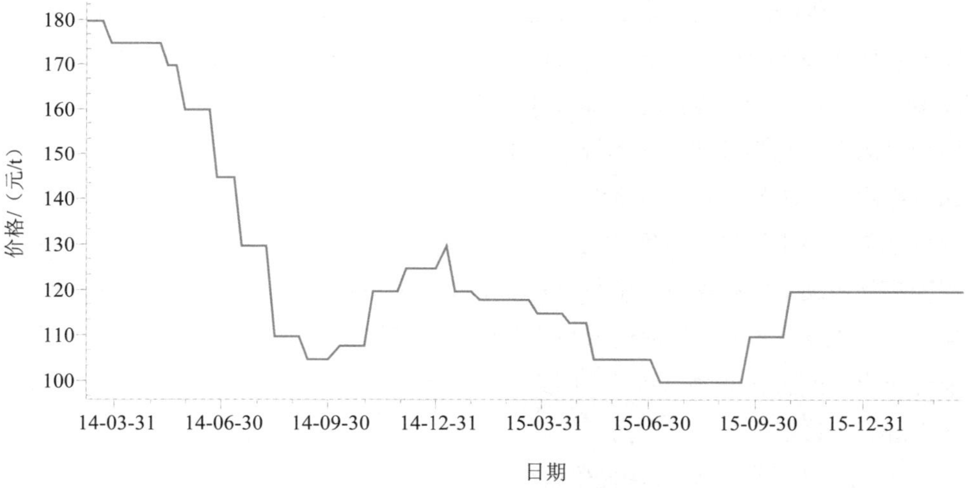

图 2-4　内蒙古褐煤坑口价格走势

注：坑口价：褐煤（A25%，V＜46%，＜0.5%S，Q3500）：内蒙古：霍林郭勒

资料来源:Wind 资讯。

②煤炭价格影响因素分析及未来走势。

煤炭价格主要受需求因素、供给因素、替代因素、政策因素和相关行业的发展等影响。需求因素是影响煤炭价格波动的主要因素。经济增长以及电力、建材和化工等下游产业的发展决定了煤炭的需求程度。在供给不变或小幅变动的前提下，耗煤产业保持高速的发展将推动煤炭价格呈现上涨态势。在国家经济高速发展时期，我国能源消费快速增长，煤炭在能源消费中的比重逐年提高，2007 年，

煤炭在能源消费中的比重达到72.5%。自2008年开始，我国GDP增速逐步下降，经济增长放缓也导致能源需求逐渐回落，体现了经济增长与能源消费间的高度相关性。

价格由供给和需求基本面来决定。我国煤炭供给经历了由缓慢增长到快速增长再到持续下降的变化过程，2002年后，煤炭产量逐步增加，但仍处于供不应求态势，致使价格一路上扬，受良好发展态势驱动，煤炭企业和地方政府加大基础设施建设投入力度，煤炭产能不断扩大。2008年后，经济下行导致能源需求增速下降，煤炭产能滞后性释放，供大于求态势显现，煤炭价格随之下降。同时，煤炭库存量开始上升，过剩供给对煤炭价格形成打压。相比天然气和新能源，石油与煤炭一直是我国的主体能源，两种基本能源价格存在相互替代作用，因此石油价格的上涨在一定程度上也会影响动力煤价格。2003年年底，石油价格的大幅度上涨，对我国国内煤炭价格的上升起到推波助澜的效果。由于石油与煤炭互为能源替代性，根据替代产品价格跟跌的原理，石油价格的大跌，必然导致煤炭需求的大幅度减少，进而带动煤价下降。由于煤价与油价的变化具有一定的时滞效应，通常滞后3～6个月，根据经济学原理，国内煤炭价格将追随国际原油价格，国际油价回落，必将牵制国内煤炭价格走弱。因此，目前的低油价对煤炭价格的影响将逐步显现。此外还有其他能源对煤炭的替代威胁。除以上因素外，政策因素、相关行业发展等也会对煤炭价格形成一定影响。

因此，从长期来看，煤炭行业在整个能源结构占比中的趋势是不断下降的，呈L形走势，而非V形或U形发展。近期煤炭方面需求增长乏力的主要因素是下游产业需求的总体萎缩，而非替代能源的爆发。考虑污染较为严重的煤炭将面临被水能、风能、核能、太阳能等新型能源部分替代的威胁，煤炭价格或尚未探底。长期来看，煤炭的发展出路将从直接燃烧的一次能源向深加工的煤化工、新型煤化工转变。在此背景下，动力煤价格很难出现较大幅度的上涨。

③煤制气成本预测。

假设用于制气的煤价格稳定在200元/t，得到图2-5所示成本曲线图。

（5）进口LNG价格分析

1）进口LNG价格

2015年，我国LNG进口均价为2 796元/t（约合2.05元/m^3），较2014年下

降 1 020 元/t。其中长协 LNG 进口均价为 2 753 元/t（约合 2.02 元/m^3），现货 LNG 进口均价为 3 089 元/t（约合 2.27 元/m^3）；长协与现货进口成本差距缩小。2016 年 5 月—2017 年 4 月我国 LNG 月度进口量及价格见图 2-6。

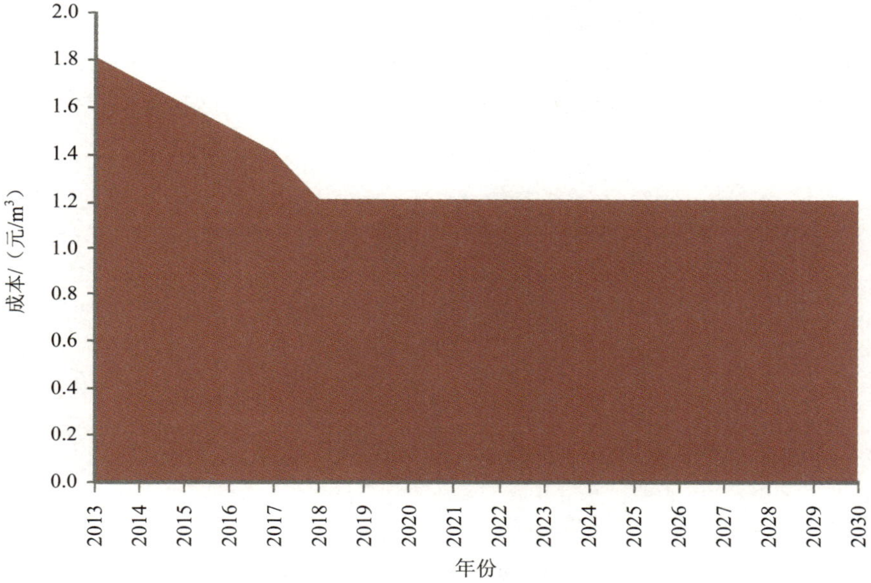

图 2-5　煤制气成本变化曲线

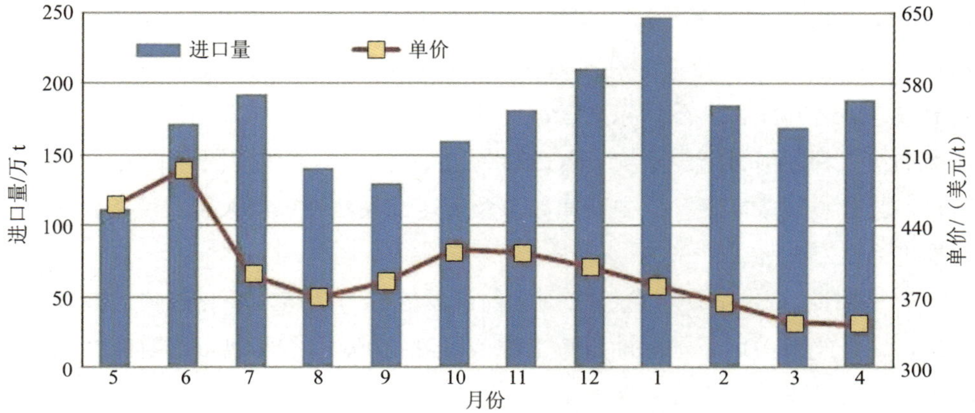

图 2-6　2016-05—2017-04 我国 LNG 月度进口量及价格

2015 年，我国 LNG 进口来源国共 15 个，但 93%的 LNG 进口量来自与我国有长期合约的 5 个 LNG 进口国。其中，来自澳大利亚的 LNG 进口量为 555.22 万 t，超越卡塔尔成为我国 LNG 第一大进口国，占比较 2014 年提升 7 个百分点，达到 28%。来自卡塔尔的 LNG 进口量 481.42 万 t，占比下降 9 个百分点至 25%。马来西亚为我国第三大 LNG 进口国，进口量为 325.20 万 t，占比为 17%；印度尼西亚和巴布亚新几内亚分别为第四位和第五位，占比分别为 15%和 8%（图 2-7）。

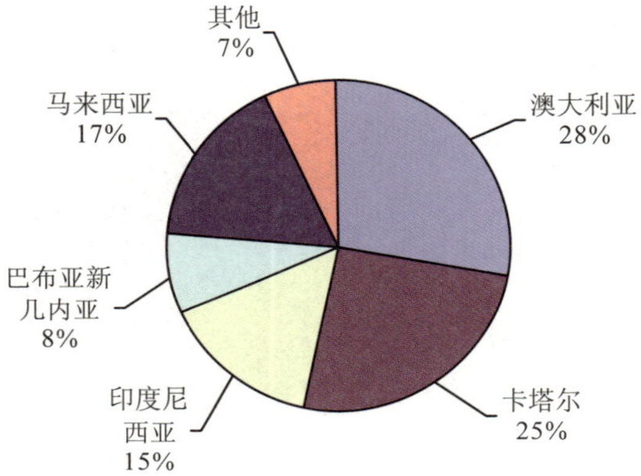

图 2-7　2015 年我国 LNG 进口来源国比例

LNG 进口价格跟签订合同时的石油价格关系极大，合同期限一般为 25～30 年。如我国 LNG 最早的签订合同依次为澳大利亚、印度尼西亚、马来西亚、卡塔尔，其价格逐步升高。以澳大利亚为例，我国进口澳大利亚长协 LNG 成本为 1 752 元/t，较 2014 年上涨，除广东大鹏进口的澳大利亚西北大陆架项目气源外，中海油增加澳大利亚柯蒂斯煤层气 LNG 资源，成本高于早期供应的西北大陆架 LNG 项目，因此总体成本上升。中石油如东及大连接收站进口澳大利亚现货资源，进口均价为 3 254 元/t。

一般来说，LNG 现货价格对国际油价反应最为敏感，变化趋势与国际油价同步，属于绝对关联，国际油价每上浮或下跌 10%，LNG 现货价格随之变化约 8.2%，同时其受季节供需影响明显，冬季是 LNG 现货价格高点。LNG 长协合同价格与国际油价存在部分关联，一方面，其受国际油价影响的幅度要远低于现货，国际油价每上浮或下跌 10%，LNG 长协价格随之变化约 3.1%；另一方面，长协合同价格与国际油价的联动要滞后 3～5 个月。

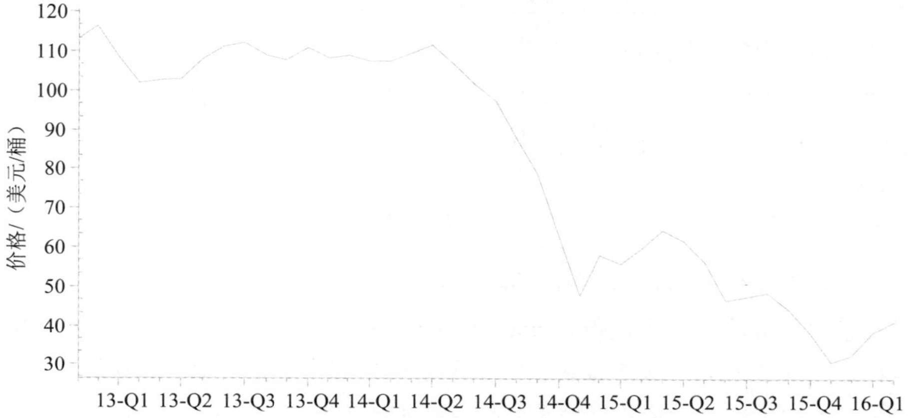

图 2-8　布伦特原油价格走势

注：原油现货价：布伦特 DTD：月均。13-Q1 表示 2013 年一季度，以此类推。

资料来源：Wind 资讯。

2）进口 LNG 价格预测

①国际 LNG 定价机制。

目前世界上天然气进口价格主要分成三大类。一是以美国×××为代表的天然气成本加价定价方法，以亨利港气价（HH）为基准；二是以欧洲为代表的与石油产品等替代能源价格指数挂钩的定价方法；三是以日本为代表的与进口原油价格（JCC）挂钩的定价方法。除此之外，还存在以成本为基础的定价公式等。美国以竞争方式确定进口天然气价格公式，主要原因是美国国内的天然气供应能力较大，并且已形成市场化竞争定价的机制。欧洲进口价格公式与油品价格挂钩，主要原因是欧洲（主要是西欧）自身的能源资源禀赋差、供应能力弱，能源资源的自给率很低，进口天然气的主要目的是替代正在使用的粗柴油（主要用于发电和工业用）等油品，因此形成了天然气价格与油品之间的竞争关系。英国发现北海气田使得供气多元化，因此欧洲部分地区又形成了与美国相似的参考 NBP 等交易中心价格的定价方法。当然欧洲的天然气市场自由化也是形成英国等欧洲国家进口天然气参考 NBP 等交易中心价格的重要原因之一。日本进口天然气主要为解决环境污染问题，主要替代用于发电的高硫原油，因此日本的天然气进口价格公式主要参考该国进口原油的综合价格。

②进口 LNG 长协合同价格公式。

我国进口 LNG 长协合同价格采用与日本原油清关价格 JCC 挂钩联动的方式，即“S”曲线价格模型。价格公式为

$$P = A \cdot \mathrm{JCC} + B + S$$

式中，P 为 LNG 进口价格，美元/mmBtu（1 mmBtu≈1 053 MJ，下同）；JCC 为日本进口原油清关价格，美元/bbl（1 bbl=0.159 m^3）；A 为与原油挂钩系数；B 为常量，美元/mmBtu；S 为油价过高或过低时的调整参数，美元/mmBtu；A、B、S 取值由供需双方谈判决定。“S”曲线价格模型主要能起到稳定 LNG 价格的作用，当油价大幅走高或下跌时能降低 LNG 随之发生的价格骤变的幅度。LNG 进口长协合同价格与 JCC 近 3～5 个月均价挂钩联动，以移动平均方式缓步涨跌，所以当国际油价上涨（或下跌）时，LNG 长协合同采购价格将滞后 3～5 个月调整。

③进口 LNG 现货价格。

根据国际液化天然气进口国联盟组织（GIIGNL）的统计，全球 LNG 短期和现货贸易量约占 LNG 贸易总量的 25%。LNG 现货贸易双方通常先签订一个主合同，将现货贸易的各项通用商务条款锁定，待实际交易发生时再签订一个单船货物确认函，以进一步确认所交易 LNG 的价格、数量、供货时间、质量、装载港、卸载港、LNG 船等个性化条款，主合同和单船确认函一起生效。LNG 现货价格变化快、幅度大，主要受国际油价以及市场供需变化等因素影响。

④原油价格预测分析。

EIA（美国能源情报署）发布了《国际能源展望（2016 版本）》，对 2040 年世界石油、油价的走向进行了预测（图 2-9）。

从 EIA 的预测方式来看，石油行业能否繁荣，很大程度上取决于世界经济的发展，而并不是当前原油是否大量过剩、主要产油国是否减产。真正能够推动油价上涨的，乃是需求一侧。决定未来油价的因素主要有 4 个：OPEC（石油输出国组织）国家的投资和产量决策、OECD（非经济合作与发展组织）国家的石油供应量、非石油液体燃料供应量、世界石油及液体燃料需求。这 4 个因素的不同组

合模式决定了未来油价的走向。EIA 对未来能源需求的分析建立在这么一个基本认识上：那就是非 OECD 国家的经济、人民的生活水平将有大幅度的提高，非 OECD 国家和 OECD 国家的经济差距将缩小。考虑到不定因素的影响，EIA 对未来布伦特原油价格给出了 3 个预测，不过主要是基于非 OECD 国家的经济情况进行预测的。

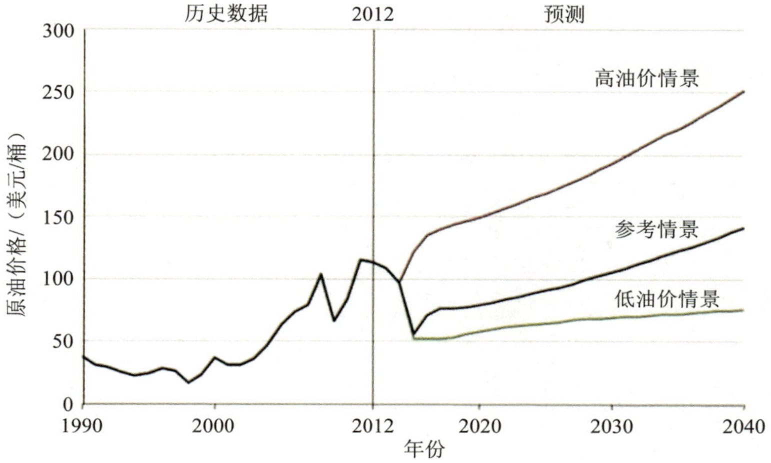

图 2-9　EIA 布伦特原油价格的三种预测

若非 OECD 国家的 GDP 年平均增长率为 3.9%，到 2040 年，油价将涨到每桶 76 美元，OPEC 国家的石油市场占有率将达到 48%。

若非 OECD 国家的 GDP 年平均增长率为 4.2%，到 2040 年，油价将涨到每桶 141 美元，OPEC 国家的石油市场占有率将保持在 39%～43%。

若非 OECD 国家的 GDP 年平均增长率为 4.5%，到 2040 年，油价最高可达到每桶 252 美元，OPEC 国家的石油市场占有率为 34%。

目前，EIA 预测非 OECD 国家未来 25 年的 GDP 年平均增长率为 4.2%。

⑤进口 LNG 到岸价格预测。

未来随着前几年签署的 LNG 长协合同的不断执行、进口现货增加、所签署资源地越来越多、到岸价格差异较大，LNG 到岸平均价格将会出现较大差别。

a. 进口 LNG 长协合同价格预测。

同一个 LNG 接收站的资源来源于一个或多个国家，不同国家所签署资源的合同价格不一致。

——进口卡塔尔 LNG 价格预测

根据我国进口卡塔尔 LNG 历史数据及国际油价走势，对进口卡塔尔 LNG 价格进行预测（表 2-16），其中进口 LNG 价格一般参照前 3 个月国际油价平均走势。通过模型对历史数据进行拟合，最终得出进口卡塔尔 LNG 的价格公式：卡塔尔=0.0242*Brent+1.437。当国际油价 Brent（布伦特油价）为 70 美元/桶时，进口卡塔尔 LNG 到岸价格为 3.13 元/m^3。

表 2-16 进口卡塔尔 LNG 价格预测 单位：元/m^3

Brent	50 美元/桶	60 美元/桶	70 美元/桶	80 美元/桶	90 美元/桶	100 美元/桶
进口 LNG 到岸价格	2.65	2.89	3.13	3.37	3.61	3.85
完税价格	2.79	3.03	3.27	3.51	3.75	3.99
气化管输费	0.4	0.4	0.4	0.4	0.4	0.4
供应成本	3.19	3.43	3.67	3.91	4.15	4.39

——进口马来西亚 LNG 价格预测（表 2-17）

表 2-17 进口马来西亚 LNG 到岸价格预测 单位：元/m^3

Brent	50 美元/桶	60 美元/桶	70 美元/桶	80 美元/桶	90 美元/桶	100 美元/桶
进口 LNG 到岸价格	1.35	1.45	1.56	1.66	1.77	1.87
完税价格	1.49	1.59	1.70	1.80	1.91	2.01
气化管输费	0.4	0.4	0.4	0.4	0.4	0.4
供应成本	1.89	1.99	2.10	2.20	2.31	2.41

模型计算思路与进口卡塔尔（LNG）一致，最终得出进口马来西亚 LNG 到岸价格公式为：马来西亚=0.010*Brent + 0.822。当国际油价为 Brent 为 70 美元/桶时，进口马来西亚 LNG 到岸价格为 1.56 元/m^3。

b. 进口北美 LNG 到岸价格预测。

预计到 2017 年北美将向全球释放页岩气，部分资源将会流向亚太市场，根据

HH 的价格趋势预测北美资源到我国的价格（表 2-18），HH 价格主要是受供需形势与可替代能源的影响，根据对 HH 的影响因素进行分析最终得出未来 HH 的价格趋势，预计 2020 年 HH 价格为 3.07～3.28 美元/MMBtu。

表 2-18　不同 WTI 油价下 HH 价格预测

WTI	50 美元/桶	60 美元/桶	70 美元/桶	80 美元/桶	90 美元/桶	100 美元/桶
HH/（美元/MMBtu）	3.21	3.38	3.52	3.63	3.74	3.82

注：WTI 即 West Texas Intermediate，美国西德克萨斯轻质原油。

根据从美国西海岸进口 LNG 液化费为 3.8 美元/MMBtu 左右、海运费为 1.1 美元/MMBtu 左右，可知从北美进口 LNG 到岸价格（表 2-19）。预计到 2020 年进口北美 LNG 到岸价格为 7.97～8.18 美元/MMBtu。

表 2-19　进口北美 LNG 到岸价格

WTI	50 美元/桶	60 美元/桶	70 美元/桶	80 美元/桶	90 美元/桶	100 美元/桶
HH/（美元/MMBtu）	3.21	3.38	3.52	3.63	3.74	3.82
液化海运费/（美元/MMBtu）	4.9	4.9	4.9	4.9	4.9	4.9
到岸价格/（美元/MMBtu）	8.11	8.28	8.42	8.53	8.64	8.72
到岸价格/（元/m^3）	1.87	1.90	1.94	1.96	1.99	2.01
完税价格/（元/m^3）	2.01	2.04	2.08	2.10	2.13	2.15
气化管输费/（元/m^3）	0.4	0.4	0.4	0.4	0.4	0.4
供应成本/（元/m^3）	2.41	2.44	2.48	2.50	2.53	2.55

（6）进口管道气价格分析

1）进口管道气价格

2015 年，我国全年进口管道气均价为 2 252 元/t（约合 1.65 元/m^3），其中来自缅甸的进口管道气均价最高，为 3464 元/t（约合 2.55 元/m^3）；哈萨克斯坦进口管道气均价最低，为 1 174 元/t（约合 0.86 元/m^3）；来自土库曼斯坦和乌兹别克斯坦的管道气进口均价分别为 2 332 元/t（约合 1.71 元/m^3）和 1 998 元/t（约合 1.47 元/m^3）。2015 年 1—12 月我国管道气月度进口量及价格见图 2-10，进口管道气来源国比例见图 2-11。

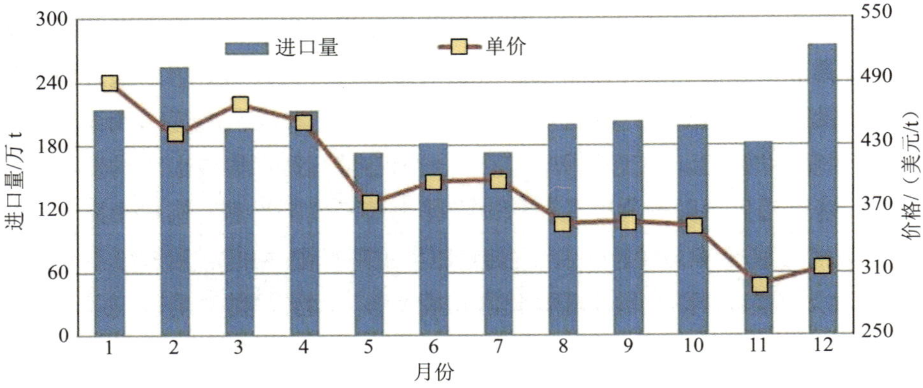

图 2-10 2015 年 1—12 月我国管道气月度进口量及价格

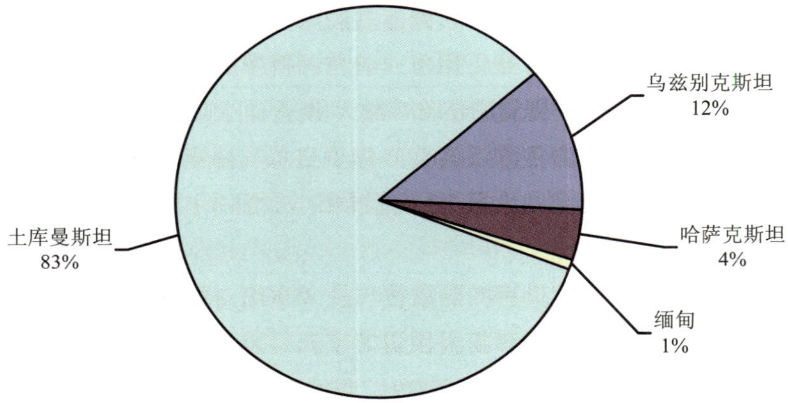

图 2-11 2015 年进口管道气来源国比例

2）进口气管道气价格预测

①进口管道气定价公式。

我国进口天然气的长期合同价格都与石油或油品等替代能源挂钩联动。中亚天然气管道进口天然气价格（土库曼斯坦离岸价）与新加坡的燃料油等油品价格挂钩联动。中缅管道天然气价格与国际原油价格挂钩联动，正在谈判中的中俄天然气管道也可能会参照俄罗斯出口西欧的价格公式与油品价格挂钩联动。

我国目前的进口管道气价格公式如下：

$$P = P_0 \times (a \times H/H_0 + b \times L/L_0 + c \times G/G_0)$$

式中，a、b、c 均为常数，$a+b+c=1$。H、L、G、H_0、L_0、G_0 为各种原油或油品计算期和基准期的价格，P_0 为基础价格，单位为美元/bbl 或美元/t。

②中亚管道气价格预测。

通过进口中亚管道气以及国际油价 Brent 的历史数据，考虑关联油价滞后的影响，采用相关模型进行计算，最终得出中亚进口管道气与 Brent 价格公式为

$$P_{\text{中亚气}}=0.008\,144\,\text{Brent}+1.336\,9$$

不同油价下进口中亚气价格见表 2-20。

表 2-20 不同油价下进口中亚气价格 单位：元/m^3

Brent	50 美元/桶	60 美元/桶	70 美元/桶	80 美元/桶	90 美元/桶	100 美元/桶
到岸价格	1.74	1.83	1.91	1.99	2.07	2.15
完税价格	1.87	1.96	2.04	2.12	2.2	2.28

③中缅、中俄管道气价格预测。

中缅进口天然气价格一般比进口中亚气高 0.8 元/m^3，进口中俄管道气价格与中亚气价格相当。

（7）各气源成本预测结果

依据各气源的供应成本预测和管输费用判断，初步给出各气源供应的平均成本，如图 2-12 所示。从各气源的成本比较来看，国产气的成本总体低于进口气成本，且未来会长期低于进口气。另外，国产的常规气、页岩气和煤层气三者中，常规气的生产成本是最低的，有望长期保持在 0.95 元/m^3 的平均水平，但是考虑到从气源地到负荷中心上千里的管输费用（一般按 0.2 元/10^3 km 计算），若是在西南地区等既是页岩气主产区又是集中消纳地区进行成本比较，成本相差并不大。随着页岩气生产规模的扩大，开始并逐步扩大向华中和华东地区供气规模，未来页岩气和常规气的竞争性会增强，因此仍需要加大力气降低生产成本。

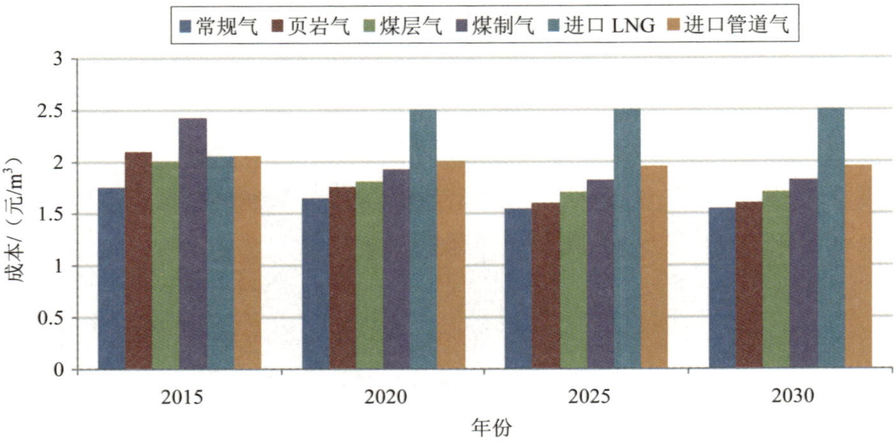

图 2-12　我国主要气源 2015—2030 年供应成本估算

2.2　我国页岩气供应潜力分析

2.2.1　我国未来天然气需求情景设置

天然气供给结构调整受到最终需求的影响，特别是在全球供需宽松的大背景下，需求量是影响供给结构的首要因素。

根据我国当前的天然气需求形势，本书考虑了三种需求情景，即低需求情景、中需求情景和高需求情景，对不同需求情景下的天然气供应结构开展分析。具体而言，三种情景分别表述如下：

在天然气低需求情景下，天然气利用政策保持在当前水平，主要依靠市场力量推进天然气高效利用，包括提高居民生活气化率，推动天然气替代煤炭、汽柴油等方面；同时假设燃机国产化完全依靠市场力量逐步推进，“十三五”期间燃机投资、维修成本有所下降。由于主要依靠市场力量，天然气管网、储气库建设相对滞后于市场需求；加气站、LNG 加液站等终端利用装置建设也相对较慢。

在天然气中需求情景下，国家积极推进天然气高效利用；天然气利用政策不断完善，在保障居民生活用气的基础上，大力推动天然气替代高污染燃料，继续鼓励天然气汽车发展；国家及地方政府已出台的有关散煤替代的环保政策基本落实到位；天然气价格改革稳步推进，“十三五”期间市场化定价机制逐步形成；车用气价格较燃油汽车具有经济性优势（CNG 与汽油、LNG 与柴油比价为 65%～80%）；天然气与煤炭比价保持稳定；燃机国产化水平较快推进，“十三五”期间燃机投资、维修成本有所下降；天然气产、供、储、销体系建设加速推进，供应和需求之间的“中梗阻”现象逐步消除。2020 年之后，天然气在民用、发电、工业、交通等领域的需求均保持良性增长态势。

在天然气高需求情景下，国家积极推进天然气高效利用，天然气利用政策不断完善，在保障居民生活用气的基础上，大力推动天然气替代高污染燃料，继续鼓励天然气汽车发展；国家及地方政府已出台的有关散煤替代的环保政策严格落实到位；天然气价格改革稳步推进，“十三五”期间逐步形成市场化定价机制；车用天然气价格较燃油汽车具有非常显著的经济性优势（CNG 与汽油比价、LNG 与柴油比价低于 65%）；煤炭价格企稳回升，天然气与煤炭比价关系有所下降；燃机国产化水平取得较大突破，燃机投资、维修成本大幅下降；天然气管网建设能够满足市场需求；加气站建设规模适度超前于天然气汽车发展速度；对化石燃料加征碳税。2020 年之后，天然气在民用、发电、工业、交通等领域的需求继续呈现加速发展态势。

参考国内已有机构的研究成果，我们初步给出三种情景下的天然气需求预测（表 2-21）。在低需求情景下，2020 年全国天然气需求将达到 2 900 亿 m^3，2030 年需求将达到 4 500 亿 m^3，“十三五”期间年均增速 8.8%；在中需求情景下，2020 年全国天然气需求将达到 3 300 亿 m^3，2030 年需求达到 5 200 亿 m^3，“十三五”期间年均增速 11.7%；在高需求情景下，2020 年全国天然气需求将达到 3 600 亿 m^3，2030 年需求达到 6 000 亿 m^3，“十三五”期间年均增速 13.6%。

表 2-21　主要机构中长期天然气需求预测

预测机构	情景	天然气需求/亿 m^3	
		2020 年	2030 年
国内研究单位	—	4 000	5 740
私营咨询机构	—	2 700	5 000

预测机构	情景	天然气需求/亿 m^3	
		2020 年	2030 年
国有大型企业	低情景	2 900	4 500
	中情景	3 200	5 200
	高情景	3 600	6 000
IEA	低情景	3 070	4 700
	中情景	2 830	4 251
	高情景	2 897	4 462
EIA	低情景	2 219	4 227
	中情景	2 171	3 651
	高情景	2 204	3 600
本书情景假设	低情景	2 900	4 500
	中情景	3 300	5 200
	高情景	3 600	6 000

资料来源：根据相关资料分析、整理。

2.2.2 我国各气源供给能力预测

2017 年受天然气需求反弹的带动，我国天然气产量预计达到 1 472.6 亿 m^3，较 2016 年增长 8.4%（表 2-22），扭转了 2015 年、2016 年两年的低迷势头。分品种看，常规气增长明显，2017 年产量达到 1 300.0 亿 m^3，较 2016 年增长 70.0 亿 m^3，增速 5.7%。页岩气延续了良好的发展势头，勘探开发再获突破性进展。页岩气涪陵气田新增探明地质储量 2 202.16 亿 m^3，全国累计探明页岩气地质储量 7 643 亿 m^3，全年页岩气产量 98 亿 m^3，同比增加 20 亿 m^3，增长 25.6%。

表 2-22 国内天然气生产情况

	2017 年产量/亿 m^3	比 2016 年同期增长/亿 m^3	同比增速/%
常规气	1 300.0	70.0	5.7
页岩气	98.0	20.0	25.6
煤层气	52.1	7.0	15.5
煤制气	22.5	17.0	309.1
合计	1 472.6	114.0	8.4

资料来源：依据中国能源研究会天然气中心月报整理得到。

在经历了 2015 年天然气进口低速增长、2016 年重回两位数增速之后，2017 年以来，在天然气市场需求爆发式增长的刺激下，加之部分进口长协合同相继进入执行期、国际 LNG 现货价格仍位于较低水平等因素综合影响，企业积极采购现货，使得传统消费淡季的 LNG 进口量却出现了持续大规模增加。进口 LNG 凭借价格优势通过“液来液走”和槽车运输的方式迅速扩大了国内 LNG 市场份额。2017 年 LNG 进口量达 493 亿 m^3，同比增长 51.2%。此外，进口管道气平稳较快增长。全年进口管道气 458.6 亿 m^3，同比增长 8.7%。

（1）国内天然气产能预测

1）常规气产能预测

常规气源既是我国主要天然气来源，也是依据供需形势进行生产调控的主要气源。2017 年我国常规天然气产量 1 300 亿 m^3，逆转了 2015 年、2016 年两年连续下滑的态势，同比增长 5.7%（图 2-13）。

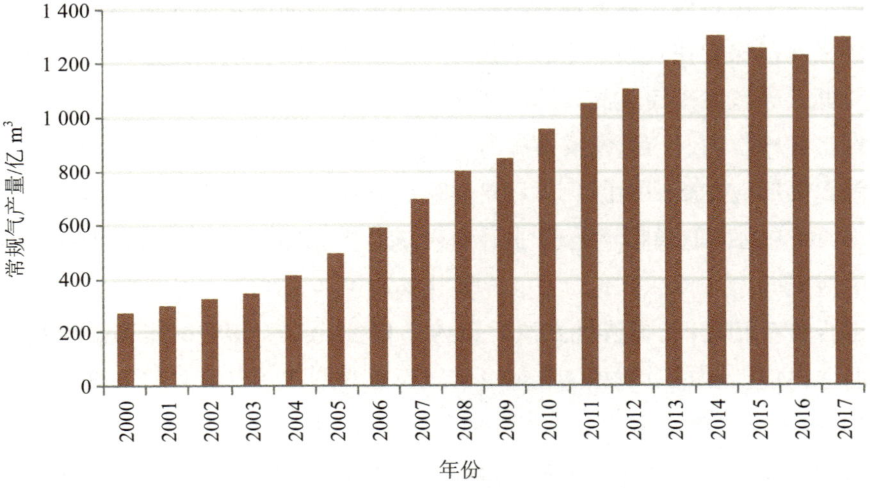

图 2-13　我国常规天然气生产量

由于常规气的开采和新增资源在 2030 年之前较为明朗，因此通过产量构成法、经验法结合油气田增长情况及油田的生命期限，做出预测。其产量的构成主要是考虑塔里木盆地、鄂尔多斯盆地、四川盆地区块的天然气资源，根据新增的可采储量和项目的投产情况，以及历史年均增速水平，测算 2030 年之前的产气量。2030 年之后由于部分油气田进入枯竭期，资源仅考虑部分新增探明储量的区块，在目前的资源基础上根据探明储量的情况，结合新增探明储量的增速水平，参照采储比产量预测方法进行未来 20 年资源的预测。

储采比预测法是把各油区乃至全国天然气产量与储量增长目标有机地联系起来，即规划期内新增可采储量等于规划期内累计产量与规划期内剩余可采储量增减量。产量增长规模取决于储量增长规模，二者可相互验证，避免两者脱钩而产生错误的结论。

以 2013 年年底的探明地质储量为基础，考虑 70%～85%的储量动用率和 50%～60%的采收率，计算可动用可采储量，从而以可采储量迭代测算各年的产气能力。同时使用储采比作为验证指标。

储采比高低与资源禀赋、经济技术水平和市场化程度紧密相关。如欧美等国家工业化程度高、经济技术实力雄厚、管网完善、消费水平高、需求量大，因此产量高，储采比相对较低。而天然气资源非常丰富的国家比如俄罗斯产量虽然很高，储采比仍保持在较高水平。中东等一些资源大国受政治经济等因素影响产量一直较低，导致储采比过高。综合我国天然气可采储量的资源条件、勘探开发水平、经济技术实力、市场发展规模等，我国天然气储采比不能定得太低，快速上产阶段储采比应在 25～30 以上，稳产阶段合理储采比可参照目前发达国家的水平确定在 20 左右，但最小不低于 15，既要满足当期需要，又要为发现新储量争取足够的时间。

综合来看，预计全国到 2020 年、2025 年和 2030 年常规气产能将分别达到 1 750 亿 m^3、2 150 亿 m^3 和 2 700 亿 m^3。

2）页岩气产能预测

美国是目前页岩气规模开发取得成功的国家。近 10 年水平井钻完井及分段压裂技术的突破，有效提高了页岩气单井产量。最早开发的 Barnett 页岩年产量达到日产 100 亿 m^3 用了 22 年，但近几年在新技术推动下，Arkoma 盆地 Fayettrville 页岩气达到相同规模仅用了 4 年时间。美国页岩气快速发展的主要因素是有利的成藏条件、关键技术的突破和发达的天然气管网。

与美国相比，我国除地质成藏规律相似外，在气藏埋深、开发经验、开发技术、输送管网等方面与美国有一定的差距。但是目前我国政府和企业非常重视页岩气开发，出台了一系列鼓励开发优惠政策，并进行了探矿权招标。2013 年以中国石化、中国石油为代表的企业已开展了页岩气试生产。

2017 年全国页岩气产量 98 亿 m^3，同比增长 19.6%。目前页岩气开发突破主要在长宁、威远、昭通、涪陵等地，其中，中石化涪陵区块是国内最成功的页岩气开发示范基地。

截至 2017 年年底，中石化涪陵区页岩气田累计建成产能 150 亿 m^3，2017 年产气 70 亿 m^3。

与美国从 1976 年开始开发到 2005 年取得页岩气突破用了 30 年相比，我国页岩气初期发展比较顺利，从 2006 年、2007 年中石化、中石油开始立项，到 2012 年涪陵焦页 1 号井首次获得高产气流，仅用了 5～6 年的时间。2016 年我国页岩气年产量达到 78 亿 m^3，已经是仅次于美国和加拿大的页岩气生产第三大国。页岩气产业顺利开局令人欢欣鼓舞，但未来面临的挑战也不容忽视，主要表现在以下三个方面。

①页岩气资源潜力巨大，但探明率过低。

据全国油气资源动态评价（2015）结果，我国页岩气资源分布广泛，主要包括三大海相页岩分布区和五大陆相页岩分布区，全国埋深 4 500 m 以浅页岩气地质资源量达到 121.8 万亿 m^3，而常规天然气（含致密气）和埋深 2 000 m 以浅煤层气的地质资源量分别为 90.3 万亿 m^3 与 30.1 万亿 m^3。但是截至 2017 年，我国累计探明地质储量仅有 7 643 亿 m^3，资源探明率仅为 0.6%。不仅远低于美国页岩气探明率（2010 年 14.6%），也显著低于国内所有其他气源（截至 2016 年年底，全国常规天然气（含致密气）[①]资源探明率 13.0%；煤层气资源探明率 2.3%），未来我国页岩气勘探工作任重道远。

目前已探明储量主要集中在涪陵、长宁—威远和昭通三大区块，现有区块矿权主要集中在中石油、中石化，并未呈现类似美国的社会资本广泛参与的格局，长此以往不利于页岩气产业蓬勃发展。当前页岩气勘探程度过低与市场有效需求不足、市场气价偏低导致的资源勘探开发风险过高密切相关。美国页岩气开发初期之所以能够吸引大量投资者，一方面得益于供不应求的市场环境，另一方面就

① 常规天然气特指气层气，不含溶解气。

是页岩气价格率先市场化，能够以比常规气价高出两倍的水平销售。但是我国目前页岩气开发面临的形势明显不同，即使天然气需求有所改善，国际油气供需宽松的局面和国内油气市场化改革方向也共同决定了国内气价难以显著上升，因此完全依靠市场机制激励投资主体进入页岩油气勘探领域是不现实的，必须依托现有示范项目加大技术研发力度，尽快降低成本，同时辅以产业政策改善投资预期，才有可能吸引社会资本的广泛进入。

②页岩气生产态势喜人，但未来潜力堪忧。

当前页岩气生产主要来自涪陵、长宁—威远、昭通三大区块。从 2012 年年产页岩气 2 500 万 m^3 到 2017 年，我国页岩气产量一年上一个台阶，年均增速达到 230%。但是与此同时，页岩气生产面临的困难逐渐增加、市场化改革进程面临的挑战不容忽视。一是现有区块开发面临的地质条件日趋复杂，资源条件也有所恶化，对开采技术和成本控制提出了双重挑战。以涪陵二期的平桥产建区为例，埋深普遍大于 3 500 m，而且地层高陡，断层和大尺度裂缝更加发育，使得探明储量品质下降、开采工程投入增加，预期收益比一期下降 30%。二是现有页岩气开发活动仍主要由中石油和中石化完成，多元主体共同参与的市场化格局尚未形成。相比传统油气，单位页岩气区块面积上的资源丰度低、名义投资回报率偏低，因此更适合运营机制灵活、成本低的中小型企业。虽然目前中石油和中石化都是通过注册开发公司的方式来运营现有项目，但目前国内具备页岩气项目开发能力的主体太少，形成多元主体格局还需假以时日。三是虽然现有页岩气开发均按照现代化“油公司”模式组织生产，地面建设、钻完井和试气等业务均面向全社会进行招标，有利于降低投资开发成本和提高效率，但是由于页岩气整体勘探开发进程有所放缓，主要油服业务和上游核心装备的采购又呈现向“三桶油”体系内公司逐步集中的趋势，打破油气传统行业格局的趋势有逆转迹象。

③我国页岩气开采技术和装备不断完善，但仍存在明显缺陷。

经过近 5 年的攻关，我国逐步建立了 3 500 m 以浅的页岩气勘探、开采技术体系。以涪陵示范区为例，逐步形成了页岩气藏综合评价、水平井组优快钻井、长水平井分段压裂试气、试采开发、绿色开发等具有海相页岩气特色的五大配套技术体系，实现了 3 500 m 以浅页岩气藏的高效开发。但是目前仍存在显著的技术不足。一是随着页岩气有利区资源埋深普遍超过 3 500 m、地质条件更加复杂，前面建立的地质勘探理论和资源开发技术体系又显得有些力不从心，适应复杂条件的新型钻头、螺杆、钻探技术还有待改进，新型压裂液及试气技术还有待研发；整套的钻井、试气技术体系需要进一步优化以更大程度地节约成本等。二是部分核心技术仍没有完全掌握。经过 3 个示范区近年不懈的努力，包括桥塞、大型压裂车以及高压作业装备等一些核心技术装备突破了国外企业封锁实现国产化，大幅降低了开采成本，但仍有一些核心技术的突破还需假以时日。我国勘探、测井设备的可靠性、时效性及测量精度和国外先进水平差距较大，虽然钻测斜仪、快速录井仪、钻井参数仪等已研制成功，但应用较少。此外根据不同地层特点建立高性能钻井液体性的最优配置组合，根据不同类型页岩建立压裂液、支撑剂、压裂方式等的最优技术体系也都尚未完全建立。

综合而言，我国页岩气产业在取得靓丽成绩的同时，也应该清醒地认识到，涪陵、长宁—威远、昭通三大区域能够找到“甜点”并率先进入商业化开发，并不代表我国页岩气产业整体已经或即将进入成熟阶段。事实上，我国页岩气产业发展还处于起步阶段，未来发展必须要明确战略定位，并制定有效的支持政策。

通过目前的技术发展和区块的开采情况，参照美国页岩气开发进程，结合国土资源部相关的研究成果和我国页岩气开发的实际进展，预计 2025 年之前是我国页岩气产业的技术储备和示范开发期，资源的增加仍然以涪陵、长宁—威远、昭通三大区块为主，2025 年之后是我国页岩气产业的快速上涨期，上扬子及滇黔桂区、华北及东北区、中下扬子及东南区、西北区将呈现快速增长，因此 2025 年之后采用采储比方法预测页岩气的产量。

根据《重庆页岩气产业发展规划（2015—2020）》，到 2020 年，建成产能 300 亿 m^3/a，产量 200 亿 m^3/a。因此，预计到 2020 年，三大区块页岩气产量为 300 亿 m^3。“十三五”时期后，页岩气将出现大规模快速发展，预计 2025 年页岩气产量达到 500 亿 m^3，2030 年为 800 亿 m^3（表 2-23）。

表 2-23　全国页岩气产量预测　　单位：亿 m^3

年份	2015	2020	2025	2030
页岩气产量	44	300	500	800

3）煤层气产能预测

根据“十二五”时期煤层气规划，“十二五”末煤层气产量 300 亿 m^3，其中地面抽采 160 亿 m^3、煤矿井下抽采 140 亿 m^3，地面煤层气产量利用率为 100%，煤矿井下抽采利用率 60%以上。而 2015 年煤层气年产量仅 170 亿 m^3，完成规划目标的 57%；地面产量 44 亿 m^3，仅为规划目标的 28%；煤矿井下抽采量 126 亿 m^3，完成规划目标的 90%。地面煤层气产量的利用率达 85%以上，煤矿井下抽采利用率平均 32.6%。

2009—2015 年，我国地面煤层气产量以每年平均 5 亿 m^3 左右的速度增长，从 2009 年的 10.17 亿 m^3 增长到 2015 年的 44 亿 m^3；而井下抽采煤层气以平均每年 10 亿 m^3 左右的速度增长。2009—2015 年我国煤层气井下和地面抽采量见表 2-24。

表 2-24　2009—2015 年我国煤层气井下和地面抽采量　　单位：亿 m^3

年份	2009	2010	2011	2012	2013	2014	2015
井下抽采量	61.72	69.63	85.40	100.30	108.87	116.00	126.00
地面抽采量	10.17	15.00	23.00	25.70	29.26	36.00	44.00
合计	71.89	84.63	108.40	126.00	138.13	152.00	171.00

随着煤层气的勘探开发技术日趋成熟和开采成本降低，煤层气开发会向规模化、产业化方向发展，结合多重因素分析，利用翁氏模型和龚帕兹法对未来我国煤层气产量增长进行分析。

预计 2020 年产气能力有望达到 220 亿 m^3；2025 年产气能力达到 300 亿 m^3；2030 年达到 400 亿 m^3。

4）煤制气产能预测

考虑煤制气的建设周期，结合已投产、路条、核准及在建项目情况，通过统计总的产能，考虑可接入管道的可能性及供应价格水平，筛选不同时期不同项目的实施可能性，预测煤制气的产量。

在本书中分两个阶段考虑，第一阶段为 2025 年之前，煤制气项目发展相对明确，主要是现有内蒙古、新疆相关煤制气、核准的新粤浙配套若干煤制气项目、前期工作的蒙西配套煤制气项目、前期工作的鄂安沧配套煤制气项目、部分省内煤制气项目的实施。第二阶段为2025年之后，考虑在新疆、内蒙古等地区内备案的煤制气项目实施的可能性，选取具备实施可能性的项目，进行排产安排。

此外，考虑到2016年4月13日由国家发展改革委、商务部会同有关部门汇总、审查形成的《市场准入负面清单草案（试点版）》列明了年产超过20亿m^3的煤制天然气项目需由国务院投资主管部门核准，煤制气项目建设速度将有所减缓。

虽然2020年已拿到路条的项目总产能为842亿m^3/a，但相比于昔日“逢煤必化”的发展冲动，如今煤制气行业已显得更为冷静和理性。此外，国家“十三五”煤化工行业的主旋律是告别“大发展”、升级示范先行。根据最新的行业数据，预计到2020年，我国煤制天然气产能将达200亿m^3，2025年达450亿m^3，2030年达750亿m^3。

5）可燃冰产能预测

目前全面推动我国海域“可燃冰”资源开发的时间表已基本清晰：2013年起用3年时间重点开展资源勘查工作，开展生产试验先期研究，并在陆域实施试采工程；2016年起用5年时间开展资源勘查工作，同时进行生产试验研究；2020年前后突破“可燃冰”的开采技术，基本形成能够适应工业化开发规模的工艺、技术和设备体系；2030年前后实现“可燃冰”的商业化开发，预计2030年可燃冰产能为50亿m^3。

6）生物质燃气产能预测

我国生物质燃气市场虽然在扩大，但却存在不少问题。虽然我国生物质燃气总产气潜力达2 097亿m^3/a，但目前主要还是靠政府投入来解决，我国生物质燃气尚未形成真正的产业。同时，我国生物质燃气技术也不成体系，缺乏长期深入研究和核心技术、工艺和装备不配套、制造质量差等问题突出。具体到发展秸秆沼气转化也还存在诸多问题。一是没有统一的标准和发展模式，造成了大量资金和资源浪费。二是沼气转化装置大多是小型户用沼气池，管理成本高、使用寿命短，与城镇化发展不相适应。三是规模不合理，大多数1 000 m^3以上的厌氧装置因产出的气消化不了，都没有满负荷运行，沼气发电效率低下。四是在全国沼气池发展到4 000多万口的今天，大多数地方沼气既没有走出农村，也没有在农村普及，仍然被当作小能源。农作物秸秆、餐厨垃圾、人畜禽粪便的处理和应用仍然是困扰城乡人居环境的重点难题。五是现行的国家补贴政策重建设、轻管理，没有发挥有效的引导作用，没有形成规模化生产的格局。

未来随着生物质燃气开发、运输和利用技术不断完善，生物质燃气利用规模有望逐步扩大，预计 2030 年的可利用量将达到 50 亿 m^3。

7）产能综合预测结果

综上所述，预计我国国产天然气能力 2020 年达 2 470 亿 m^3，2025 年达 3 400 亿 m^3，2030 年达 4 750 亿 m^3（表 2-25）。

表 2-25 未来我国天然气可供资源量预测 单位：亿 m^3

资源类型	2020 年	2025 年	2030 年
常规气	1 750	2 150	2 700
页岩气	300	500	800
煤层气	220	300	400
煤制气	200	450	750
可燃冰	—	—	50
生物质天然气	—	—	50
小计	2 470	3 400	4 750

（2）进口天然气能力预测

我国进口天然气包括进口 LNG 和进口管道气，2017 年我国共计进口天然气 952 亿 m^3，同比增长 28.1%。其中 LNG 进口量为 493.4 亿 m^3、管道天然气进口量 458.6 亿 m^3，LNG 进口量首次超过管道气，占整体天然气进口量的 51.8%；目前我国天然气进口已经形成了西北、西南和海上三大进口通道，对外依存度上升为 39.7%。根据 2014 年 5 月 21 日签署的《中俄东线供气购销合同》，预计 2019 年俄罗斯开始向中国供气。届时我国将形成西北、西南、东北三大管道气进口通道，以及海上 LNG 进口通道，我国天然气供应的安全可靠性有望进一步增加。

1）进口管道气能力预测

①进口中亚气能力预测。

根据中亚三国的天然气资源情况，结合各国天然气生产现状及世界能源机构的预测，对中亚三国天然气产量及最终可向我国出口气量进行预测，并结合中亚签署资源情况、管道建设情况，对我国最终引进中亚资源量进行预测。

目前我国分别与土库曼斯坦、乌兹别克斯坦、哈萨克斯坦签署的协议量为 500 亿～650 亿 m^3/a、100 亿 m^3/a、50 亿～100 亿 m^3/a，协议量的实现需要结合基础设施的建设和中亚三国国内剩余气量情况，考虑未来三国还将向欧盟及印巴地区输送天然气，中亚进口管道气为其区间范围。预计我国进口中亚气的潜在数量 2020 年为 650 亿 m^3、2025 年为 850 亿 m^3、2030 年为 850 亿 m^3（表 2-26）。

表 2-26　我国未来从中亚各国进口天然气的能力　单位：亿 m^3

年份	2015	2020	2025	2030
土库曼斯坦	225	500	650	650
乌兹别克斯坦	50	100	100	100
哈萨克斯坦	30	50	100	100
合计	305	650	850	850

②进口中缅气能力预测。

2008 年 12 月 24 日，中国石油与缅甸上游气源开发联合体签署《关于瑞气田的天然气购销协议》，根据协议，缅甸若开邦（Arakan State）沿岸以外海域 A1 和 A3 油气区块的天然气通过中缅天然气管道输送到中国西南地区，合同期为 30 年。2009 年 3 月 26 日，中缅政府签署《中华人民共和国政府与缅甸联邦政府关于中缅油气管道项目的合作协议》，根据协议，缅甸通过中缅天然气管道向中华人民共和国供气 120 亿 m^3/a，稳定供气 30 年。预计 2020 年之前中缅进口规模约为 50 亿 m^3/a，2025 年为 80 亿 m^3/a，2030 年为 120 亿 m^3/a。

③进口中俄气能力预测。

2014 年 5 月 21 日，中国石油和俄罗斯天然气工业股份公司签署《中俄东线供气购销合同》，根据合同，从 2018 年起，俄罗斯开始通过中俄天然气管道东线向我国供气，输气量逐年增长，最终达到每年 380 亿 m^3，累计合同期 30 年。主供气源地为俄罗斯东西伯利亚的伊尔库茨克州科维克金气田和萨哈共和国恰扬金气田，俄罗斯天然气工业股份公司负责气田开发、天然气处理厂和俄罗斯境内管道的建设。中国石油负责我国境内输气管道和储气库等配套设施建设。

根据中俄签署的协议，从 2018 年开始中俄管道东线向中国输气，科维克金气田和恰扬金气田天然气资源及开采量完全可满足中俄东线签署资源量，中俄输气量主要取决于管道等基础设施的投产时间，由于地质、环境等条件较为恶劣，管道建设周期将超过预期，预计 2020 年向中国输气能力为 150 亿 m^3，2025 年及 2030 年均按照达产输气能力 380 亿 m^3/a 考虑。2030 年之前以中俄、中缅、中亚合同资源量作为参考进行预测，2030 年之后重点考虑俄罗斯西线气源新增气量的安排和部分中亚气的增量安排。

综上所述，2015 年我国进口管道气资源约为 350 亿 m^3，预计 2020 年为 850 亿 m^3、2025 年为 1 310 亿 m^3、2030 年为 1 350 亿 m^3（表 2-27）。

表 2-27 我国未来管道进口天然气的能力 单位：亿 m^3

进口来源	2015 年	2020 年	2025 年	2030 年
中亚气	305	650	850	850
中缅气	45	50	80	120
中俄气	—	150	380	380
合计	350	850	1 310	1 350

2）进口 LNG 能力预测

①接收站分析。

截至 2013 年年底，我国已投产、核准及在建的 LNG 接收站共计 15 座，一期设计接收总能力为 4 600 万 t/a；二期扩建核准的有 5 座，扩建能力为 1 440 万 t/a，至此一、二期投产、核准在建的接收站总能力为 6 040 万 t/a；已拿到路条的 LNG 有 7 个，接收能力为 1 950 万 t/a；处于规划可研阶段的 LNG 接收站 7 个，一期接收能力为 1 950 万 t/a。上述所有 LNG 项目合计多达 30 个，总接收能力达 9 940 万 t/a。

②进口 LNG 量预测。

截至 2014 年 6 月，我国已签订的 LNG 合同量为 4 945 万 t/a，结合 LNG 接收站接收能力、LNG 资源合同不同阶段的增量以及 LNG 现货进口增长趋势，分析预测我国进口 LNG 未来的资源量。其中现货贸易量由 2008 年的 60 万 t/a 增长到 2013 年的 270 万 t/a，呈现出较高的增长态势。

近 3 年来，我国进口 LNG 现货量均保持 250 万 t/a 以上的进口规模，考虑已签 LNG 长期贸易合同量、现货贸易量以及未来新签 LNG 合同量之和作为我国进口 LNG 量，预计 LNG 进口量上限，2020 年为 5 100 万 t，2025 年为 6 000 万 t，2030 年为 6 500 万 t（表 2-28）。

表 2-28　我国未来进口 LNG 的潜在数量　单位：万 t

年份	2020	2025	2030
LNG 长协合同量	4 600	5 000	5 000
现货及新签合同量	500	1 000	1 500
LNG 进口量预测*	5 100	6 000	6 500

*资料来源：课题组根据相关资料测算。

3）进口能力综合预测结果

综上所述，预计“十三五”及中长期我国天然气进口量将快速增长，形成管道气和 LNG 两种资源，中亚、中缅、中俄、海上 LNG 四种进口通道的多元化进口格局。预计 2020 年天然气进口量 1 570 亿 m^3，2025 年达到 2 140 亿 m^3，2030 年达到 2 250 亿 m^3（表 2-29）。

表 2-29　我国未来天然气进口量预测　单位：亿 m^3

年份	2020	2025	2030
进口管道气	850	1 310	1 350
进口 LNG	720	830	900
进口气合计	1 570	2 140	2 250

（3）天然气总供给能力预测结果

综上所述，在按照市场需求进行资源优化抑制后，初步给出我国未来天然气供应能力预测：2020 年为 4 040 亿 m^3，2025 年为 5 540 亿 m^3，2030 年为 7 000 亿 m^3（表 2-30）。

表 2-30 我国未来天然气供应能力预测 单位：亿 m^3

天然气类型	2020 年	2025 年	2030 年
常规气	1 750	2 150	2 700
页岩气	300	500	800
煤层气	220	300	400
煤制气	200	450	750
可燃冰	—	—	50
生物质天然气	—	—	50
进口管道气	850	1 310	1 350
进口 LNG	720	830	900
合计	4 040	5 540	7 000

2.2.3 页岩气供应多情景分析

如前所述，我国页岩气资源丰富，总的资源量是常规气和煤层气之和，开发技术日益成熟、开发成本逐步下降，有比肩常规气、成为主力气源的潜质。页岩气开发是国家战略性新兴产业，对页岩气资源丰富的滇黔桂及川渝等地区加快新旧动能转换、增加经济支点、打赢精准脱贫攻坚战具有重要现实意义。然而，尽管 2012 年以来涪陵页岩气增储上产形势喜人，但全国总体上仍处于发展初级阶段，在市场规模、技术规范、上下游产业体系培育上都远未成熟，亟须建立政策长效机制。

因此，本书在前述三种需求情景的基础上，进一步重点考虑了页岩气政策对供应能力的影响。

（1）页岩气补贴政策现状

2012 年 11 月 1 日，财政部和国家能源局联合发布《关于出台页岩气开发利用补贴政策的通知》，通知指出，中央财政对页岩气开采企业给予补贴，2012—2015 年的补贴标准为 0.4 元/m^3，补贴标准将根据页岩气产业发展情况予以调整。地方财政可根据当地页岩气开发利用情况对页岩气开发利用给予适当补贴，具体标准和补贴办法由地方根据当地实际情况研究确定。

2015 年 4 月 17 日，财政部和国家能源局联合发布《关于出台页岩气开发利用补贴政策的通知》，通知指出，2016—2020 年，中央财政对页岩气开采企业给予补贴，其中：2016—2018 年的补贴标准为 0.3 元/m^3；2019—2020 年的补贴标准为 0.2 元/m^3。财政部、国家能源局将根据产业发展、技术进步、成本变化等因素适时调整补贴政策。

（2）政策情景

目前为止，我国的财政补贴已经执行了 6 年时间，从涪陵等“甜点”区块的快速发展来看，这样的补贴标准有效地促进了页岩气起步阶段的发展，尽管从目前来看涪陵等资源条件较好的区块对补贴的依赖程度不高，但是考虑到近 14.4 万 km^2 的区块亟待勘探开发，本书重点研究了补贴政策的变化对页岩气供应的影响，设计了两个情景：

补贴情景 1：假设 0.2 元/m^3 的补贴持续到 2020 年后即取消，即为补贴提前退出情景。

补贴情景 2：假设 0.2 元/m^3 的补贴持续到 2030 年，即为补贴延迟退出情景。

进一步与 3 个需求情景组合后，可得到如表 2-31 所示的 6 个政策情景组合：

表 2-31　需求情景和政策情景组合

	低需求情景	中需求情景	高需求情景
页岩气补贴情景 1	I	II	III
页岩气补贴情景 2	IV	V	VI

情景 I 、II 、III分别为在市场低需求、中需求和高需求 3 个情景下，页岩气补贴提前退出的政策情景；

情景IV、V 、VI分别为在市场低需求、中需求和高需求 3 个情景下，页岩气补贴延迟退出的政策情景。

2.2.4　模型计算结果

（1）各情景结果分析

利用天然气供需优化模型，对我国 2015—2030 年的天然气供需进行多情景分析，具体如下文所示。

1）情景Ⅰ下的气源结构预测结果

如图 2-14 所示，在低需求情景下，我国未来气源主要是国内常规气，2020 年和 2030 年占比稳定在 58%左右；进口气比重稳定，从 2015 年的 31.7%逐步增加到 2020 年的 33%和 2030 年的 36%。由于需求不足，再加上补贴的取消，2020 年之后页岩气新区块的勘探开发受到一定制约，页岩气产量增加主要以当前区块为主，2020 年页岩气产量达到 150 亿 m^3，2030 年达到 230 亿 m^3，占需求总量的比重从 2015 年的 2.3%增加到 2020 年的 5.2%，但此后 2030 年逐步下降至 5.1%。

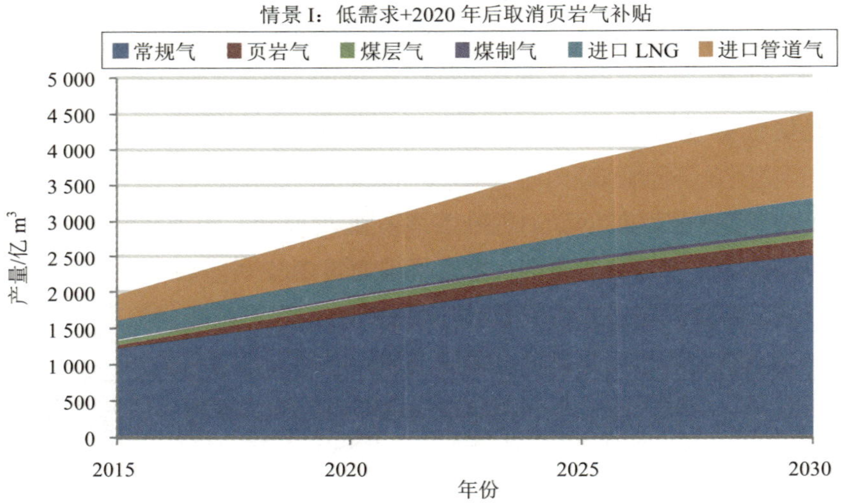

图 2-14 情景Ⅰ的气源结构走势

2）情景Ⅱ下的气源结构预测结果

如图 2-15 所示，在中需求情景下，我国未来气源仍以国内常规气为主，但比重逐步下降，2020 年和 2030 年占比分别为 53%和 50%；进口气比重较情景Ⅰ有所增加，上升到 37%左右。由于需求增加，2020 年页岩气产量达到 200 亿 m^3，2030 年达到 420 亿 m^3，占需求总量的比重从 2015 年的 2.3%增加到 2020 年的 6%和 2030 年的 8%。

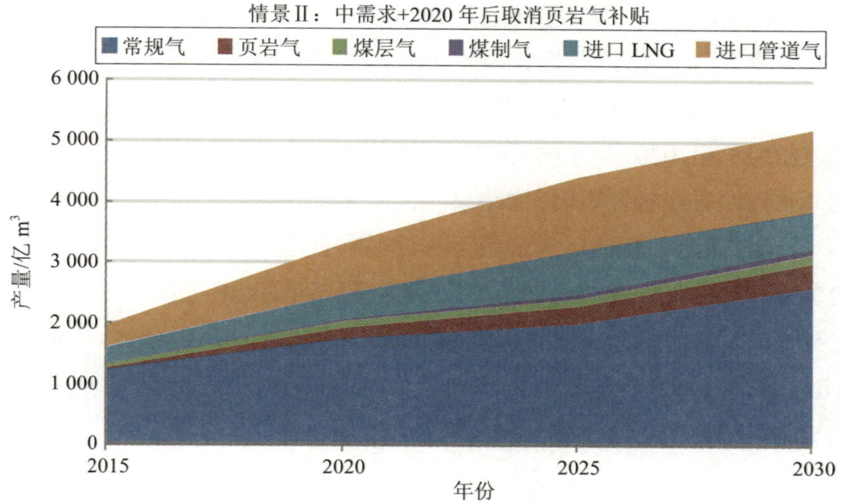

图 2-15　情景Ⅱ的气源结构走势

3）情景Ⅲ下的气源结构预测结果

如图 2-16 所示，在高需求情景下，国内常规气比重进一步下降，2020 年和 2030 年占比分别为 49%和 45%；进口气比重较情景Ⅰ和情景Ⅱ进一步增加，

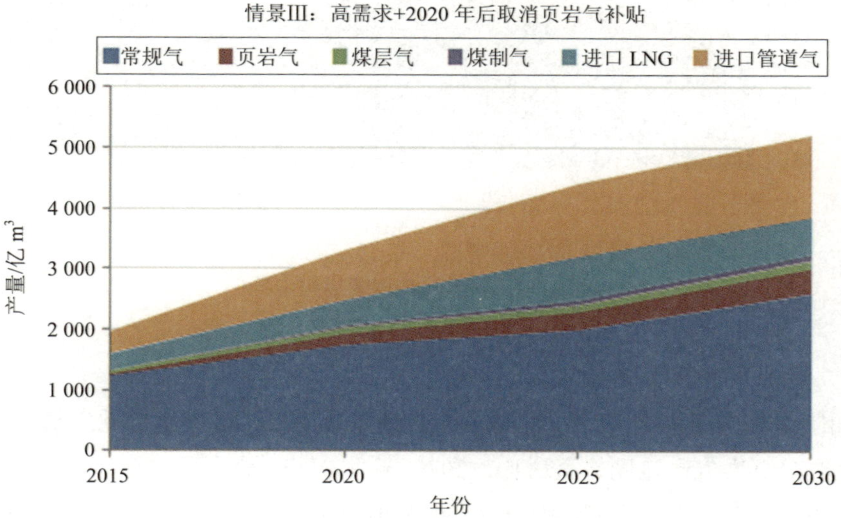

图 2-16　情景Ⅲ的气源结构走势

上升到 41%左右。由于需求增加，2020 年页岩气产量达到 200 亿 m^3，2020 年后由于缺乏新区块的勘探开发，即使现有区块的产能充分发挥，产量也难有进一步明显提升，预计 2030 年仍然只有 420 亿 m^3，占需求总量的比重从 2015 年的 2.3%增加到 2020 年的 6%和 2030 年的 7%。

4）情景Ⅳ下的气源结构预测结果

如图 2-17 所示，在低需求情景下，我国未来进口气比重从 2015 年的 31.7%逐步增加到 2020 年的 33%，此后由于页岩气产量的增加，进口气比重到 2030 年略下降到 32%。尽管需求不足，但受到补贴的激励，2020 年页岩气产量仍能达到 200 亿 m^3，2030 年进一步增加到近 430 亿 m^3，占需求总量的比重从 2015 年的 2.3%增加到 2020 年的 7%，2030 年进一步增至 9%。

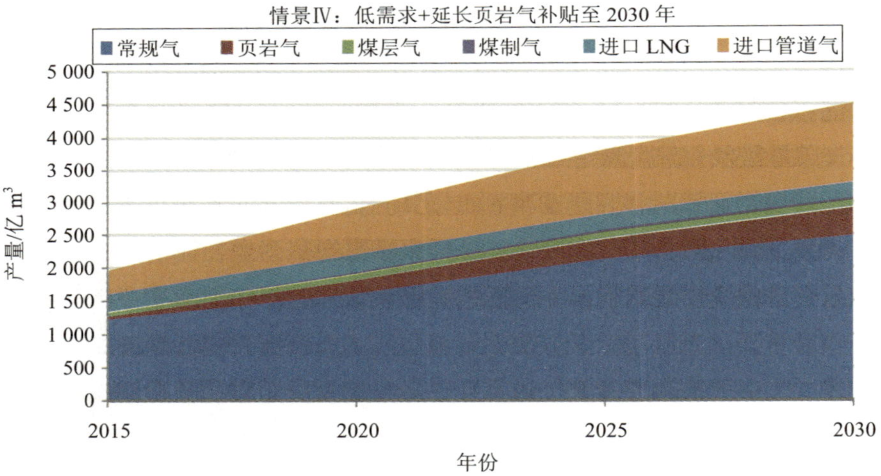

图 2-17 情景Ⅳ的气源结构走势

5）情景Ⅴ下的气源结构预测结果

如图 2-18 所示，在中需求情景下，与情景Ⅱ不同，进口气比重仍基本维持在 33%左右，页岩气产量则显著增加，2020 年页岩气产量达到 300 亿 m^3，2030 年达到 700 亿 m^3，占需求总量的比重从 2015 年的 2.3%增加到 2020 年的 9%和 2030 年的 13.5%。

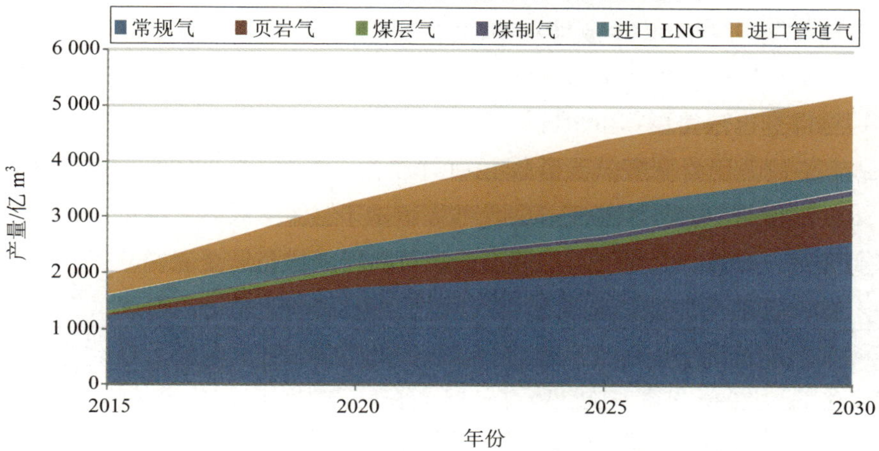

图 2-18　情景Ⅴ的气源结构走势

6）情景Ⅵ下的气源结构预测结果

如图 2-19 所示，在高需求情景下，页岩气的产能进一步释放，2020 年页岩气产量达到 300 亿 m^3，2030 年达到 800 亿 m^3，占需求总量的比重从 2015 年的

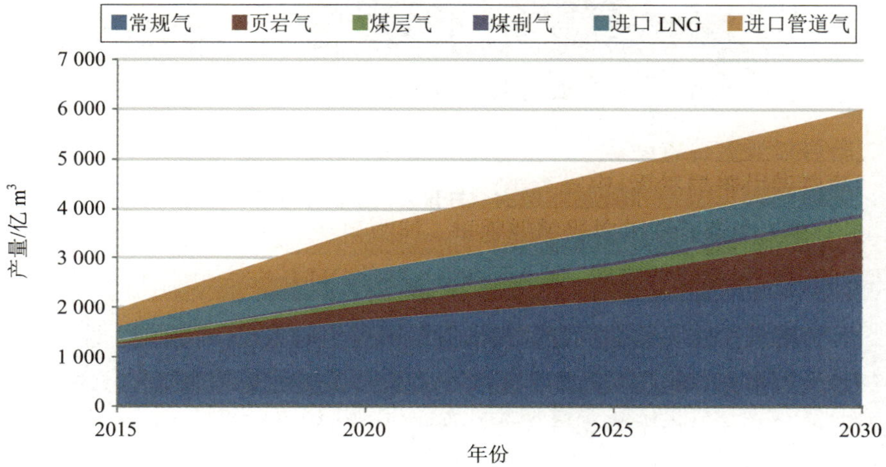

图 2-19　情景Ⅵ的气源结构走势

2.3%增加到 2020 年的 8%和 2030 年的 13.3%。但由于需求快速增加，进口气比重略有上升，2020 年和 2030 年比重分别为 38.6%和 34.7%。

（2）页岩气多情景结果比较分析

1）页岩气产量的多情景比较分析

如图 2-20 所示，补贴对于我国提高页岩气产量具有重要的政策激励作用。尽管补贴仅延长到 2025 年，但对于稳定投资者心理预期、吸引社会主体广泛参与具有重要作用。此外，天然气需求能否稳定较快增长也是重要的影响因素，若天然气需求整体低迷，考虑到与常规气竞争时仍不具有成本优势，页岩气产能难以充分释放。总体来看，2020 年我国页岩气的产量应在 150 亿～300 亿 m^3，较大可能是 200 亿 m^3；2030 年产量在 230 亿～800 亿 m^3，较大可能是 400 亿～500 亿 m^3。

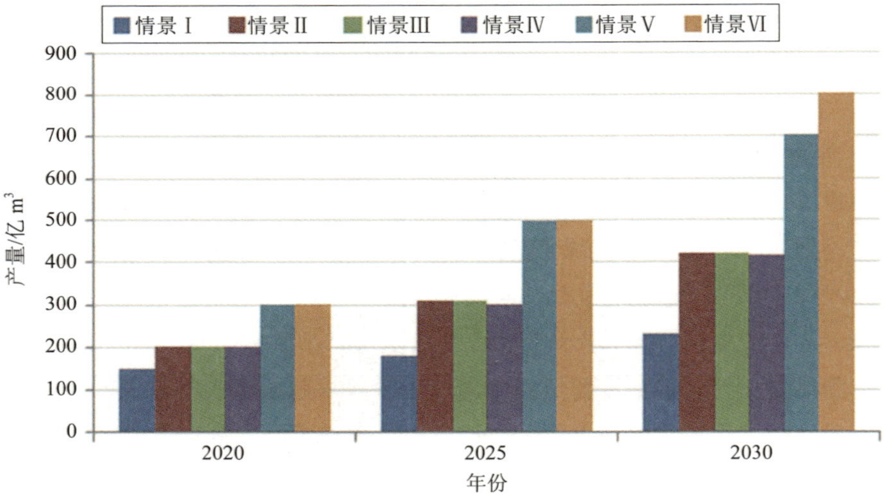

图 2-20　页岩气产量多情景比较分析

2）页岩气新增补贴及对天然气整体运行成本的影响

进一步分析 2020 年之后延长补贴的经济性，如表 2-32 所示，三种需求情景下，2025 年和 2030 年的补贴总额分别为 60 亿～100 亿元和 80 亿～160 亿元，相应地对天然气系统总成本的影响主要是体现在 2030 年系统总成本的下降，下降总额可达到 300 亿～600 亿元。

表 2-32　页岩气新增补贴及对天然气整体运行成本的影响　单位：亿元

		2025 年	2030 年
页岩气补贴总额	低需求	60.4	83.0
	中需求	100.0	140.0
	高需求	100.0	160.0
天然气系统总成本变化	低需求	101.0	–299.0
	中需求	–3.0	–475.0
	高需求	12.0	–614.0

（3）主要结论

在以总供应成本最小化为原则的分析基础上，各气源基于成本因素和供应能力考量，主要有如下优先序结论。

①2020 年之前，考虑到能源安全，进口天然气占需求的比重不应超过 1/3；2020 年之后，尽管随需求增加进口比重可能上升，但是只要页岩气发展顺利，就有望实现进口比重在 1/3 左右保持稳定。

②发展页岩气与发展常规气、煤层气不太可能冲突，常规气是保障我国天然气稳定供应的基础，应该在现有资源基础上充分释放产能；煤层气是煤炭开采过程中必须先行开采的资源，否则随意释放不但是资源浪费，还是重要的温室气体排放源和安全生产风险点，因此煤层气也是要应采尽采。页岩气作为除常规气之外增产潜力最大、成本最接近常规气的气源，应该积极开发，将页岩气开发作为应对国际天然气市场震荡的重要市场调控手段。要想其未来能够充分发挥市场稳定器的作用，需要随着天然气需求总量的扩大，加紧开发页岩气，保证其有 10% 以上的市场份额。

③尽管自 2012 年以来我国页岩气开局顺利、成绩喜人，但我国页岩气产业总体上仍处于发展初级阶段，还有大量区块缺乏详细的勘探开发，在市场规模、技术规范、上下游产业体系培育上都远未成熟，亟须建立政策长效机制。因此加强页岩气勘探开发，需要延长补贴，为市场主体的参与创造稳定的投资预期，鼓励更多的社会资本力量进入，确保我国页岩气产业能够迅速发展、成熟壮大。

第 3 章 页岩气开发经济社会环境影响研究

《页岩气发展规划（2016—2020 年）》提出，到 2020 年我国将力争实现页岩气产量 300 亿 m^3，到 2030 年实现页岩气产量 800 亿～1 000 亿 m^3。页岩气的大规模开发利用，将对我国经济社会环境产生重要影响。因此，深入研究页岩气大规模开发带来的经济社会环境影响显得尤为重要。本书在第 2 章页岩气开发潜力的基础上，定性和定量分析页岩气开发对我国经济社会环境影响，并提出在全国进行页岩气开发之前应采取差异化开发和管理措施。

3.1 页岩气开发经济社会影响

3.1.1 促进能源供给改革，构建清洁低碳体系

2016 年 12 月 29 日，国家发展改革委和国家能源局印发《能源生产和消费革命战略（2016—2030）》，指出“提高非常规油气规模化开发水平”是促进能源供给侧结构性改革的一项重要措施。

从当前我国非常规油气的开发来看，页岩气相比煤层气在矿权、成本和储量上具有优势；相比煤制气在成本、环境方面同样具有优势；短期内可燃冰和生物质燃气还不能形成规模化开发。因此，在短中期内，相比其他非常规气，页岩气更有可能进行规模化开发，且我国页岩气储量巨大，发展页岩气对促进能源供给侧结构性改革有着更为重要的作用。此外，页岩气相比煤炭和石油等常规能源，更为清洁、低碳；与常规天然气相比，资源量更大且热值更高；与可再生能源相比，更加稳定，且与可再生能源形成良性互补。因此，我国进行页岩气开发，对促进能源供给改革和构建清洁低碳体系具有重要作用。

3.1.2　提高天然气自给率，增强能源安全保障

美国“页岩气革命”促使美国能源自给率不断提高，使美国逐步实现能源独立。根据 EIA 的《2011 年的能源展望报告》，到 2030 年，美国天然气的对外依存度将仅有 6%。自 2006 年我国开始进口天然气以来，天然气进口量逐年攀升。2006—2016 年 11 年间，我国天然气进口量增加了 74.9 倍，天然气自给率逐年降低，对外依存度逐年上升，2016 年我国天然气对外依存度为 35.03%。

当前我国国产天然气以常规天然气、页岩气、煤层气和煤制气为主，未来生物质燃气和可燃冰也将成为我国国内天然气供应的来源。预计生物质燃气和可燃冰将在 2030 年左右才能产业化，2030 年之前国产气仍将以上述四类气源为主。2030 年之前我国常规天然气开采和新增资源较为明朗，产量主要以塔里木盆地、鄂尔多斯盆地和四川盆地等区块的天然气资源为主。根据新增的可采储量以及项目的投产情况，初步预测到 2020 年、2025 年和 2030 年常规气产量将分别达到 1 750 亿 m^3、2 150 亿 m^3 和 2 700 亿 m^3。煤层气由于产权等问题一直开发缓慢，2025 年之前以煤层气产量历史数据为基础，利用翁氏模型法对煤层气产量增长进行预测。2025 年之后，随着煤层气的勘探开发技术日趋成熟和开采成本降低，以及煤层气产权问题得以解决，煤层气开发会向规模化、产业化方向发展，利用龚帕兹法对煤层气产量增长进行分析。预计 2020 年煤层气产气能力有望达到 220 亿 m^3；2025 年产气能力达到 300 亿 m^3；2030 年达到 400 亿 m^3。当前煤制气行业已告别大发展时代，处于升级示范先行阶段。2025 年之前煤制气项目发展相对明确，主要是现有内蒙古、新疆相关煤制气项目，核准的新粤浙配套若干煤制气项目，前期工作的蒙西配套煤制气项目和部分省内煤制气项目的实施。2025 年之后考虑在新疆、内蒙古等地区域内备案的煤制气实施可能性，预测煤制气的产量。预计到 2020 年，我国煤制天然气产能将达 200 亿 m^3，2025 年为 450 亿 m^3，2030 年达 750 亿 m^3。2030 年生物质燃气和可燃冰预计可达到 50 亿 m^3。未来我国国内天然气可供资源量预测见表 2-25。

页岩气大规模开发后，可改变我国天然气供应格局，增强能源安全保障。以 2030 年为例，2030 年我国天然气总可供资源量将达到 4 750 亿 m^3，其中页岩气供给量将达到 800 亿 m^3，占国内天然气总供给量的 16.8%。2030 年我国天然

气需求量在低情景、中情景和高情景三种情景下分别为 4 500 亿 m^3、5 200 m^3 和 6 000 亿 m^3。在中低情景下，国内天然气供给基本可以满足国内需求；在高情景下，我国需进口天然气 1 050 亿 m^3，占总需求量的 17.5%，而在页岩气没有规模化开发的情况下，高情景下这一比例将达到 30.8%。

3.1.3 优化能源消费结构，提高能源使用效率

《能源发展战略行动计划（2014—2020 年）》提出，到 2020 年我国一次能源消费总量控制在 48 亿 t 标煤，天然气消费比重达到 10%以上，则可由此测算出 2020 年我国天然气消费总量约为 3 953 亿 m^3，而预测的常规天然气在 2020 年仅可提供 1 750 亿 m^3，因此，仅通过开发利用常规天然气是远不能满足我国天然气需求的。2020 年我国页岩气可稳定提供天然气 300 亿 m^3，占 2020 年我国天然气消费量和能源总量的比重分别为 7.59%和 0.75%，对优化我国能源消费结构起到了一定的作用，随着 2025 年以后页岩气的大规模开发利用，其对优化我国能源消费结构的作用将越来越显著。

在能源转换的最重要的发电领域，当前最先进的超超临界发电机组（USPG）理论发电效率为 48%～57%，而燃气-蒸汽联合循环发电（CCPP）效率已接近 60%，并且仍然在不断提高，天然气热电联产系统效率可达 60%～80%，冷热电联产系统的效率更高，可达 90%。此外，页岩气单位热值普遍高于天然气单位热值，合理利用页岩气资源，将能够极大提高我国能源使用效率。

3.1.4 促进经济社会发展，增加国内就业机会

页岩气开发将有效带动我国采矿业、设备制造业和化工等相关产业发展，增加 GDP 和税收，增加就业机会，促进我国经济社会可持续发展。

以美国地区为例，美国“页岩气革命”给美国经济社会带来诸多效益。首先，美国页岩气产业直接带动了以页岩气为原料的石化产业的发展。美国天然气协会数据显示，2015 年美国石化行业新增投资 160 多亿美元，创造 41 万个就业机会，为经济贡献了接近 1%的 GDP，使失业率下降了 0.5 个百分点。HIS 全球观察咨询公司预计到 2035 年页岩气产业对美国 GDP 的贡献值将达到 2 310 亿美元，页岩气产业提供的就业岗位总数将达到 166 万个。

同样，我国页岩气如果实现大规模开发，也将给经济社会带来诸多效益。首先，页岩气开发将成为新的经济增长点。以重庆为例，初步测算重庆页岩气产业每投入 1 元，将带来 3.8 元总产出，可见页岩气开发带来的产出巨大。到 2020 年重庆页岩气开发累计总增加值为 2 294 亿元，将为重庆经济年均贡献 3.27%的 GDP。我国大部分页岩气资源分布在经济欠发达地区，因此发展页岩气产业将为欠发达地区带来经济增长。此外，重庆页岩气开发将带来 91.6 万个就业机会，特别是农林牧渔产品和服务业，设备制造业，交通运输、仓储和邮政业，批发和零售业等。

3.1.5　降低能源使用成本，直接和间接刺激消费

美国页岩气供应量的激增，使得美国国内天然气价格大幅降低，甚至低于煤炭价格，使得大量发电厂改用天然气发电，拉低了整体电价成本。较低的天然气价格还使美国的化工企业重获竞争力。在我国以重庆涪陵为例，涪陵区页岩气工业用气价格是重庆市最低的，比重庆市工业用气平均价格低 26%，可见页岩气的开发降低了区域能源使用成本，给涪陵区相关企业带来了较强的市场竞争力。整体上，我国页岩气大规模开发利用将拉低我国能源的使用成本。

页岩气勘探开发带来大量的产业工人，其生活消费对住宿、餐饮、商贸等起到直接的带动作用，增加了当地居民的收入。此外，能源的低价也有助于减少家庭的相关支出。根据调研，2015 年中石化向重庆涪陵区优惠供应民用气 1.5 亿 m^3。居民收入的增加和能源低价带来的相关支出减少将直接和间接提升购买力，刺激消费支出，提高经济需求。

3.1.6　加快能源体制改革，推进油气改革突破

当前我国石油天然气开发矿业权几乎全部集中于中国石油、中国海油、中国石化和延长石油四大集团，解决四大集团矿权过度集中、圈而不探、探而不采问题是推动石油天然气开发体制改革的关键。油气开发体制改革复杂艰难，而页岩气开发提供了改革机遇。因此，加快页岩气开发可以作为推进我国油气体制改革的突破口。

在当前油气开发体制下，要实现像美国那样的页岩气革命，必须进行能源开

发体制改革。通过页岩气开发在油气开发上游引入市场竞争机制，消除多种资本市场主体进入页岩气开发上游的壁垒，给予地方政府、中石油等四大集团以外的国有企业、民营企业、合资企业以及外资企业等市场主体平等进入机会和市场地位，有助于推动我国整个油气上游垄断格局的改革。

3.1.7 引发技术装备创新，促进技术装备出口

我国页岩气地质地表环境复杂，推动我国页岩气产业发展，很大程度上必须依靠我国核心技术和关键装备的自主创新，才能形成适合我国地质和地表条件的页岩气开发技术装备体系。我国初步形成了一系列适合我国页岩气资源开发的核心技术，包括资源评价技术、钻井技术和分段压裂技术等，但核心技术仍存在短板。近年来，我国也成功研制了压裂车、自然伽马测量仪、随钻感应电阻率测量仪、桥塞等关键设备，但设备性能有待提高。我国页岩气开发核心技术和关键设备需要进一步创新和研发，并最终使相关技术和装备“走出去”。

3.2 页岩气开发环境影响

2013 年以来，我国大面积、长时间出现雾霾，大气污染防治形势非常严峻，以煤炭为主的能源消费结构是形成大气污染的重要原因。提高常规天然气和页岩气等非常规天然气的供应能力，能够优化我国能源消费结构，减少大气污染物排放，改善大气环境质量。

我国页岩气的大规模开发将造成水资源消耗，可能带来水环境污染、温室气体排放等环境影响，但在替代煤炭利用过程中也能减排大气污染物和温室气体等从而产生环境效益。当前我国页岩气开发主战场还是在重庆，全国页岩气开发水环境污染与生态环境影响需根据页岩气的开发力度结合各开发区的自然环境特点等进行评估。本节主要以重庆涪陵页岩气开发水资源消耗强度、温室气体排放强度等为基准，测算了我国页岩气开发水资源消耗量、温室气体排放量和替代煤炭带来的环境效益。

3.2.1 水资源消耗量

2020 年、2025 年和 2030 年我国页岩气产量将分别达到 300 亿 m^3、500 亿 m^3 和 800 亿 m^3。重庆涪陵页岩气水资源消耗强度为 0.14～0.29 kg/m^3，则生产 1 亿 m^3 的页岩气将消耗水资源总量为 14 000～29 000 m^3。因此，以涪陵单位页岩气水资源消耗量为准，通过计算得到 2020 年、2025 年和 2030 年我国页岩气开发水资源消耗总量分别为 420×10^4～$780\times10^4m^3$、700×10^4～$1\,450\times10^4m^3$ 和 $1\,120\times10^4$～$2\,320\times10^4m^3$，页岩气开发水资源消耗量与 2016 年我国生活用水总量 $821.4\times10^8m^3$ 相比还是非常小的。然而，由于我国水资源分布存在区域性差异，仍要注意区域页岩气开发，特别是在干旱缺水地区，可能带来的水资源压力。

3.2.2 温室气体排放量

重庆涪陵页岩气开发全生命周期内甲烷损耗占页岩气产量的 0.99%，根据对我国页岩气产量的预测，2020 年、2025 年和 2030 年全国甲烷排放量分别为 21.26 万 t、35.44 万 t 和 56.71 万 t，折算为二氧化碳当量分别为 531.5 万 t、886 万 t 和 1 417.7 万 t。根据 2012 年世界银行发布的数据，2012 年我国甲烷排放总量为 175 229 万 t 当量，则 2020 年、2025 年和 2030 年全国页岩气甲烷排放量仅占 2012 年总排放量的 0.30%、0.51%和 0.81%。由此可知，我国页岩气开发带来的甲烷排放量相对于温室气体排放总量较小，不会造成我国温室气体的显著增加。

3.2.3 替代煤炭带来的环境效益

长期以来，我国以煤炭和石油等化石能源为主的能源结构导致温室气体排放激增，2006 年我国成为全球温室气体排放第一大国，在应对气候变化问题上面临着较大的国际压力。为了应对气候变化，我国在“国家自主贡献”中承诺将于 2030 年左右使二氧化碳排放达到峰值并争取尽早达峰。要兑现承诺，就必须大力发展天然气、核电、水电和风电等清洁能源，然而核电的安全性一直备受质疑，水电、风电、太阳能等可再生能源又面临输送和并网问题，所以我国面临最现实的选择就是加快发展天然气，特别是加快页岩气等非常规气规模化开发，增加天然气在我国清洁能源中的比重。

2020 年、2025 年和 2030 年我国页岩气产量将分别达到 300 亿 m^3、500 亿 m^3 和 800 亿 m^3。假设全部用于替代散煤燃烧，可分别替代终端消费散烧煤炭 0.50×10^8 t、0.83×10^8 t 和 1.30×10^8 t；可实现减排二氧化碳 8 690.8 万 t、14 484.67 万 t 和 23 175.47 万 t，二氧化硫 43.90 万 t、73.17 万 t 和 117.06 万 t，烟尘 83.95 万 t、139.92 万 t 和 223.87 万 t，氮氧化物 8.25 万 t、13.75 万 t 和 22.00 万 t。可见，页岩气在能源替代过程中对于温室气体和大气污染物的减排效果显著。

3.3 页岩气差异化开发与管理

国土资源部全国页岩气资源潜力调查评价及有利区优选结果显示，我国陆域页岩气资源主要分布在 5 大区域、41 个盆地和 180 个有利区。由于页岩气开发地区的资源条件、地形地貌和气候环境等不同，页岩气开发方案和开发时序应有所差别，且页岩气开发产生的环境影响是不同的。因此，在全国规模化开发页岩气之前，应针对不同页岩气开发区的特点，采取差异化的开发措施。

（1）对页岩气资源进行分级，制订差异化开发方案

我国页岩气资源分布在三大相、九大领域、16 个层系中，区块之间资源品质差异较大，如三大类型的页岩中，海相页岩的特点是有机质丰度高（TOC 含量为 1.0%～5.5%）、高-过成熟（Ro 值[①]为 2.0%～5.0%）、富含页岩气；海陆过渡相的特点是有机质丰度高（TOC 含量为 2.6%～5.4%）、成熟度适中（Ro 值为 1.1%～2.5%）；陆相页岩的特点是有机质丰度高（TOC 含量为 0.5%～22%）、低熟-成熟（Ro 值为 0.6%～1.5%）（邹才能等，2010）。热演化程度较高、含气量较高的海相富有机质页岩是最具潜力的页岩地层，四川盆地页岩气层系是海相富有机质页岩层系，具备页岩气勘探开发有利条件。

建议按照储量规模、储量丰度、开发难度等核心参数对资源进行分级，综合评估页岩气开发项目经济性和成功系数。针对不同的资源特点，制订差异化开发方案。如对于涪陵、长宁—威远、邵通三大区块条件稍微好一些的海相页岩气可以通过大规模水平井组、工厂化作业增效开发；而对于低丰度、难动用、无条件

① Ro 为镜质体反射率，利用 Ro 可研究有机质成熟度。

采用大规模水平井组、工厂化作业的区块，在时间布局上可以向后安排，待创新性低成本技术成熟后再进行开发。

（2）根据不同区域水资源特点，进行水资源差异化管理

水资源丰富程度是页岩气开发面临环境制约需考虑的首要因素。世界资源研究所的研究结果表明，我国超过40%的页岩气远景区位于干旱或用水压力高的地区，同时这些地区的水资源季节波动性较大；我国已实现页岩气商业开发的地区位于人口密度较高的地区。

我国页岩气分布区域中，上扬子及滇黔桂区水位季节变化显著，水量大，汛期长，无结冰期，但人口密度较大，页岩气开采可能会挤占当地农业用水和居民生活用水；中下扬子及东南区，水量大，汛期长，无结冰期，水资源丰富，但是页岩气可采资源储量相对较小；西北区属于干旱和半干旱区，水量小，汛期短，但页岩气资源富集；华北及东北区，水量小，汛期短，结冰期短，页岩气资源富集。

由于我国页岩气开发区水资源特点不同，页岩气开发水资源使用应实行差异化管理。对于水力压裂技术的使用，水资源丰富的上扬子及滇黔桂区和中下扬子及东南区应以监控为主，水资源略差的华北及东北区应以管控为主，水资源缺乏的西北区应以禁用为主。此外，在水资源缺乏的西北区还要加快研究废水处理利用压裂技术和无水压裂技术。由于我国整体水资源缺乏，不能像美国部分州那样允许使用地下水进行压裂，要确保各区域禁止利用地下水开采页岩气。同时，各地区应结合钻采计划，收集页岩气开发单井用水量数据，密切监测水资源变化。

（3）根据不同区域气候特点，实行大气污染差异化管理

页岩气开发大气污染物主要包括总悬浮颗粒物、氮氧化物、二氧化硫和甲烷等，其中以甲烷排放量最大。

我国上扬子及滇黔桂区属于亚热带季风气候，区域以盆地为主，风速较小，湿度大，大气层相对稳定，空气流通较为缓慢，不利于大气污染物扩散；华北及东北区，属于温带大陆性季风气候，区域以平原为主，风速较大，空气流通速度快，利于大气污染物扩散；中下扬子及东南区，属于亚热带季风气候，区域多丘陵，受到丘陵的遮挡，不利于大气污染物扩散；西北区，属于温带大陆性气候，区域多高山和盆地，降水少，昼夜温差大，其地形和气候条件不利于大气污染物

扩散。

在制定大气环境保护政策时，大气污染物不易扩散地区，比如上扬子及滇黔桂区、中下扬子及东南区和西北区，地方政府在制定大气污染标准时，地方标准要严于国家标准。而大气污染物易扩散地区，如华北及东北区页岩气开发地区环保部门要与周边地区环保部门协调进行联防联控。此外，还要根据页岩气开发区域的大气环境特点，加强对页岩气开发企业的控制和要求，对于大气污染物不易扩散地区，更要严格控制页岩气开发企业大气污染物排放。

（4）根据不同区域生态功能区特点，采取合理的页岩气开发措施

根据全国生态功能区划，上扬子及滇黔桂区和中下扬子及东南区属于南部湿润生态大区，华北及东北区属于东北部湿润半湿润生态大区，西北区属于北部干旱半干旱生态大区。

上扬子及滇黔桂区和中下扬子及东南区是土壤保持、水源涵养、生物多样性重要区域，面临水土流失敏感性程度高、水源涵养和土壤保持功能较弱问题。华北及东北区是水源涵养、土壤保持、生物多样性重要区域，面临的问题是水源涵养功能和土壤保持功能减弱，水土流失、生物多样性受到威胁。西北区大部分地区属于干旱、半干旱地区，是防风固沙重要区域，部分区域属于水源涵养区，面临水土流失严重、荒漠化加剧、盐渍化蔓延等问题。

在进行页岩气开发时，应充分考虑开发区的生态功能和面临的生态问题，对开发区生态功能进行详细调查和识别，结合页岩气资源和生态环境合理划定页岩气开发范围，以有效避免和减少对生态功能区的破坏。针对各生态功能区的特点，采取合理的页岩气开发措施，如生态敏感区需采取有效的污染预防和生态环境恢复措施，尽量减少对生态环境的破坏；石漠化敏感区和土壤侵蚀敏感区应遵循水土保持原则，加强页岩气开发区水土保持和水源涵养措施，尽量减缓土壤侵蚀和石漠化的程度。生物多样性关键区在页岩气开发时应积极采取有效措施对重要生物物种和遗传资源实施有效保护，保护生物多样性。

美国页岩气开发政策体系及借鉴启示 第4章

美国页岩气开采历史悠久，产业发展较为成熟。为鼓励页岩气资源勘探开发，美国出台了政府资助勘探开发技术研究、财政税收优惠、公平准入等市场化机制、系列环境保护法律法规等，形成了较为完整的产业扶持政策体系。虽然我国页岩气产业起步良好，但依然处在产业发展起步阶段，面临科学技术创新有待突破、财税优惠政策有待延续、市场体制机制有待完善、环境保护监管有待加强等诸多挑战。如何借鉴美国的相关经验和做法，进一步健全和完善我国页岩气产业政策体系，是本书研究的重点所在。研究认为，“十三五”及中长期我国应从强化页岩气全产业链技术攻关、加大页岩气财政税收优惠力度、推动页岩气市场体制机制改革、完善页岩气环境保护监管机制、加强页岩气开发环境监管五个方面着力，为页岩气产业发展“激发创新动力、凝聚扶持合力、增强市场活力、培育绿色潜力”保驾护航。

4.1 产业政策

美国页岩气的快速发展举世瞩目，其中产业扶持政策发挥了关键性作用。总体来看，政府资助勘探开发技术研究、政策法案明确规定税收优惠、公平准入等市场化机制完善、系列环境保护政策逐步出台是美国页岩气产业不断发展壮大的主要原因。

4.1.1 科技创新支持政策

政府资助勘探开发技术研究，为页岩气产业发展不断创新技术支持。20世纪70年代世界石油危机爆发，同时美国天然气产量开始呈下降趋势，美国经济霸主地位不断受到天然气供给威胁。为拓展新的天然气供给来源，美国专门成立了非营利性的天然气研究院，该研究院主要专注于非常规天然气的勘探开发技术研究，为页岩气、致密气和煤层气等非常规天然气的勘探开发提供技术支撑。1976 年，美国国会批准资助非常规天然气研究计划，同时美国联邦能源管理委员会也批准其下属研究中心与天然气研究院的预算，东部页岩气项目位列其中，在该项目的支持下，泡沫压裂、泥盆系页岩气吸附与解析、定向取心及断口、井下视频、二氧化碳压裂处理、随钻电磁测量、大型水力压裂等系列技术不断取得突破，为提高页岩气单井产量和降低开采成本发挥了重要作用。1976—1992 年，美国能源部出资 9 200 万美元设立专项基金，用于支持学术研究机构和中小型企业开展页岩气开采关键核心技术研究。2004 年美国《能源法》提出未来 10 年内，政府将每年投资 4 500 万美元支持包括页岩气在内的非常规天然气勘探开发技术研究。在美国联邦政府、美国能源部、美国联邦能源管理委员会等政府部门对非常规天然气研发资金的持续资助下，水平井钻井、清水压裂、水平井多段压裂、同步压裂等先进技术相继取得突破，为页岩气规模化开采提供了技术支撑。

4.1.2 税收优惠政策

政策法案明确规定税收优惠，为页岩气产业发展提供强力政策支持。美国页岩气开发在享受传统油气开发税收优惠政策的同时，还享受专项政策的支持。1980 年美国国会通过的《原油意外获利法》中的第 29 条对非常规能源生产税收减免及财政补贴优惠政策进行了明确规定，1980—1992 年，美国本土钻探的非常规和低渗透气藏（煤层气和页岩气）可享受 3 美元每桶油当量的补贴。1992 年美国国会再次对《原油意外获利法》第 29 条进行修订，对 1979—1999 年钻探和 2003 年之前生产和销售的非常规天然气实施 0.5 美元/kft^3[①]的税收减免。接着，政府颁布的各项政策法案纷纷扩展和延续非常规能源的补贴范围和补贴政策，如 1990 年颁布的《税收分配的综合协调法案》和 1992 年颁布的《能源税收法案》中扩展了非常规能源的补贴范围，1997 年颁布的《纳税人减负法案》中延续了非常规能源的税收补贴政策，2005 年颁布的《能源政策法》第 1345 条明确提出 2006 年投入运

① 1 ft^3（立方英尺）=$2.831\,2\times10^{-2}m^3$。

营的生产非常规能源的油气井在 2006—2010 年可享受 3 美元每桶油当量的补贴。除美国联邦政府出台一系列非常规能源税收补贴政策外，页岩气资源相对丰富的得克萨斯州、路易斯安那州、俄亥俄州、宾夕法尼亚州和阿肯色州等州政府纷纷出台免征生产税、额外补贴等税收扶持政策，如得克萨斯州政府 1992 年以来对页岩气开发免征生产税，同时额外给予 3.5 美分/m^3 的州政府补贴。在美国联邦政府和州政府税收优惠政策的共同扶持下，越来越多的油气公司投入页岩气资源的勘探开发，使得美国页岩气勘探量显著增加。

4.1.3　市场公平准入政策

公平准入等市场化机制完善，为页岩气产业发展提供了市场竞争平台。管网运行中市场化的公平准入机制是美国页岩气产业快速发展的主要原因。1992 年，美国联邦能源管理委员会颁布第 636 号法令，规定管道公司只能从事输送服务，取消其对天然气购销市场的控制，禁止天然气生产者拥有天然气管网资产。在管理模式上，采取天然气开采和管道运输垂直分离，管道运营商对天然气供应商实施无歧视准入，通过管网设施第三方准入的管理模式有效解决了页岩气开发商输送的需求，进而支持了页岩气产业的商业化发展。在建立管网运行市场化公平准入机制的同时，为了进一步降低非常规天然气的开发成本，1996 年美国政府对管道公司实行税收减免政策，将管道公司的所得税税率定为 12.3%，远低于美国工业行业 21.3%的平均所得税税率，2001 年将管道公司的所得税税率提高 1 个百分点，但依然远低于工业行业平均所得税税率。美国除在管网运行方面实行公平准入机制外，在投融资方面也实行市场化机制，美国土地私有化制度有效保证了矿业权可以自主经营或通过市场交易自由出让，1978 年，美国国会通过的《天然气政策法案》进一步放松了对天然气价格的管控，天然气价格的变动完全由市场需求决定。在市场竞争机制的带动下，政府对投资者的资质、规模、能力等方面的准入限制较少，使得越来越多的中小型油气公司有机会获得页岩气的开发权，同时专业的油气服务公司也有机会获得页岩气勘探、开采、生产等业务。美国现有 8 000 多家油气公司，其中 7 900 多家为中小型公司，由于中小型油气公司富有创新精神，敢于在页岩气勘探开发领域进行技术革新、综合运用美国成熟的风险投融资机制，大量投资短期内悄然聚集到页岩气领域，使得页岩气产量和技术迅速突破。

4.1.4 环境保护政策

各项环境保护政策逐步出台，为页岩气产业发展提供绿色保障。在美国页岩气产量快速增长的同时，也带来了地下水污染、甲烷等有害气体泄漏、淡水过度损耗、微地震、侵占耕地、噪声过大等环境风险。对此，美国政府高度重视，研究并逐步出台了一系列与页岩气开发密切相关的环境保护政策。1996 年美国国会通过《饮用水安全法》修正案，禁止油气运营商在水源附近进行水力压裂作业；未经美国国家环境保护局批准同意，不得私自向河流、湖泊、水库及地下水源等排放污染物。1963 年美国国会通过《清洁空气法》，后经多次修订，明确要求页岩气生产厂商必须控制压裂施工过程返排液体中的挥发性有机化合物的含量，加强对页岩气开采过程中环境污染的监管力度，对违反环境保护规定的油气公司进行严格处罚。《濒危物种法》《职业安全与健康法》《资源保护与回收法》《综合环境责任与赔偿法》等法律法规对页岩气开发过程中可能带来的环境和健康风险进行了相应规定。2012 年 4 月，美国颁布首个控制页岩气开采中因使用水力压裂技术造成环境污染的法规，要求到 2015 年 1 月，所有采用水力压裂法进行页岩气开采的气井都必须安装相关设备，以减少苯和正己烷等可挥发性有机化合物及其他有害空气污染物的排放。这一系列环境保护政策涵盖了页岩气开发的全过程，有效保障了美国页岩气产业发展过程中的环境保护。

4.2 环境监管政策

美国页岩气开发形成了联邦、州、地区及开采地多级协调格局，并以州政府监管为主。美国联邦政府和州政府制定的环境监管措施为页岩气产业的健康发展提供了重要的制度保障，这些监管措施涉及页岩气勘探、选址及地面建设、设备运输、钻井及完井、水力压裂、生产水供应、空气污染控制、地表水管理、废水及固体废物处置、井址复原和地下水污染防控等，各环节均有详细监管措施。

4.2.1 开发初期依照油气行业相关法规进行监管

在页岩气开发初期，美国联邦政府对其环境影响没有给予足够重视，并未对页岩气开发采取特殊监管政策，对页岩气开发采用常规油气资源开发的环境监管体系，相关法律法规包括：《联邦环境法》《清洁水法》《饮用水安全法》《资源保护与回收法》《清洁空气法》等，美国国家环境保护局（EPA）《油气开采点源废物排放限值标准》对石油、天然气开采的污染物排放标准进行了明确规定，EPA 于 2011 年 7 月发布了针对油气行业的《新污染源行为标准》《有害空气污染物国家排放标准》，并要求天然气行业从 2012 年起（根据 2011 年数据）上报每年甲烷排放情况，所有重大甲烷排放环节都将被要求上报排放数据。

4.2.2 出台防范开发所致空气污染的专门法规

随着页岩气开发规模不断加大，其引发的环境争议增多，联邦政府对页岩气开发实施更为严格的环境监管，出台了专门的页岩气开发监管法规。2012 年 4 月 18 日 EPA 发布了一项新法规——《页岩气开采环保法规》，对页岩气开采中因使用水力压裂技术所造成的空气污染加以控制，这是美国控制页岩气开采造成环境污染的首个专门法规。该法规要求，到 2015 年 1 月所有采用水力压裂法进行页岩气开采的气井都必须安装相关设备，以减少可挥发性有机化合物及其他有害空气污染物的排放，如苯和正己烷等。

4.2.3 各州出台压裂液和返排水处理要求的具体规定

在页岩气水力压裂方面，美国联邦政府存在监管漏洞。根据 1987 年美国国会的授权，油气企业免受《清洁水法》的监管；2005 年出台的《能源政策法》将水力压裂作业雨水径流的豁免范围进一步扩大到厂区井、路等的建设上，强调压裂液地下灌注的目的是油气开采，而非排污，不应属于《饮用水安全法》的监管范围，应予以豁免。这些豁免使 EPA 失去了对页岩气开发核心开采方式——水力压裂的有效监管，留下了所谓的“哈里伯顿漏洞”。

鉴于联邦政府对水力压裂的监管缺位，各州政府出台了有别于常规油气田开发废水处理要求的规定。某些州允许废水露天存放，某些州则要求所有污染性液体必须储存在罐体中实现闭环钻井系统（Closed Loop Drilling System）操作；西部和南部各州允许处理后废水注入地下，东部各州则要求取得许可后将废水排入公共污水处理厂。如得克萨斯州要求在鹰滩区块作业的企业需要遵循加强对地下污水灌注的规定要求；宾夕法尼亚州要求在马塞勒斯页岩气区块作业的企业循环利用水力压裂生产废水；新墨西哥州要求对钻井现场附近的水质进行持续检测，禁止在饮用水水源所在区域进行污水处置等；密歇根州对页岩气开采所用的套管、返排液、废物井、页岩气泄漏防范均有明确要求；蒙大拿州、怀俄明州、得克萨斯州、科罗拉多州、宾夕法尼亚州和阿肯色州均要求开采企业公开披露压裂液的组分信息。

各州的监管措施一定程度上弥补了联邦政府层面的监管漏洞，但面对页岩气开采快速发展的趋势，强化联邦政府监管仍十分必要。一方面，EPA 正在起草一套水力压裂废水处理的国家标准，今后水力压裂的废液必须符合这一标准才能运往污水处理厂进行处理。另一方面，尝试通过立法来填补监管漏洞，一些议员向国会提交新的法案，取消水力压裂在《饮用水安全法》《联邦水污染控制法》监管中的豁免权，使 EPA 重拾对水力压裂的监管权，虽然这些法案尚未通过，但加强水力压裂的环境监管是大势所趋。

4.2.4 支持开发企业研发和应用环境友好技术

为解决页岩气开发的环境问题，除出台相关法律法规、加强监管之外，美国政府还积极支持页岩气开发企业发展环境友好技术、采用环境友好开发方式，并提出了一系列开发指南和最佳实践案例，以帮助企业降低页岩气开发的环境风险。主要包括：在页岩气开发活动前建立当地主要环境指标的基准，并在开发期间进行持续监测，以评估页岩气开发的环境影响；优化开发方案设计，减少钻井数量，降低水力压裂风险，提高气井采收率；倡导采用绿色完井技术，加强气井隔离与泄漏管理；加强水循环利用及废水、废物处理；明确要求安装甲烷捕集设备等。

4.3 对我国的启示

“十三五”时期是我国加快推进页岩气勘探开发、增加清洁能源供应、优化调整能源结构的关键期，为页岩气产业化大发展提供了宝贵的战略机遇。总体上，我国页岩气产业起步良好，但依然面临科学技术创新有待突破、财税优惠政策有待延续、市场体制机制有待完善、环境保护监管有待加强等诸多问题，因此，为促进我国页岩气产业持续健康发展，在借鉴美国有益经验的基础上，亟须进一步健全和完善我国页岩气产业政策体系与环境监管体制机制。

4.3.1　加强页岩气科技创新

强化页岩气全产业链技术攻关，激发页岩气产业发展创新动力。页岩气勘探开发过程中所需的水平钻井和水力压裂等核心技术是决定页岩气产业发展的关键，“十三五”及中长期我国亟须将页岩气全产业链关键技术攻关放在首位。一是通过国家科技重大专项、国家重点研发计划项目、国家自然科学基金项目等，加大对页岩气勘探开发相关的水平井钻井工艺、地质与气藏工程、体积压裂主体、优化水平井固井等关键技术研究的支持力度，将页岩气勘探开发关键技术储备研究列入年度重点项目，并适度扩大项目立项规模、提高科研资助金额；二是围绕页岩气全产业链中的勘探、钻完井、固井压裂、生产作业、电控设备等装备制造关键技术和薄弱环节，加强技术攻关和核心装备研发，提升我国页岩气装备制造业核心竞争力；三是鼓励国内油气公司和科研院所与国外专业机构开展深度合作，在引进消化吸收国外先进成熟技术的基础上，联合攻关适合我国自身地质条件的页岩气勘探开发技术；四是加强页岩气专业人才和核心技术队伍的培养，在相关科研院所增设页岩气开发工程方向的本科、硕士、博士学位点，在油气公司和科研院所联合建立博士后科研工作站，为页岩气大规模商业开发提供专业人才支撑。

4.3.2　加大财税优惠力度

加大页岩气财政税收优惠力度，凝聚页岩气产业发展扶持合力。我国页岩气开发起步较晚，目前依然处于产业发展起步阶段，还需继续通过财政税收优惠政策来发挥引导和支持作用。一是对依法取得页岩气探矿权、采矿权的矿业权人或探矿权、采矿权申请人，进一步加大探矿权和采矿权使用费减免力度；二是根据产业发展、技术进步、成本变化、区块位置等因素，在2016—2018年0.3元/m^3、2019—2020年0.2元/m^3补贴标准的基础上，适时适度提高补贴标准和延长补贴期限；三是对页岩气勘探开发等鼓励类项目下进口国内不能生产的自用设备（包括随设备进口的技术），按照有关规定实行进口税、增值税减免抵扣；四是对依托页岩气资源建设的集勘探开发、车船应用、化工、发电、装备制造等产业于一体的全链条产业园区，各级地方政府在土地征用、城乡规划等方面给予积极支持，同时对入驻企业给予租金减免、物流补助、税收减免等优惠，为页岩气全产业链发展创造良好的外部环境。

4.3.3 深化市场体制机制改革

推动页岩气市场体制机制改革，增强页岩气产业发展市场活力。我国页岩气开发和运输管网目前均处于大型国企垄断控制下，难以反映市场供需的实际情况，应大力推动页岩气市场体制机制改革。一是实行页岩气勘查区块竞争出让制度和更加严格的区块退出机制，允许符合准入要求并获得资质的市场主体参与非常规油气勘查开采；二是推进投资主体多元化，引入包括中小企业在内的有竞争力民营企业参与页岩气勘探开发，充分发挥市场对资源的配置作用，进一步降低融资成本和开发成本；三是全面深化油气体制改革，推动页岩气管网运输和销售分离，大力推进页岩气管网等基础设施向第三方市场主体开放；四是积极培育页岩气管网建设、综合利用、技术服务、装备制造等市场主体，在管道、气价、销售等方面创新体制机制，形成“多元化主体，市场化运作”的新格局；五是建立市场监管机制，严格执行市场准入门槛和资质，大幅提高最低勘查投入资金，防止“跑马圈地”现象发生，构建健康有序的页岩气市场环境。

4.3.4 完善环保监管机制

完善页岩气环境保护监管机制，培育页岩气产业发展绿色潜力。页岩气资源的开发利用有利于减少二氧化碳和其他污染物排放，但在开采的同时也会带来一定的环境和生态破坏，因此，在页岩气开发各个环节须坚持绿色发展理念，有效减少或杜绝可能产生的各种环境问题。一是严格遵守《中华人民共和国环境保护法》（2014 年修订）等法律法规，结合各功能区实施差异化环境保护政策要求，严守生态保护红线，严格页岩气勘探开发项目环境准入，勘探开发选址必须远离生态敏感区；二是开展工厂化作业，采用一个井场可以向不同方向钻多口水平井的丛式水平井群，大幅减少井场数量，有效减少占地面积和地表植被破坏；三是循环利用压裂液，提升水循环利用效率，大幅减少页岩气开发过程中的用水量；四是严格执行钻完井操作规程，保证套管和固井质量，有效杜绝水层污染；五是加强日常生产中的环境保护监测检查，实行页岩气勘探开发公司自主监测、政府部门监管和社会监督同步运行的实时监测监管监督体系，保证压裂液无害排放，防止污染土壤和地下水。

4.3.5　加强页岩气开发环境监管

美国实践表明，页岩气开发存在一定环境风险，必须完善监管制度和加强技术创新，努力实现页岩气的环境友好开发。美国页岩气开发的环境监管体制和监管法规并不完美，我国应在总结吸收美国经验教训的基础上，加强页岩气开发的环境监管。一是完善监管体制。美国页岩气开发的监管以州政府为主，尽管很多州政府都积极出台法规，以减少页岩气开发的环境代价，但各州政府出于对当地经济发展的考虑，监管规定差异较大，地方保护问题较为突出。我国地方政府监管能力较弱，需要从国家层面完善环境监管机制，推动页岩气监管体系建设。二是健全页岩气开发的环境监管法规。美国具有较为完善的环境监管法律体系，但由于油气企业在排污方面拥有某些豁免权，导致联邦层面对水力压裂的监管并不理想。与美国相比，我国的环境监管法律体系尚不完善，出台页岩气开发的专门法规，健全监管体系刻不容缓。三是支持环境友好技术研发及推广。采用环境友好的开采方式是控制页岩气开发环境风险的重要措施，但环保技术与措施的应用会提高页岩气开发成本。国际能源署预测环保技术的应用将使典型页岩气井的总开发成本增加 7%。建议我国支持页岩气开发的环境友好技术的研发，推广典型技术和案例，降低企业环境投入成本。四是加强信息公开。水力压裂液含有许多有毒化学物质，很多页岩气开发企业以商业机密为由，拒绝公开压裂液成分。为防止压裂液污染环境，美国通过立法要求页岩气开发企业公开压裂液的组成成分信息。我国应借鉴美国经验，建立页岩气开发的信息披露制度。

我国页岩气产业发展政策体系研究 第5章

自2011年以来，为加快推进页岩气勘探开发，我国陆续出台了页岩气产业发展的相关政策，页岩气产业政策体系逐步形成。总体来看，这些产业政策包括勘探开发政策、科技支持政策、运输和市场政策、财政和税收政策、环境保护政策五大类。这些政策的出台对我国页岩气产业的发展起到了重要作用，然而由于部分政策推进缓慢，加之当前我国处于页岩气开发的初级阶段，在勘探开发及应用方面仍存在诸多问题。从美国经验来看，页岩气开发早期阶段离不开政府的引导与支持。当前和未来一段时间内，我国页岩气产业发展仍面临许多挑战，因此迫切需要相关政策的逐步建立和完善。

5.1 我国页岩气产业发展政策体系梳理

5.1.1 勘探开发政策

①2011年6月，国土资源部首次进行页岩气探矿权招标，4个页岩气区块参与竞标出让，包括渝黔南川页岩气勘查、贵州绥阳页岩气勘查、贵州凤岗页岩气勘查、渝黔湘秀页岩气勘查。

②2011年12月，由国务院批准，国土资源部发布《新发现矿种公告》（2011年第30号），批准页岩气为独立矿种，明确页岩气为第172种新矿。

③2011年12月，国家发展改革委发布《外商投资产业指导目录（2011年修订）》，明确页岩气等非常规天然气资源勘探、开发（限于合资、合作）是鼓励外商投资的产业。

④2012年5月，国土资源部发布《页岩气探矿权投标意向调查公告》，要求

投标内资企业注册资金不得低于 3 亿元人民币，门槛明显低于首轮页岩气探矿权招标。

⑤2012 年 6 月，国家能源局发布《关于鼓励和引导民间资本进一步扩大能源领域投资的实施意见》，支持民间资本进入油气勘探开发领域，与国有石油企业合作开展油气勘探开发，以多种形式投资页岩气等非常规油气资源勘探开发项目。

⑥2012 年 6 月，国土资源部与全国工商联发布《关于进一步鼓励和引导民间资本投资国土资源领域的意见》，鼓励、支持和引导民间资本进入土地整治、矿产资源勘查开发等国土资源领域。

⑦2012 年 10 月，国土资源部举行第二轮页岩气探矿权招标，20 个拟招标区块中，19 个区块被国营企业和民营企业瓜分。

⑧2012 年 10 月，国土资源部发布《关于加强页岩气资源勘查开采和监督管理有关工作的通知》，鼓励开展石油、天然气区块内的页岩气勘查开采。对页岩气富集区域与常规油气矿业权重叠问题进行了规定。

⑨2013 年 1 月，国务院发布《能源发展“十二五”规划》，大力开发非常规天然气资源，到 2015 年，页岩气探明地质储量增加 6 000 亿 m^3，商品量达到 65 亿 m^3，非常规天然气成为天然气供应的重要增长极。以页岩气等矿种区块招标为突破口，允许符合条件的非国有资本进入，推动形成竞争性开发机制。

从当前发布的页岩气勘探开发政策来看，从页岩气批准为独立矿种、探矿权招标、放开页岩气开发上游的准入、鼓励外商和民营资本进入，到对矿权重叠问题的规定，目的都在于形成页岩气上游的竞争性开发机制，加快推进页岩气的勘探开发。一系列政策的出台使页岩气开发成为放开油气上游开发的突破口，具有重要作用和意义。然而，现行政策执行环节存有问题，对外商投资过于严格，对民营投资没有较大吸引力，且缺乏明确的政策。现有政策中的补贴没有体现在页岩气勘探中。此外，虽对矿业权重叠问题进行了规定，但没有规定细节，矿业权问题仍未妥善解决。页岩气矿权的退出、流转、竞争性出让等也未有详细政策说明。

5.1.2　科技支持政策

①2010 年 8 月，我国首个专门从事页岩气开发的科研机构——国家能源页岩气研发（实验）中心，在中国石油勘探开发研究院廊坊院区揭牌。研发（实验）

中心将开展页岩气的理论研究、技术攻关和设备研发工作。

②2012年8月，国土资源部发布《页岩气资源/储量计算与评价技术要求（试行）》，为页岩气开发铺平了技术道路。

③2012年10月，国务院发布《中国能源政策（2012）》，加快攻克页岩气勘探开发核心技术，建立页岩气勘探开发新机制，落实产业鼓励政策，完善配套基础设施，实现到2015年全国产量达到65亿m^3的总体目标。鼓励外商以合作的方式开展页岩气等非常规油气资源勘探开发。

④2012年11月，国家发展改革委发布《天然气发展“十二五”规划》，到2015年，探明页岩气地质储量6 000亿m^3，可采储量2 000亿m^3，页岩气产量65亿m^3。基本完成全国页岩气资源潜力调查与评价，攻克页岩气勘探开发关键技术。

⑤2013年1月，国土资源部发布《页岩气勘查开发相关技术规程（征询意见稿）》，形成野外地质调查、地震勘探、非地震勘探、钻井、测井、压裂、实验分析测试、资源评价8个方面共20项技术规范。

⑥国家科技重大专项和“973”计划中设立了“页岩气勘探开发关键技术”“南方古生界页岩气赋存富集机理和资源潜力评价”“南方海相页岩气高效开发的基础研究”等研究项目。

⑦2014—2016年，国家发展改革委、财政部、商务部发布《鼓励进口技术和产品目录（2014—2016年版）》，鼓励引进页岩气开发利用先进技术。

⑧2016年4月，国家发展改革委和国家能源局发布《能源技术革命创新行动计划（2016—2030年）》，提出在页岩油气赋存机理、资源和选区评价等基础理论与技术，页岩油气藏地质建模、动态预测和开采工艺，页岩油气长水平井段水平井钻完井及压裂改造技术和关键装备等方面开展研发与攻关。

从现有页岩气科技支持政策来看，国家层面设立了研发中心和页岩气重大科技专项，推进页岩气勘探开发理论和技术攻关；鼓励进行页岩气开发先进技术的引进以及自主研发等。在科技政策支持下，我国页岩气一系列技术和装备取得突破，然而目前各项政策中仍然缺乏明确的页岩气科技政策。此外，缺乏专业化技术服务公司培育政策，从美国经验来看，美国页岩气开发的成功离不开众多中小专业化技术服务公司的技术研发与支撑。

5.1.3　运输和市场政策

①2012 年 6 月，国家能源局发布《关于鼓励和引导民间资本进一步扩大能源领域投资的实施意见》，放开页岩气、煤层气、煤制气出厂价格，由供需双方协商确定价格。

②2012 年 10 月，国家发展改革委发布《天然气利用政策》，鼓励页岩气、煤层气（煤矿瓦斯）就近利用（用于民用、发电）和在符合国家商品天然气质量标准条件下就近接入管网或者加工成 LNG、CNG 外输。

③2014 年 2 月，国家能源局发布《油气管网设施公平开放监管办法（试行）》，鼓励和引导民间资本进入石油、天然气领域，从事页岩气等非常规油气资源开发业务。促进油气管网设施公平开放，提高管网设施利用效率，保障油气安全稳定供应，规范油气管网设施开放相关市场行为。

④2014 年 3 月，国家发展改革委发布《天然气基础设施建设与运营管理办法》，鼓励、支持各类资本参与投资建设纳入统一规划的天然气基础设施；鼓励、支持天然气基础设施相互连接。

⑤2016 年 10 月，国家发展改革委发布《天然气管道运输价格管理办法（试行）》和《天然气管道运输定价成本监审办法（试行）》，管道运输价格实行政府定价，管道运输价格管理遵循“准许成本、合理收益、公开透明、操作简便”的原则。

⑥2017 年 5 月，中共中央和国务院印发《关于深化石油天然气体制改革的若干意见》，要求完善油气管网公平接入机制，油气干线管道、省内和省际管网均向第三方市场主体开放。

⑦2018 年 9 月，国务院发布《关于促进天然气协调稳定发展的若干意见》，要求强化天然气基础设施建设与互联互通，理顺天然气价格机制等。

近年来，我国加快了天然气运输和价格改革的步伐，2016 年至今密集出台了较多且具有重要性的政策文件，包括基础设施向第三方放开、管道运输价格管理和运输定价成本监审、鼓励各类资本参与天然气基础设施建设、基础设施互联互通，以及理顺天然气价格机制和价格的放开等。这些政策文件的出台，在今后较长一段时间内将对天然气行业发展产生重要影响。然而从目前来看，虽然现有政策框架已比较完备，但部分政策细化方案仍未出台，涉及省级层面的天然气运输和价格改革，部分省份仍未出台。此外，相关政策推进缓慢，垄断等问题依然突出。

5.1.4 财政和税收政策

①2012 年 3 月，国土资源部发布《关于做好中外合作开采石油资源补偿费征收工作的通知》，对页岩气等油气资源征收矿产资源补偿费，且中外合作开采矿产资源补偿费实行属地化征收。

②2012 年 11 月，财政部发布《关于出台页岩气开发利用补贴政策的通知》，中央财政对页岩气开采企业给予补贴，2012—2015 年的补贴标准为 0.4 元/m^3。地方财政可根据当地页岩气开发利用情况对页岩气开发利用给予适当补贴。

③2013 年 10 月，国家能源局发布《页岩气产业政策》，提出对页岩气开采企业减免矿产资源补偿费、矿权使用费，研究出台资源税、增值税、所得税等激励政策。

④2014 年 10 月，财政部发布《关于调整原油、天然气资源税有关政策的通知》，提出对低丰度油气实行资源税优惠政策。

⑤2015 年 4 月，财政部发布《关于页岩气开发利用财政补贴政策的通知》，2016—2020 年，中央财政对页岩气开采企业给予补贴，其中：2016—2018 年的补贴标准为 0.3 元/m^3；2019—2020 年的补贴标准为 0.2 元/m^3。财政部、国家能源局将根据产业发展、技术进步、成本变化等因素适时调整补贴政策。

⑥2018 年 3 月，财政部和税务总局发布《关于对页岩气减征资源税的通知》，为促进页岩气开发利用、有效增加天然气供给，2018 年 4 月 1 日至 2021 年 3 月 31 日，对页岩气资源税（按 6%的规定税率）减征 30%。

⑦2018 年 9 月，国务院发布《关于促进天然气协调稳定发展的若干意见》，提出将研究中央财政对非常规天然气补贴政策延续到“十四五”时期，将致密气纳入补贴范围。

2012 年和 2015 年，我国分别出台了页岩气开发利用的财政补贴政策，补贴政策出现退坡趋势。在补贴时限即将到期、后续补贴政策仍不明朗情况下，2018 年 9 月国务院发布《关于促进天然气协调稳定发展的若干意见》，提出将研究中央财政对页岩气等非常规天然气补贴政策延续到“十四五”时期，给予页岩气开发市场以稳定预期，但补贴标准和补贴机制仍未明确。税费方面，为鼓励页岩气开发，给予页岩气开采企业减免矿产资源补偿费和矿权使用费；在2013年国家能源局发布的《页岩气产业政策》中，提出研究出台资源税、增值税、所得税等。税收减免最终在2018年3月落地，对页岩气资源税减征30%，实施期限为3年，但仍未明确资源税之外的增值税与所得税优惠政策。

5.1.5　环境保护政策

①2012年10月，国土资源部发布《关于加强页岩气资源勘查开采和监督管理有关工作的通知》，提出要依法加强环境保护和安全生产。在勘查、开采过程中，应当严格执行相关法律法规和国家标准，保护地下水、地表和大气环境，并确保安全施工。在勘查、开采工作结束后，必须按规定进行土地复垦。

②2013年10月，国家能源局发布《页岩气产业政策》，对页岩气勘探开发中的节约利用与环境保护提出要求。要坚持页岩气勘探开发与生态保护并重的原则；钻井液、压裂液等应做到循环利用；加强对地下水和土壤的保护；页岩气勘探开发利用必须依法开展环境影响评价，加强页岩气勘探开发环境监管；对页岩气勘探开发利用开展战略环境影响评价或规划影响评价。

③2016年9月，国家能源局发布《页岩气发展规划（2016—2020年）》，提出要严格遵守《环境保护法》（2014年修订）等法律法规，制修订页岩气开发相关环境标准；大范围推广水平井工厂化作业，减少井场数量，降低占地面积；对废弃井场进行植被恢复；生产过程中严格回收甲烷气体，不具备回收利用条件的须进行污染防治处理；增产改造过程中将返排的压裂液回收再利用，或进行无害化处理，降低污染物在环境中的排放。

目前，我国没有专门针对页岩气开发带来环境污染问题而制定的政策，可依据的政策主要是《环境保护法》《页岩气产业政策》和《页岩气发展规划（2016—2020年）》中对页岩气开发过程中的环境保护和环境监管要求。缺乏针对页岩气开发的环境监管政策、环境标准和监管制度。

5.2 我国页岩气产业发展政策体系存在问题分析

5.2.1 勘探开发政策有待完善

一是矿权重叠问题尚未解决。国务院批准页岩气成为中国第 172 种独立矿种，意味着页岩气勘探开发不再受油气专营权的约束，任何具备资金实力和气体勘查资质的公司都可参与投标进行页岩气的开发。然而当前仍面临的一个问题是页岩气与其他矿种矿业权重叠，页岩气矿业权与常规天然气普遍存在空间上的重叠，大约 70%的页岩气分布区与常规天然气分布区重叠，严重影响页岩气的有效开发利用。国土资源部对页岩气勘探开发提出了“两步走”设想：第一步，允许民营企业和中外合资企业参与那些与常规油气矿权无重叠的页岩气区块招标；第二步，考虑放开与常规油气矿权重叠的页岩气区块的探矿权。国土资源部举行的第一次和第二次页岩气招标区块都避开了页岩气矿权重叠区，这些招标区块大多是资源较差的区块，导致开发积极性不高，而重叠区大都属于优质区块，目前却得不到开发，造成资源的闲置。

二是矿权流转机制不完善。建立充分竞争的页岩气产业格局需要大量社会资本无障碍地进入或退出。两轮探矿权招标的探索，以及贵州页岩气探矿权的首次拍卖，都为完善页岩气矿权竞争性出让和建立矿权退出机制积累了有益经验，多种性质市场主体合资合作开发模式的建立也为吸引和扩大页岩气投资提供了宝贵借鉴。但目前来看，整个页岩气上游勘探开发的市场化竞争格局还远未形成，需要进一步完善矿权流转机制进入与退出机制。

三是缺乏对页岩气勘探的财税和资金支持政策。页岩气勘探开发成本和风险都很高，而页岩气开发初级阶段，勘探是关键，目前的政策在金融上没有体现对页岩气勘探的鼓励。对页岩气开发的财政补贴仅仅是针对开发环节，而缺乏对页岩气勘探环节的补贴；且缺乏对页岩气勘探的引导基金和风险资金等金融支持，对于竞争主体，特别是中小企业在勘探环节缺乏吸引力。

5.2.2 科技支持政策有待强化

一是核心技术和关键装备与国外还有较大差距。我国仍处于页岩气开发的初级阶段，相关技术指标与美国相比还有一定的差距，如钻井周期长、自动化技术水平低和压裂周期长等。近年来，我国成功研制了压裂车桥塞等一批关键装备，但装备在可靠性、时效性及测量精度方面和国外先进水平还有所差距。核心技术还有待突破，如储层评价技术、钻完井技术、分段压裂技术等；关键装备还有待研制，如勘探测井装备、钻井作业装备及关键井下工具等。

二是对外商投资页岩气政策不明确。2011 年，《外商投资产业指导目录》中将页岩气勘探开发列为限于以合作、合资形式开展的产业。页岩气几轮招标中，在政策上对外资和外企部分开放，但缺乏明确的政策，比如中标区块可否作为对外合作区块等。此外，页岩气作为独立矿种，相关对外合作配套政策不明确，企业在对外国公司技术引进上存在障碍或困难，无法进一步合作洽谈事项。

三是缺乏培育专业化技术中小企业服务公司的政策支持。美国页岩气产业开发过程中，大量中小技术服务公司参与其中，这些中小企业拥有强大的技术实力，它们的专业化分工与协作促进了“页岩气革命”的成功。而我国页岩气产业开发中，中小企业在服务技术方面的作用与地位几乎可以忽略。因此，我国亟须制定相关政策，引导、支持和培育一批专业化的中小技术服务公司，逐步建立专业化的技术服务市场。

5.2.3 运输市场政策有待放开

一是运销细化政策仍未出台。近年国家出台多项政策要求进行运输和销售的分离。虽然目前中石油和中石化等供气企业在企业层面已开展了天然气运输和销售业务的分离等相关举措，但是由于当前管网运输和销售分离的改革细化政策仍未出台，导致分离还有较大的难度。

二是相关政策推进缓慢，垄断问题依然突出。近几年，我国陆续出台了较多的市场政策，如基础设施向第三方开放、管道运输价格管理和运输定价成本监审、天然气价格改革等，但相关政策推进缓慢，导致输气价格和终端用气价格仍然高企，价格形成的市场化机制仍待完善。

三是管网投资尚未完全放开。虽然我国天然气基础设施在近年来有了较快的发展，但仍然不能满足快速增长的市场需求，基础设施建设与国家经济整体的发展水平相比依然落后。且由于前几年天然气需求增速的一度放缓，新建管网投资回报率下降，管网建设速度放缓。目前天然气的管网投资尚未完全放开，项目审批周期长，新建天然气管网基础设施仍较难。国家鼓励民间资本参与基础设施建设，但仅限于参股，而不是作为单独的市场主体进入。

5.2.4　财税政策扶持有待加强

一是财政补贴政策退坡过快。我国从 2012 年起也开始实行财政补贴政策。其中，2012—2015 年，中央财政按 0.4 元/m^3 标准对页岩气开采企业给予补贴；2015 年，明确“十三五”期间页岩气开发利用继续享受中央财政补贴政策，补贴标准调整为前三年 0.3 元/m^3、后两年 0.2 元/m^3。截至目前，我国的财政补贴已经执行 5 年多。但当前页岩气补贴政策退坡过快。此外，大多数页岩气开发企业虽实际进行了页岩气开发利用，但由于财政补贴条件相对严格，如界定了严格的夹层及厚度、夹层比例等，难以获得补贴。

二是税费优惠政策力度不够。当前探矿权使用费和采矿权使用费减免对企业的激励作用不大，探矿权使用费每平方公里每年不超过 500 元，采矿权使用费每平方公里每年不超过 1 000 元，两者占企业整体成本比例非常小，激励效果极不明显。2018 年 4 月 1 日至 2021 年 3 月 31 日，我国对页岩气资源税（按 6%的规定税率）减征 30%，页岩气资源税税率降至 4.2%。根据相关测算，假设按照 1.5 元/m^3 的出厂价，以 2017 年 91 亿 m^3 的页岩气产量计算，共计可减征 2.457 亿元资源税，可使每立方米页岩气的成本下降 0.027 元，按 2020 年实现 300 亿 m^3 页岩气产量目标，2018—2020 年将累计完成页岩气销售量 650 亿 m^3 以上，预计可减少页岩气资源税支出 15 亿元，占产能建设实际需要投资 540 亿元的 2.7%，减征资源税对页岩气行业发展的总投资而言，力度仍然不够。

5.2.5　环境保护政策有待构建

一是缺乏专门针对页岩气开发的环境监管政策法规。页岩气开发与常规油气开发在工艺方面有较大不同，开发初期水资源消耗量大、返排液量大、压裂液成分复杂。当前我国没有专门针对页岩气开发水资源消耗和环境污染问题而制定的政策，可依据的政策主要是《环境保护法》，以及页岩气产业政策和规划，这些政策缺乏对污染处理措施细节的规定。

二是缺乏鼓励页岩气开发企业开展绿色环保技术研发的政策。除出台页岩气开发相关法律法规、加强环境监管外，鼓励企业进行环境友好技术研发也至关重要。企业在页岩气开发过程中采用绿色环保技术，可最大限度地降低页岩气开发过程中的环境风险和污染。目前，我国还缺乏鼓励页岩气开发企业开展绿色环保技术研发的相关政策。

5.3　我国页岩气产业发展政策体系构建

5.3.1　勘探开发政策

一是妥善解决矿业权重叠问题。理顺页岩气与其他矿业权重叠设置关系，尽快出台矿业权重叠管理办法，对已有矿业权进行重新设置，明确同一区域不同矿权人的权益，鼓励取得页岩气矿业权的主体依法综合勘查开采其区块内的油气资源，提高资源综合开发利用水平。此外，改变现有矿业权登记规则，将每种矿的矿业权登记限定在合理深度范围和空间范围，使其在空间上不重叠，同一区域可以有多个矿权业主体。

二是完善页岩气矿业权流转机制。进一步完善页岩气矿业权流转机制，允许以市场化方式进行页岩气矿业权的转让和取得。结合国土资源部正在推进的矿业权出让制度改革方案，针对页岩气的勘探开发特点，加快完善页岩气矿业权转让办法、细化储量评估规则等；严格执行油气勘查区块退出机制，全面实行区块竞争性出让，鼓励以市场化方式转让矿业权，完善矿业权转让规则；完善储量及价值评估等规则。

三是设立页岩气勘探开发的引导基金和风险基金。目前我国勘查资本市场尚未建立、勘查投入总体不足。为促进页岩气勘探开发快速发展、增加资源探明率，有必要建立页岩气勘探开发中央引导基金，形成社会资金投入页岩气勘查的撬动作用，加大页岩气勘查投入；引导和鼓励设立风险资金来支持具有专业页岩气勘探技术而缺乏资金的中小企业，承担勘探失败风险而获得较高投资回报。

5.3.2 科技支持政策

一是完善科技攻关技术扶持政策。集中页岩气勘探开发优势研究力量，着力突破页岩气勘探开发关键技术难题。加大对关键技术和共性技术的研发力度，专门设立页岩气资源研究基金，在科研经费和科研立项上予以重点支持。加快构建符合页岩气开发特点的技术与设备体系，特别是 3 500 m 以深海相页岩，以及陆相页岩和海陆相过渡岩核心技术与关键设备的研发。

二是加快推进对外合作的政策支持。对外合作对引进、消化、吸收先进的技术和管理，推进我国初级阶段页岩气的发展具有重要作用。建议尽快制定页岩气对外合作的政策，明确与国外开展页岩气合作的具体政策，包括但不限于合作模式、技术模式等，加快推进页岩气开发对外合作发展。

三是出台政策扶持中小企业发展。页岩气开发初期成本高、风险大，我国的中小企业在研发能力和技术水平上尚显不足，可研究出台相关财税政策予以扶持。注重出台政策加快中小技术服务企业的发展，创新中小技术服务企业融资模式，从金融政策上给予融资优惠利率，使中小技术服务企业能够获得较低的融资成本。

5.3.3 运输和市场政策

一是落实细化运销分离政策。抓紧落实细化天然气的运输与销售分离政策、天然气管道第三方公平准入方法，尽快制定实施细则并向社会公布，接受社会的监督。在新核定的天然气运输价格的基础上向第三方提供服务，使更多的市场主体公平地开展竞争。推动天然气管道运营业务与其他业务分离，成立独立的天然气管道公司。

二是加快管网基础设施建设进程。加大基础设施建设的投资力度，加快天然气管网的建设步伐，深化天然气管网投资项目审批制度改革，开辟快速审批通道，下放审批权限，简化审批流程。继续推动以中石油和中石化为投资主体建设基础设施，同时鼓励社会资本通过资本投资与中石油、中石化合作或独立投资参与天然气管网建设及管理运营。油气管网等基础设施向第三方开放，以及放宽对油气管网设施领域投资的限制，将有利于提高油气管道利用效率，起到降本增效的积极作用。

5.3.4 财政和税收政策

一是建立长期与动态的补贴机制。页岩气勘探开发初期，需要在财税方面给予政策支持，目前，国家发展改革委和国家能源局明确延长页岩气补贴政策至“十四五”，但相关补贴政策仍未出台，需尽快出台补贴政策，给予市场以稳定预期。建议建立长期与动态的财政补贴机制，如区分页岩气开发成熟区和开发新区，给予不同的补贴标准。也可在补贴标准的设计上，改变当前的单一标准，根据上一年的产气量、当前气价水平、各区块的平均勘探开采成本，制定一套动态补贴标准体系。长期稳定的、能够给投资者带来合理预期回报的财政补贴政策，对激励广大投资者积极进入页岩气行业将起到有效推动作用。

二是分阶段降低页岩气资源税税率。当前页岩气资源税税率仍有进一步降低的空间，页岩气开发投入高、周期长，可分阶段降低页岩气资源税税率，对勘探和开采初期页岩气可进一步降低税率或暂不征收资源税，在页岩气产业整体进入商业生产阶段后再恢复正常的资源税税率。

三是参照煤层气给予增值税和企业所得税优惠。与同属于非常规天然气的煤层气相比，页岩气增值税和企业所得税优惠远远不及煤层气。可参照煤层气实行增值税的先征后退政策，其税款由企业专项用于页岩气核心技术的研发，其次考虑不征收或降低企业所得税。

5.3.5 环境保护政策

一是加快出台针对页岩气开发的环境监管政策法规。在页岩气开发初期，美国也并未对页岩气开发采取特殊的环境监管，然而随着页岩气开发规模的逐步扩大和时间的推移，一系列污染问题随之显现，美国对页岩气开发的环境监管也日趋严格。美国各州也出台了一系列政策法规以预防和减轻页岩气开发对环境的影响。我国还处于页岩气开发初期，应注重环保立法，抓住页岩气最佳绿色开发时机，加快出台针对页岩气开发的环境监管政策，以及一系列有针对性的环保监测手段和技术，形成适合现阶段我国页岩气开发生产的环境监管体系。

二是出台引导企业开发绿色环保技术研发的政策。企业是页岩气开发的责任主体，为预防和减轻页岩气开发的环境问题，美国政府出台了一系列政策支持和引导企业进行绿色环保技术的研发，提出了一系列开发指南和最佳实践案例，降低页岩气开发的环境污染和风险。我国也应尽快出台支持和引导企业进行环境友好技术，如绿色钻完井技术、固井技术、环境友好压裂液等研发及推广的政策，以实现页岩气产业健康可持续发展。

第6章 我国页岩气产业发展战略研究

“十三五”时期是我国能源生产和消费革命的蓄力加速期，也是页岩气产业大发展的重要机遇期。通过“十二五”时期的攻关和探索，页岩气产业在资源评价、勘探开发、科技攻关、政策扶持等方面均取得了较大发展，为“十三五”时期页岩气产业大发展奠定了坚实基础。“十三五”时期我国页岩气产业发展有着国家发展战略与政策引导、资源基础丰富与规模开发、体制机制不断理顺等诸多有利因素，但同时也面临消费市场开拓难度较大、深层开发技术尚未掌握、勘探开发竞争依然不足等诸多挑战。亟须深入贯彻页岩气“四个革命、一个合作”发展战略思想，从“积极培育页岩气多行业应用、稳步开展页岩气多层次开发、加强自主勘探开发技术攻关、完善页岩气产业链扶持政策、创新页岩气对外多模式合作”五个维度着力，为促进页岩气产业快速健康发展提供战略支撑。

6.1 页岩气产业战略定位与发展现状

6.1.1 页岩气在我国能源革命中的战略定位

从当前我国非常规油气的开发来看，页岩气相比煤层气和煤制气等非常规气在短期内更有可能进行规模化开发，且由于页岩气储量巨大，对促进能源供给侧结构性改革有着更为重要的作用。此外，页岩气相比煤炭和石油等常规能源，更为清洁、低碳；与常规天然气相比，资源量将近常规天然气的两倍且热值更高；与可再生能源可形成良性互补，提高清洁能源比重。页岩气在我国天然气供应方面承担着重要的责任，必须明确其在我国能源革命中的战略定位，中长期内把页岩气培育成为仅次于常规天然气的主体能源。

6.1.2 页岩气产业发展现状

我国页岩气资源总体较为丰富，通过“十二五”时期的攻关和探索，页岩气产业实现了从起步到规模化商业开发的跨越，在资源评价、勘探开发、科技攻关、政策扶持等方面均取得了较大发展，为“十三五”时期页岩气产业大发展奠定了坚实基础。

（1）页岩气资源评价有序进行，资源丰富且开发潜力巨大

为及时准确地掌握我国页岩气资源潜力情况，国土资源部等部门对全国页岩气资源开展了多轮评价，2003—2007 年国土资源部与国家发展改革委等部门联合组织开展了新一轮全国油气资源评价，2010—2014 年国土资源部分阶段组织了对全国主要含油气盆地开展动态评价，2015 年国土资源部对四川盆地、海域和非常规油气资源进行了重点评价。2017 年 5 月 15 日国土资源部组织开展了“重要国情国力调查——‘十三五’全国油气资源评价”，该项调查计划 3 年完成，将对陆上和海域 130 余个主要含油气盆地进行评价，除常规石油、天然气资源外，还将对页岩气、煤层气、油砂、油页岩、天然气水合物等非常规油气资源开展评价；不仅开展地质评价，还要开展经济可采性评价和生态环境允许程度评价。2015 年全国油气资源评价结果显示，全国埋深 4 500 m 以浅页岩气地质资源量 121.8 万亿 m^3，可采资源量 21.8 万亿 m^3，其中海相、海陆过渡相、陆相分别为 13.0 万亿 m^3、5.1 万亿 m^3 和 3.7 万亿 m^3。同时页岩气基础地质调查评价取得重要进展，圈定 10 余个有利目标区，并不断在新区新层系中取得重要发现。2016 年南方页岩气调查开辟 6 万 km^2 新区，拓展 9 套新层系，圈定 10 处远景区，优选 14 个有利勘查区块，取得贵州遵义安页 1 井、湖北宜昌鄂宜页 1 井等页岩气勘查重大突破；北方新区新层系油气调查开辟 50 万 km^2 勘查新区，拓展 3 套油气勘查新层系，圈定 20 处油气远景区，为进一步拓展商业性勘探奠定了基础。2017 年，我国建设长江经济带页岩气勘探开发基地，涵盖四川、贵州、湖北、湖南、江苏、安徽等整个长江流域。数据显示，长江经济带地区页岩气可采资源潜力为 14.58 万亿 m^3，占全国的 58%。2017 年上述省份纷纷公布了自己的页岩气地质普查结果，显示储量喜人。分省份来看，重庆市通过开展全市页岩气资源调查评价，页岩气资源量估算达 13.7 万亿 m^3，是国内页岩气最富集的地区之一。四川省启动页岩气资源调查评价，首次对全省页岩气情况进行

全面摸底，包含四川盆地、西昌盆地、盐源盆地等省内所有可能产气的区域，探明页岩气储量近 2 600 亿 m^3。湖北省根据江汉油田最新开采报告，全省页岩气预测资源储量为 9.48 万亿 m^3，居全国第 5 位，页岩气勘查有利区面积 7.9 万 km^2，居全国第四位。其中，位于宜昌市的鄂宜页 1 井经过测试，单井每日获得产量 6.02 万 m^3、无阻气量 12.38 万 m^3 的高产页岩气流。湖北省预测本省页岩气资源潜力还将增大，排名将会提升到全国前三名。湖南省已查明页岩气资源量达 9.2 万亿 m^3 左右，约占全国资源储量的 7%，排全国第六位。安徽省截至 2017 年年底，共圈定页岩气远景区 8 个，优选有利勘查区 9 个，预测页岩气资源量 3.37 万亿 m^3，页岩层累计厚度 300～500 m，是全国页岩气五大优选地区之一。贵州省在勘探阶段安页 1 井获得了 4 个地质层系的页岩气、油气重大突破性成果，估算其控制范围内天然气资源量达千亿立方米。

（2）页岩气勘探开发稳步推进，业已形成涪陵等五大产区

在招标出让页岩气探矿权、确立页岩气新矿种地位、制定页岩气产业发展规划、出台页岩气开发利用补贴政策等系列政策作用下，我国页岩气勘探开发进程稳步推进。截至 2016 年年底，全国共设置页岩气探矿权 54 个，面积 17 万 km^2。“十二五”期间，我国页岩气勘探开发取得重大突破，页岩气储量、产量实现双跨越，页岩气可开采量位居世界第一，产量位居世界第三，为“十三五”时期我国页岩气勘探开发驶入快车道奠定了坚实基础。目前形成了由涪陵、长宁、威远、昭通、富顺—永川等页岩气勘探开发区组成的五大页岩气重点产区，主要集中在四川盆地周围的四川、重庆、云南等省域内。其中涪陵页岩气田累计探明含气面积 575.92 km^2，累计探明地质储量达 6 008.14 亿 m^3，是全球除北美之外最大的页岩气田，2015 年年底顺利完成一期 50 亿 m^3 年产能建设目标，2016 年年底累计建成产能 70 亿 m^3，2017 年年底建成产能 100 亿 m^3。全国页岩气产量从 2012 年的 1 亿 m^3 迅猛增至 2017 年的 100 亿 m^3，仅次于美国和加拿大。

（3）页岩气科技攻关全面开展，初步实现技术装备国产化

我国在借鉴国外页岩气勘探开发技术经验的同时，立足自身的地质条件，坚持自主研发与引进消化吸收再创新相结合，通过科技攻关和国家科技重大专项等政策支持，形成了适合我国地质条件的页岩气勘探开发核心技术。近年来，我国不断加大页岩气科技攻关支持力度，设立了国家能源页岩气研发（实验）中心，

下设勘探技术、开发技术、钻完井技术和增产改造技术等研发部门，在“大型油气田及煤层气开发”国家科技重大专项中设立“页岩气勘探开发关键技术”研究项目，在国家重点基础研究发展计划中设立“中国南方古生界页岩气赋存富集机理和资源潜力评价”等项目，在国家科技重大专项中设立“低成本快捷页岩气勘查评价关键技术与设备研发”和“页岩气资源潜力评价方法与勘查技术攻关”等项目。中国石化、中国石油、延长石油等企业也将页岩气勘探开发技术攻关作为首要任务，在同步压裂技术、无水压裂技术、二氧化碳压裂工艺技术、优快钻完井技术等方面取得了突破，并在压裂液、分段压裂设备、压裂测试核心技术等方面实现了国产化。

（4）页岩气产业政策逐步完善，规范引导全产业链大发展

为加快推进我国页岩气产业健康发展，国家能源局、财政部、国土资源部、国家发展改革委以及地方政府纷纷出台相关产业规划和扶持政策。2012 年和 2016 年，国家能源局等部委先后印发《页岩气发展规划（2011—2015 年）》和《页岩气发展规划（2016—2020 年）》，对“十二五”时期和“十三五”时期页岩气产业发展进行了详细规划。2012 年和 2015 年，财政部和国家能源局先后下发《关于出台页岩气开发利用补贴政策的通知》和《关于页岩气开发利用财政补贴政策的通知》，规定中央财政对页岩气开采企业在 2012—2015 年、2016—2018 年、2019—2020 年分别给予 0.4 元/m^3、0.3 元/m^3 和 0.2 元/m^3 的补贴，同时根据产业发展、技术进步、成本变化等因素适时调整补贴政策。2012 年，国土资源部印发《关于加强页岩气资源勘查开采和监督管理有关工作的通知》，从合理设置页岩气探矿权、鼓励社会各类投资主体依法进入页岩气勘查开采领域等方面进行了明确规定。2013 年，国家能源局制定了《页岩气产业政策》，从产业监管、产业技术政策等方面进行了详细规定。重庆、江西、四川等地方政府相继出台了《重庆市页岩气产业发展规划（2015—2020 年）》《江西省页岩气勘探、开发、利用规划（2011—2020 年）》等产业规划。

6.2 我国页岩气产业发展面临的机遇与挑战

“十三五”时期是我国能源绿色低碳转型的关键期，天然气等清洁能源比重将

进一步提高，为页岩气产业大发展提供了重要战略机遇，但页岩气产业发展依然面临消费市场开拓难度较大、深层开发技术尚未掌握、勘探开发竞争依然不足等诸多挑战。

6.2.1　页岩气消费市场开拓难度较大

国家发展战略与政策引导激发页岩气需求，但消费市场开拓难度较大。2014年国务院办公厅印发的《能源发展战略行动计划（2014—2020年）》和2016年国家发展改革委、国家能源局印发的《能源生产和消费革命战略（2016—2030）》均明确提出，坚持绿色低碳战略，把发展清洁低碳能源作为能源结构调整的主攻方向，到2020年，天然气消费比重达到10%以上，大力开发页岩气与我国能源低碳发展战略相吻合。2016年我国天然气消费比重为6.4%，距离2020年10%的目标还有3.6个百分点的差距。在我国能源结构转型升级的过程中，“气代煤”是应对气候变化和大气污染防治的必然选择，“气代煤”发展空间广阔，给页岩气产业大发展带来较大利好。随着我国经济增速放缓，以及国际油价下跌，油气价差不断收窄甚至倒挂，天然气经济性明显不足，虽然2017年天然气消费同比增长14.8%，但距离2020年消费量3 500亿～3 600亿 m^3 的目标还有相当大的距离。与此同时，天然气国内生产和国外进口均稳定增长，未来天然气供应相对充足。加上页岩气相比常规天然气勘探开发成本要高很多，给市场开拓带来不少挑战。

6.2.2　页岩气深层开发技术尚未掌握

资源基础丰富与规模开发保障页岩气供给，但深层开发技术尚未掌握。我国页岩气资源总体比较丰富，通过多年勘探开发实践，在四川盆地及周缘的下古生界志留系龙马溪组的海相地层累计探明页岩气地质储量7 643亿 m^3。其中，重庆涪陵页岩气田累计探明地质储量6 008亿 m^3，业已成为北美之外最大的页岩气田，预计2017年年底将建成年产能100亿 m^3，四川威远—长宁地区页岩气累计探明地质储量1 635亿 m^3。此外，鄂尔多斯盆地、贵州遵义正安、湖北宜昌等地陆续获得页岩气工业气流，实现页岩气勘探新区新层系重大突破。南方页岩气调查取得重大突破，有望建成两个页岩气资源基地。2017年9月，贵州遵义安页1井获得了日产10万 m^3 的稳定高产工业气流；湖北宜昌鄂宜页1井获得了日产

12.38 万 m^3 的高产页岩气流，有望实现页岩气商业开发。目前我国已掌握页岩气钻完井、压裂改造等技术，具备 3 500 m 以浅（部分地区已达 4 000 m）水平井钻井及分段压裂能力，但埋深超过 3 500 m 的页岩气深层开发技术还未掌握。

6.2.3 页岩气勘探开发竞争依然不足

体制机制不断理顺，促进页岩气产业大发展，但勘探开发竞争依然不足。2011 年 12 月，国务院批准页岩气为新的独立矿种，正式成为我国第 172 种矿产，国土资源部对其按照独立矿种制定投资政策及进行页岩气资源管理，有利于形成油气勘探开发新格局。为推进页岩气勘查开采，国土资源部于 2011 年和 2012 年先后完成两轮公开招标出让页岩气探矿权，于 2017 年完成首次以公开拍卖方式出让页岩气探矿权，通过引入多元投资主体进入页岩气勘探开发领域，进一步完善页岩气矿权竞争性出让和退出机制。2017 年 5 月，中共中央、国务院印发《关于深化石油天然气体制改革的若干意见》，明确提出要形成以大型国有油气公司为主导、多种经济成分共同参与的勘查开采体系，从增加油气勘查开采主体和完善矿权流转机制两方面进行重点改革，为页岩气产业发展提供了公平竞争的外部环境。但目前页岩气地质资料共享机制、常规油气矿权退出机制、页岩气技术服务市场竞争机制尚不完善，不利于页岩气勘探开发投资效率提高和成本降低。

6.3 我国页岩气产业发展战略选择

“十三五”时期是我国能源生产和消费革命的蓄力加速期，在经济增速换挡、新旧动能转换、结构调整优化、资源环境约束趋紧的新常态下，能源绿色低碳转型发展势在必行。作为非常规天然气的页岩气，其大规模开发利用将有助于节约和替代大量煤炭和石油资源，减少二氧化碳排放，改善生态环境质量。“十三五”时期是我国页岩气产业大发展的重要机遇期，亟须遵循习近平总书记提出的“四个革命、一个合作”能源发展战略思想，全面推进页岩气消费革命、供给革命、技术革命、体制革命和国际合作，为促进页岩气产业快速健康发展提供战略支撑。

6.3.1 推进页岩气消费革命

积极培育页岩气多行业应用，推进页岩气消费革命。与常规天然气类似，页岩气同样面临消费市场有待开拓的挑战，“十三五”时期及中长期亟须从工业、交通、分布式能源、民用等领域培育页岩气新的消费增长空间。一是推进工业规模化利用页岩气。页岩气富含甲烷，同时还可以从页岩气中分离出主要成分为乙烷、丙烷的大量凝析液，甲烷、乙烷、丙烷作为天然气化工的主要原料，可用于生产合成氨、甲醛、氢气、炭黑、四氯化碳、二硫化碳、硝基甲烷、氢氰酸、氯甲烷、乙炔等化学品，充分发挥页岩气清洁高效的化工原料优势，加快推进页岩气化工产业链形成。二是积极推广液化页岩气和压缩页岩气在交通领域的利用。充分发挥页岩气清洁高效的能源资源优势，加快液化页岩气 LNG 和压缩页岩气 CNG 工厂建设，推进 LNG、CNG 在城市公交车、重型卡车、环卫车辆、出租车、城际大巴、工程船、运输船、港务船、渔船等车船交通领域的应用。三是鼓励页岩气在分布式能源领域的应用。将页岩气作为天然气分布式能源发展的有益补充，积极参与天然气分布式供能系统建设，充分发挥能效高、削峰填谷、经济效益好等优势，增强能源供应安全。四是全力保障页岩气民用需求。受能源消费结构转型、新型城镇化快速推进、人民生活水平提高、环境质量要求明显改善等因素叠加影响，居民用能方式逐步从过去以煤炭为主向以清洁低碳的天然气为主转变，应加快页岩气勘探开发力度，优先保障民生用气。

6.3.2 推进页岩气供给革命

稳步开展页岩气多层次开发，推进页岩气供给革命。根据页岩气资源评价和勘探开发实践情况，将页岩气区块划分为已有产量或评价效果较好区块、已获得工业气流区块、工作基础较浅或新区块三类，按照重点建产、评价突破和潜力研究三种方式分别推进勘探开发。一是对位于重庆、四川、云南等地的涪陵勘探开发区、长宁勘探开发区、威远勘探开发区、昭通勘探开发区、富顺—永川勘探开发区中已落实有利区面积和地质资源量的区块，加快勘探开发力度，充分发挥大幅提高页岩气产量主力军作用。二是对位于重庆、湖北、四川、陕西等地的宣汉—巫溪勘探开发区、荆门勘探开发区、川南勘探开发区、川东南勘探开发区、美姑—五指山勘探开发区、延安勘探开发区中已获工业气流的区块，加强对该区块的地球物理勘探和评价井钻探，通过评价井和地震资料基本圈定气范围，结合相关评价资料，优选出建产区。在对建产区进一步进行地球物理勘探和特征分析的基础上，开展直井和水平井组先导性试验，落实产能和开发井距等关键开发参数，适时启动规模化开发。三是对位于贵州、湖北、湖南、重庆等地的正安区块、岑巩区块、来凤—咸丰区块、保靖区块、龙山区块、城口区块、忠县—丰都区块等一批“十二五”期间业已获得较好页岩气显示的区块，继续加大开发评价研究，适时开展先导性试验，加大页岩气地质条件和优选评价研究力度，力争大量新的有利区块在“十三五”期间涌现。

6.3.3 推进页岩气技术革命

加强自主勘探开发技术攻关，推进页岩气技术革命。勘探开发核心技术的突破是支撑页岩气产业健康快速发展的关键，“十三五”时期及中长期亟须加强自主勘探开发技术攻关力度，建立适合我国地质条件的勘探开发技术体系。一是加强页岩气资源潜力调查评价和有利区优选技术研究。由国土资源部牵头，联合国家能源局、国内页岩气勘探开发公司、科研院所、地方政府等相关部门组建页岩气资源战略调查小组，对页岩气资源相对丰富的重庆、四川、贵州、湖北、湖南、江西等地开展页岩气资源潜力调查评价，全面获取各区块页岩气系统参数，优选出页岩气资源远景区，并对远景区资源潜力进行科学评价。结合远景区资源评价结果，优选有利区进行深入的调查评价，通过优选技术选择页岩气评价井实施勘探示范先导试验，降低大规模商业勘探开发风险。二是重点突破埋深超过 3 500 m 页岩气资源的深层开发技术。针对我国大部分页岩气区块埋深超过 3 500 m、地质构造复杂等特点，由科技部牵头，联合国家能源局、中国科学院、国内油气公司、科研院所组建页岩气深层开发技术联合攻关团队，就深层水平的水平井钻完井、水平井多段压裂及增产改造技术进行联合攻关，形成适应我国复杂地质条件的深层页岩气开发技术体系。三是开展页岩气勘探开发环境保护关键技术研究。针对页岩气开发对地下水、土壤、噪声、空气质量、次生地质灾害、人体健康等方面的影响，重点开展环保型页岩气井钻井液和压裂液技术、油基钻屑回收利用技术、采气分离水处理技术、钻屑资源化高效利用技术、生态修复技术、安全环保标准体系等的研究。

6.3.4　推进页岩气体制革命

完善页岩气产业链扶持政策，推进页岩气体制革命。页岩气作为一种新兴的非常规能源，贯穿其全产业链的勘探开发、管网建设、综合利用、装备制造均需大量技术、资金和人力的投入，亟须在全产业链上的各个环节给予相关政策扶持。一是加大页岩气勘探开发投资和技术攻关力度。进一步完善页岩气探矿权公开招投标制度，鼓励包括民营企业在内的多种投资主体进驻页岩气勘探开发领域，支持中国石油化工集团公司、中国石油天然气集团公司等大型中央油气企业与重庆页岩气勘探开发有限责任公司、国投重庆页岩气开发利用有限公司、湖北省页岩气开发有限公司等地方页岩气勘探开发企业开展央地合作，共享地质资料、勘探资料和勘探开发关键核心技术，降低前期勘探开发成本；进一步加大页岩气科技攻关财政支持力度，重点开展页岩气地质选区及评价技术、深层水平井钻完井技术、深层水平井多段压裂技术、页岩气开发优化技术等勘探开发瓶颈技术攻关研究。二是补齐页岩气管网建设短板，实现页岩气本地消纳和余量外送通道畅通。根据页岩气产能建设、市场需求和全国天然气管网建设情况，按照适度超前的原则，加快页岩气重点区块管网、有利区块管网等配套管网的建设，做好与主要城市骨干管网、配气管网、城镇管网等天然气管网的有机衔接。三是动态调整页岩气开发利用财政补贴标准与期限。综合地质条件、当地经济社会发展水平、技术难易程度、成本效益等因素，对各区块的补贴标准进行动态评估，对于勘探开发难度大、初期成本大于效益的区块，适度提高财政补贴标准和延长补贴年限，鼓励地方政府进行相应的财政补贴配套，对于业已实现规模化效益开发的区块，取消对其的财政补贴。四是成立页岩气产业发展基金，支持页岩气产业链条纵向延伸。在国家、省（区、市）、地级市等多个层面成立相应的页岩气产业发展基金，重点以页岩气勘探开发、技术研发、综合利用、装备制造、销售服务等环节投资为核心，创新投融资模式，引导社会多元投资主体和资金向页岩气全产业链聚集。

6.3.5　深化页岩气国际合作

创新页岩气对外多模式合作，深化页岩气国际合作。深化国际合作是加快页岩气开发利用的有利途径，“十三五”及中长期亟须政府间合作、企业间合作和科研院所间合作同时发力，创新投融资、技术引进、人才培养、学术交流等多种合作模式。一是加强政府间合作机制和扩展政府间合作主体。在《中美关于页岩气领域开展合作的谅解备忘录》《中美页岩气资源工作组工作计划》的整体框架下，进一步加强中美在页岩气资源评估、勘探开发技术等领域的多层次合作，重点搭建油气企业、科研院所、咨询机构等国际合作平台，形成政府搭台、企业为主体、社会参与的多元合作模式，同时建立与加拿大、墨西哥、英国、波兰、印度、阿根廷、澳大利亚等国家政府间页岩气合作与交流机制，就页岩气勘探开发技术、政策交流制定、人才培养等领域开展广泛合作。二是鼓励国外有经验的企业与中国企业开展全产业链合作。允许国外企业以合资、合作、提供专业服务等方式参与页岩气勘探投资开发，重点鼓励中国石油化工集团公司、中国石油天然气集团公司、中国海洋石油总公司、陕西延长石油（集团）有限责任公司、中国华电集团公司、重庆能源集团等页岩气开发企业与荷兰皇家壳牌集团、美国切萨皮克能源公司、雪佛龙股份有限公司等国际知名企业在页岩气勘探开发技术方面开展技术引进与联合攻关等深度合作。三是科研院所围绕页岩气勘探开发技术及产业发展战略与国外相关研究机构开展深入合作。着眼于我国页岩气产业中长期发展，鼓励中国科学院、中石油经济技术研究院、中国石化石油勘探开发研究院、中国石油大学、中国地质大学、北京化工大学等国内科研院所与国际科研院所开展页岩气勘探开发技术及专业人才培养合作项目，创新建立海外页岩气技术研发工作站、中外页岩气专业合作办学、定期组织页岩气国际学术会议、合作举办页岩气产业发展战略国际高峰论坛等合作新平台、新模式。

下　篇

重庆页岩气开发
案例研究

第7章 重庆页岩气开发现状分析

重庆是目前我国页岩气开发最为成功的地区。重庆页岩气资源丰富，页岩气资源分布划分为中部（主要为涪陵、綦江、南川地区）、渝东南（主要为彭水、秀山、酉阳、黔江）、渝东北（主要为梁平、城口、巫溪、忠县、丰都）、渝西（主要为荣昌、永川、潼南、大足、璧山）4 个区块。本章针对重庆页岩气勘探开发情况，分析了页岩气开发区域分布情况、页岩气主要开发公司情况、页岩气勘探开发区块情况、页岩气勘探开发重点项目情况。

7.1 重庆页岩气资源状况及分布

根据国土资源部及重庆国土资源与房管局的初步勘查，重庆页岩气的地质资源潜力达 12.75 万亿 m^3，分布面积约 7.60 万 km^2，可采资源潜力达 2.05 万亿 m^3。重庆页岩气可采资源潜力继四川、新疆之后，居全国第三位。

重庆、川东及川南地区受区域构造影响高幅抬升及强烈挤压，导致盆地内由东南向西北方向地层时代大致由老变新，地层埋藏深度由小变大，尤其是古生界地层埋藏浅，变形严重。按照有利页岩气发育的地层出露状况，同时适当考虑重庆市的行政区划，重庆页岩气资源分布可以划分为中部、渝东南、渝东北、渝西 4 个区块，如图 7-1 所示。主要页岩气目标层系有 6 套：下震旦统陡山沱组、下寒武统牛蹄塘组/水井沱组、下志留统龙马溪组+上奥陶统五峰组、下侏罗统自流井组、上三叠统须家河组、上二叠统龙潭组（吴家坪组）。

①中部（主要为涪陵、綦江、南川地区）。主要目标层系为下侏罗统自流井组、上三叠统须家河组、上二叠统龙潭组（吴家坪组），兼顾下志留统龙马溪组+上奥陶统五峰组、下寒武统牛蹄塘组。

②渝东南（主要为彭水、秀山、酉阳、黔江）。目标层系为下寒武统牛蹄塘组、下志留统龙马溪组+上奥陶统五峰组。

③渝东北（主要为梁平、城口、巫溪、忠县、丰都）。主要目标层系为下寒武统水井沱组、下志留统龙马溪组+上奥陶统五峰组，兼顾下震旦统陡山沱组。

④渝西（主要为荣昌、永川、潼南、大足、璧山）。与中部类似，主要目标层系为下侏罗统自流井组、上三叠统须家河组，上二叠统龙潭组（吴家坪组），兼顾下志留统龙马溪组+上奥陶统五峰组、下寒武统牛蹄塘组。

图 7-1 重庆页岩气资源分布区划

这些目标层系的页岩气地质储藏特征分别为（表 7-1）：

①下震旦统陡山沱组（Z_1ds）[①]。厚 53～350 m，分布于城口、巫溪一带。上部为黑色—深灰色含锰、磷、铁质、粉砂质页岩夹灰—灰褐色含锰白云岩及薄层硅质岩，岩层内褐铁矿化明显；下部为灰—深灰色含碳质、粉砂质页岩夹粉砂岩

① Z_1ds 标号意义请参阅《地质年代单位符号及代码》，下同。

及薄层白云岩条带。

②下寒武统牛蹄塘组/水井沱组。下寒武统牛蹄塘组（$\in_1 n$）：分布于黔江、彭水一带。岩性以灰绿色页岩或黑色炭质页岩为主，可以划分为两段岩性。其中底部为硅质岩夹少量炭质页岩，普遍含磷矿，产软舌螺类；下部以黑色炭质页岩为主；上部为深灰绿色页岩夹粉砂岩条带页岩；产三叶虫、古介类、古海绵骨针、软舌螺类。东部厚度较小，西部厚度较大。下寒武统水井沱组（$\in_1 s$）：厚 922～1 342 m，分布于城口、巫溪一带。下段厚 70～227 m，为灰黑色薄层粉砂岩、粉砂质页岩，上部灰至深灰色中厚层状白云质灰岩、碳质灰岩、夹硅质岩；上段为灰黑色薄层状碳质、钙质粉砂岩，灰色薄层至中厚层状细砂岩、含钙泥质粉砂岩。

③下志留统龙马溪组+上奥陶统五峰组。分布于涪陵、长寿、云阳、奉节、开县一带。上奥陶统五峰组（O_3w）：岩石主要为黄绿色、浅紫色或棕色、薄层、含有机质、砂质水云母页岩，夹黑灰色薄层硅岩。下志留统龙马溪组（S_1l）：上部黄绿、灰绿色页岩夹粉砂质页岩或粉砂岩；下部黑色、深灰色钙质灰岩、灰质粉砂质页岩；底部黑色粉砂质碳质页岩。

④上二叠统龙潭组（吴家坪组）。龙潭组（P_3l）：厚 126～143 m，分布于梁平、石柱、忠县、万州一带。以灰、深灰色粉砂质黏土岩为主，夹岩屑粉砂岩。下部为黏土质角砾岩，黄铁矿、菱铁矿、黏土矿常富集；中、上部夹灰岩、生物碎屑灰岩、燧石团块及薄层硅质岩，含煤 2～10 层，煤系总厚 3～20 m。与下伏茅口组平行不整合接触。

⑤上三叠统须家河组（T_3xj）。原称须二—须四段：分布于垫江、丰都一带。为黑、灰黑色页岩、泥岩、碳质页岩与浅灰色厚层至块状长石石英砂岩、粉砂岩互层，夹薄煤层、菱铁矿透镜体及泥灰岩，有时底部见粗粒含砾石英砂岩。厚 300～2 000 m。

⑥下侏罗统自流井组（J_1zl）。分布于垫江、丰都一带。一般可分五段，即珍珠冲段、东岳庙段、马鞍山段、大安寨段和凉高山段。珍珠冲段为紫红色泥岩夹薄层灰色石英砂岩，向盆地边缘砂质增多，有时见薄煤层；东岳庙段为黑色、灰绿色页岩夹灰色泥灰岩及生物灰岩，富含淡水双壳类；马鞍山段由紫红色泥岩夹浅灰、灰色薄层粉砂岩组成；大安寨段为灰色介壳灰岩与深灰、灰黑色页岩互层，中下部及顶部常为紫红色泥岩夹泥灰岩；凉高山段为深灰、灰黑色页岩、灰色石

英砂岩及灰绿、紫红色泥岩互层，有时夹薄层介壳灰岩及介屑粉砂岩。

表 7-1 重庆富有机质页岩目标层系状况

序号	目标层系	分布地区	有机质页岩层厚度/m
1	下震旦统陡山沱组	城口、巫溪一带	53～350
2	下寒武统牛蹄塘组/水井沱组	黔江、彭水一带/城口、巫溪一带	922～1342/70～227
3	下志留统龙马溪组+上奥陶统五峰组	涪陵、长寿、云阳、奉节、开县一带	100～600
4	上二叠统龙潭组（吴家坪组）	梁平、石柱、忠县、万州一带	126～143
5	上三叠统须家河组	垫江、丰都一带	300～2 000
6	下侏罗统自流井组	垫江、丰都一带	154～567

各页岩气目的层特征如图 7-2 所示。

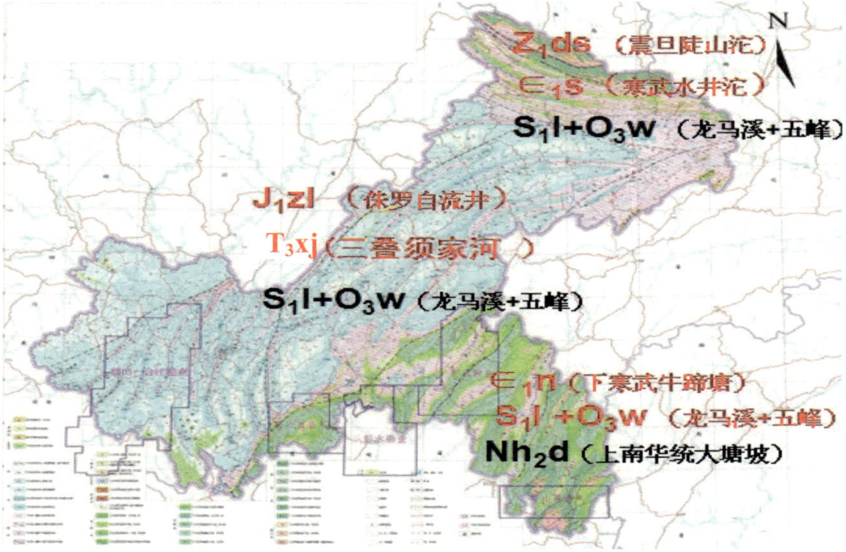

图 7-2 重庆富有机质页岩层位分布

7.2　重庆页岩气勘探开发情况

7.2.1　页岩气开发区域情况

根据目前提供的数据，重庆划分为中部、渝东南、渝东北、渝西 4 个页岩气区块，这些区域页岩气主要分布在涪陵、黔江、彭水、綦江、梁平、永川、城口、秀山、酉阳、南川等。其中以涪陵为主，具体情况如下。

①中部——涪陵、綦江、南川。2013 年 9 月，国家能源局批复设立“重庆涪陵国家级页岩气示范区”（面积 7 307.77 km^2），示范区核心位于涪陵区焦石片区（涉及白涛街道、焦石镇、罗云乡和江东街道等），中石化将在 2020 年形成 200 亿 m^3 产能及 150 亿 m^3 产量。綦江“丁页 1HF 井”完钻经储层压裂改造后试获日产气量 3.4 万 m^3。南川也已发现了两个页岩气勘探有利区。

②渝东南——彭水、秀山、酉阳、黔江。中石化位于重庆彭水县的页岩气开采工作目前进展顺利：彭页 HF-1 井自 2012 年 5 月点火测试以来，累计产气约 140 万 m^3；彭页 2HF、3HF 井钻井工作顺利，彭页 4HF 井已经开钻。彭水桑柘区块页岩气甲烷含量达 99%以上，气藏条件较优，储量约为 6 000 亿 m^3。重庆豫顺新能源开发利用有限公司对完钻的“秀页 6 井”开展后续评价；重庆矿产公司在酉阳钻探“酉页 1 井”；重庆市能投集团在酉阳实施的“濯页 2 井”已顺利完钻，在黔江实施的“濯页 1 井”正按计划钻进。

③渝东北——梁平、城口、巫溪、忠县、丰都。中石化江汉油田投资 15 亿元，在梁平福禄、石安、紫照 3 个乡镇布设了 9 个钻井平台；国投重庆页岩气开发利用有限公司在城口钻探“城探 1 井”；中石油公司名下包括宣汉—巫溪区块和忠县—丰都区块勘探。

④渝西——荣昌、永川、潼南、大足、璧山。中石油西南油气田页岩气荣昌—永川区块的永页 1 井，已完成开钻进、测井工作，正在进行下套管固井施工，每天产气量约 10 万 m^3。中石油公司名下的页岩气矿业权区块中位于重庆市辖区内的渝西区块（含安岳—潼南、大足—自贡、璧山—合江 3 个区块）。

7.2.2 页岩气主要开发公司情况

①中石化开发情况。截至 2014 年 12 月，中石化在涪陵共开钻 149 口井，完钻 126 口井，投产 56 口井，日产能建成 600 万 m^3，日产气量 380 万 m^3，日销售气量 375 万 m^3，累计产气量突破 11 亿 m^3，建成年产能突破 20 亿 m^3。根据中石化涪陵页岩气田 100 亿 m^3 年产能建成规划，2015 年新投产气井 135 口，投产气井达 253 口，形成 50 亿 m^3 产能，年产页岩气 33 亿 m^3，2017 年年底将建成年产能 100 亿 m^3、实现年产量 70 亿 m^3。同时，继彭水、梁平中深层页岩气勘探突破后，2014 年中石化在綦江、南川开展了超深层页岩气勘探，綦江“丁页 1HF 井”完钻经储层压裂改造后试获日产气量 3.4 万 m^3；南川“南页 1HF 井”经储层压裂改造后在排采求产。

②中石油开发情况。中石油西南油气田公司在重庆市内的页岩气区块有 5 个，面积达 2.02 万 km^2。自 2007 年以来，中石油在重庆市钻浅井 7 口，已完钻 3 口，累产商品气量达 1 176 万 m^3。据中国石油西南油气田分公司开采计划，中石油将进一步加大在重庆市的页岩气勘探开发力度，计划到 2015 年，形成 7 亿 m^3 的年产能，2020 年形成 45 亿 m^3 的年产能。经过前期勘探，截至 2014 年 4 月，西南油气田在重庆市区块的页岩气资源储量超万亿立方米。中石油已与重庆市相关部门达成合作共识，未来将就页岩气勘探开发与重庆市进行整体合作，合作开发面积约达 1.68 万 km^2。另外，中石油公司名下的页岩气矿业权区块中位于重庆市辖区内的渝西区块（含安岳—潼南、大足—自贡、璧山—合江 3 个区块）、宣汉—巫溪区块中未对外合作部分和忠县—丰都区块，面积为 1.56 万 km^2。

③中石化、中石油等共同组建的重庆页岩气勘探开发有限责任公司开发情况。公司 2014 年年底投入建设，计划 2017 年开始投产，共部署二维地震测线 600 km^2、三维地震采集 500 km^2、评价井 16 口、开发井 360 口（生产井 328 口、调节井 32 口），拟建成丛式井 60 座、地面集输管线 1 065 km、集气站 8 座（含增压）、集气总站 2 座（含增压、脱水、外输），总投资规模 260.50 亿元。

截至 2017 年 6 月底，气田累计开钻 370 口，投产 254 口；累计建成产能 76.04 亿 m^3，生产页岩气 124.75 亿 m^3，销售突破 119.76 亿 m^3，日销售 1 640 万 m^3，已在全市乃至全国形成示范效应，基本具备商业化推进格局，展示出了较好发展前景。

7.2.3 页岩气勘探开发区块情况

重庆市域内页岩气勘探开发的合法矿权有 17 个，总面积约 4.5 万 km^2，其构成如下：

①招标区块，1.43 万 km^2。根据国家页岩气第一轮、第二轮招标，共在重庆市设立 6 个页岩气专属区块，见表 7-2。其中中石化两个区块，河南省煤层气开发利用有限公司控股的重庆豫顺新能源开发利用有限公司、国家开发投资公司控股的国投重庆页岩气开发利用有限公司、华能控股的重庆矿产资源开发有限公司、重庆能投集团下属的页岩气公司共 4 家地方页岩气企业各 1 个区块。中标页岩气区块前期勘探评价工作基本完成，跟进实施的探井工程全部完钻。其中，重庆市能源投资集团有限公司在酉阳实施的“濯页 2 井”已顺利完钻，在黔江实施的“濯页 1 井”正在按计划钻进；国投重庆页岩气开发利用有限公司正在城口钻探“城探 1 井”；重庆矿产资源开发有限公司正在酉阳钻探“酉页 1 井”；重庆豫顺新能源开发利用有限公司也正在对完钻的“秀页 6 井”开展后续评价。截至 2014 年 12 月，中石化已完成了其承诺的全部勘察投入的 73%，河南省煤层气开发利用有限公司已投入了承诺的 51%。

表 7-2 国土资源部在重庆的 6 个招标区块概况

序号	区块名称	中标单位	区块面积/km^2	主要目的层
1	城口区块	国家开发投资公司	1 020.95	O_3W-S_1L、$\in_1s$
2	酉阳东区块	重庆矿产资源开发有限公司	1 002.89	O_3W-S_1L、$\in_1n$
3	黔江区块	重庆市能源投资集团有限公司	1 272.00	O_3W-S_1L、$\in_1n$
4	秀山区块	河南省煤层气开发利用有限公司	2 038.87	O_3W-S_1L、$\in_1n$
5	彭水区块	中石化	6 837.09	O_3W-S_1L、$\in_1n$
6	南川区块	中石化	2 197.90	O_3W-S_1L、$\in_1n$

②中石化原矿区区块，1.09 万 km^2。中石化将位于重庆市境内 1.09 万 km^2 的 5 个常规油气区块申请变更为天然气、页岩气综合勘查区块。中石化在涪陵探明全国首个千亿立方米级整装页岩气田，并且继彭水、梁平中深层页岩气勘探突破

后，2014 年中石化在綦江、南川开展了超深层页岩气勘探。此外，在武隆跟进开钻了探井，扩大了外围资源基础。

③中石油原矿区区块，1.96 万 km^2。中石油将位于重庆市 1.96 万 km^2 的 6 个常规油气区块申请变更为天然气、页岩气综合勘查区块。中石油与壳牌继实施一口井取得永川页岩气勘探突破后，2014 年完钻了另一口井，正在开展储层压裂改造施工。同时，中石油也启动了与埃尼在荣昌北、与康菲在“内江—大足”对外合作区的联合评价，并跟进开展了对页岩气区块的二维地震勘探工作。中石油将通过与重庆市内企业合作合资成立的页岩气公司，整体推进其页岩气区块勘探开发。

7.2.4 页岩气勘探开发重点项目情况

根据重庆市页岩气资源禀赋现状，重点依托中石化、中石油技术优势和前期地质勘探成果，重庆市能投集团、国投重庆页岩气开发利用有限公司、重庆矿产资源开发有限公司、重庆豫顺新能源开发利用有限公司等合作参与。着重勘探开发中石化涪陵、彭水，中石油宣汉—巫溪、忠县—丰都等重点区块的页岩气，加快丁山核心区、荣昌—永川、渝西、酉阳、黔江、城口、秀山等有利区块的勘探开发进程，重庆市页岩气勘探开发重点项目状况见表 7-3。

表 7-3　重庆市页岩气勘探开发重点项目

序号	项目名称	项目业主	建设内容	2017 年				2020 年			
				累计投资/亿元	产能/亿 m^3/a	产量/亿 m^3/a	产值/亿元	累计投资/亿元	产能/亿 m^3/a	产量/亿 m^3/a	产值/亿元
1	涪陵页岩气开发项目	中国石化江汉油田分公司	投产 400 口井，建成产能 110 亿 m^3/a	330	100	71	197	360	110	80	222
2	宣汉—巫溪页岩气开发项目	重庆页岩气勘探开发有限责任公司	投产 67 口井，建成产能 80 亿 m^3/a	70	15	10	28	300	80	50	139
3	忠县—丰都页岩气开发项目	重庆页岩气勘探开发有限责任公司	投产 49 口井，建成产能 30 亿 m^3/a	35	10	5	14	150	30	20	56
4	彭水页岩气开发项目	中国石化华东分公司	部署三维地震采集 150 km^2，投产 150 口井，建成产能 20 亿 m^3/a	65	10	5	14	120	20	15	42
5	丁山核心区（綦江、綦江南）页岩气开发项目	中国石化西南油气分公司	钻井 25～35 口，建成井工厂平台 6～10 个，建成产能 15 亿 m^3/a	30	5	3	8	90	15	10	28
6	荣昌—永川页岩气开发项目	中国石化西南油气分公司	钻井 25～35 口，建成井工厂平台 6～8 个，建成产能 15 亿 m^3/a	20	3	2	6	90	15	10	28

序号	项目名称	项目业主	建设内容	2017年				2020年			
				累计投资/亿元	产能/亿 m^3/a	产量/亿 m^3/a	产值/亿元	累计投资/亿元	产能/亿 m^3/a	产量/亿 m^3/a	产值/亿元
7	渝西（大足—自贡、璧山—合江、安岳—潼南）页岩气开发项目	重庆页岩气勘探开发有限责任公司	部署三维地震采集500 km^2，投产24口井，建成产能10亿 m^3/a	20	3	2	6	30	10	5	14
8	中国石油对外合作项目（大足、荣昌北、富顺—永川）	中国石油与康菲、赫石、壳牌等公司	加大勘探开发力度，力争尽快实现产能	15	2	1	3	30	10	5	14
9	其他页岩气开发项目（酉阳、黔江、城口、秀山等）	重庆矿产资源开发有限公司、重庆市能投集团、国投重庆页岩气开发利用有限公司、重庆豫顺新能源开发利用有限公司	加大勘探开发力度，尽快实现产能	15	2	1	3	30	10	5	14
合计				600	150	100	279	1 200	300	200	557

资料来源：《重庆市页岩气产业发展规划（2015—2020年）》。

重庆页岩气开发模式分析 第 8 章

本章首先对国内页岩气主要开发模式进行梳理，分析不同企业在不同发展阶段所采用的开发模式的特点、优点和缺点，以及各种开发模式的适用条件；对探矿权和采矿权层面、投资主体在探矿权和采矿权、技术分工、管网建设和产业链构建等方面进行比较优势分析；提出重庆市构建“央企+地方政府”为主、适当引入下游产业链企业参与的开发示范模式，满足精细化工产业需求；构建“以央企为主、地方政府和企业参与”的开发模式，促进页岩气的就地消纳和产业布局，促进城乡一体化建设。

8.1 国内主要页岩气开发模式分析

8.1.1 基于技术的产量分成合作模式

产量分成合同（Production Sharing Contract，PSC）是外国企业向资源国投资油气田开发的国际通行合同形式。外国企业就合作开采资源国石油和天然气订立合同后，应由外国合同者投资进行勘探，承担全部勘探风险。发现商业性油气田后，由外国合同者同资源国双方投资合作开发。外国合同者负责开发作业和生产作业，从生产的石油和天然气中回收其投资和费用，外国合同者可以将其应得的石油和购买的石油运往国外。为执行石油合同所进口的设备和材料，国家给予减税、免税或其他优惠。

这种合同把每年原油产量分成两部分，即成本油（Cost Oil）和利润油（Profit Oil）。近年来产量分成合同规定的成本油，采用了很多不同的回收办法：例如以年数为限额，以折旧摊销作为投资回报基础等。关于利润油的分配，有的合同规定一个固定的比例。如印度尼西亚把完税后利润分为 85∶15（资源国 85%，石油公司 15%）；有的按参股比例分配，也有按产量大小滑动阶梯分配，也有按累计产量滑动阶梯分配。采用产量分成合同时，勘探风险一般由外国公司承担，开发投资通常也由外国公司承担。但近年来有些资源国为了增加盈利收入，在合同内多附加关于资源国国家公司参与开发投资的条款。如果是参股 50%，则规定开发投资的 50%由资源国国家筹措，这样利润油也要按参股比例再分一部分给资源国国家公司。

我国政府已批准荷兰皇家壳牌公司在华首个页岩气产量分成协议，即与中石油在四川盆地富顺—永川页岩气区块共同勘探、开采、生产页岩气的计划。这是国内页岩气领域内的第一个产量分成合同。

①特点：外国合同者承担全部勘探投资和相应的风险；资源国可获得较为稳定的利润。

②优点：我国油企获取外资企业的技术和经验，缩短开发周期和成本。外资企业快捷地进入我国页岩气开发市场。

③缺点：一是技术的可复制性不确定。即外资所拥有的技术能否在我国完全复制还存在很大的未知数。我国的地质条件和美国不尽相同。我国页岩气埋藏较深，地质条件复杂，而美国页岩气多分布于广阔的平原地区，外资企业所拥有的技术能够在多大程度上解决我国页岩气开发问题具有不确定性。二是技术的转移效果具有不确定性。外资企业所拥有的技术以及在后续合作中所开发的技术，以什么样的方式，或者在多大程度上转移给中石油或中石化，实现其技术积累和技术开发能力的提升，具有一定的不确定性。

8.1.2 “央企+地方政府+民企”合资模式

2012 年 7 月四川长宁天然气开发有限责任公司成立。该公司由中国石油、四川省能源投资集团有限责任公司、宜宾市国有资产经营有限公司和北京国联能源产业投资基金按 55%、30%、10%和 5%的持股比例联合组建，主要负责长宁区块的页岩气开发。该区块位于长宁—威远国家级页岩气示范区内，涉及宜宾市长宁、珙县、筠连、兴文 4 个区县，总面积 4 000 km^2。国家能源局《关于支持四川省与中国石油天然气集团公司联合勘探开发页岩气的复函》中明确提到，组建的这家公司可按规定享受相关优惠政策，包括财政补贴、探矿权和采矿权使用费减免、进口设备关税减免、用地优先审批等。

页岩气的勘探与开发需要投入大量资金，对技术要求也很高，民营企业即使成功竞标，独自投身页岩气勘探与开发领域也存在着极大风险。而这种模式，民企在分得一杯羹的同时，也最大限度地降低了自身的风险[①]。然而页岩气开发所在地的县级政府部门，却在页岩气开发领域失去了话语权。

①特点：央企、地方政府、民企共同组建合资公司，央企绝对控股。

②优点：央企可以通过出让部分股权获得地方政府的支持，地方政府通过介入页岩气开发可获得部分利润，在当地有可能形成页岩气的相关产业，解决就业，增加税收。民企的介入可积累页岩气开发经验，获得投资回报。

③缺点：民营企业需要承担极大的页岩气勘探与开发风险，以及投资回报不确定性所带来的财务风险。

8.2　重庆市页岩气开发模式现状分析

8.2.1　重庆市页岩气“央地合资”开发模式简介

重庆市的页岩气开发主要采取“央地合资”模式。中石化与重庆市燃气公司、涪陵区政府等共同出资组建中石化重庆涪陵页岩气勘探开发有限公司、中石化重庆天然气管道有限责任公司、中石化重庆涪陵页岩气销售有限责任公司，3 家公司均已完成内部结构搭建和名称预核准[②]，将形成涪陵页岩气勘探开发、管道输配、消纳利用的商用产业链。上述 3 家页岩气合资公司与此前动工的中石化重庆涪陵页岩气 LNG 工厂都以央地合作的模式运营，基本形成涪陵页岩气勘探开发、管道输配、消纳利用的完整产业链。而对于 3 家合资公司以及重庆通汇的央地股权分配结构，目前尚未有披露。

① 央企民企联手进军页岩气行业. 中商情报网（http：//www.askci.com），2012-07-24。

② 重庆建页岩气合资公司，或普及央地合作模式. http：//www.chinagas.org.cn/hangye/news/2014-05-06/15909.html.

8.2.2 重庆市页岩气"央地合资"开发模式分析

合资模式就是各取所长，利用合作方的本地资源打开页岩气市场。央地合作给重庆地方政府带来财政收入的同时，央企亦得到了相应的市场资源。例如，两次参与央地合作的重庆市燃气公司主要业务包括城市燃气储、输、配、售和压缩天然气经营等，其天然气供应范围已覆盖重庆市 24 个区县，服务客户 342 万户。

①特点：央企、地方政府共同组建合资公司，央企绝对控股。

②优点：央企可以通过出让部分股权获得地方政府的支持和就近的消费市场，地方政府通过介入页岩气开发可获得部分利润，在当地有可能形成页岩气的相关产业，解决就业，增加税收。

③缺点：地方政府需要承担一定的页岩气勘探与开发风险，以及投资回报不确定的风险。

8.3 页岩气开发示范模式构建的影响因素

通过前面对国内主要页岩气开发模式的优缺点分析，结合政策环境以及重庆市页岩气开发的实践，可以分析出影响重庆市页岩气开发示范模式构建的因素。

8.3.1 影响因素现状

（1）页岩气探矿权现状

我国页岩气资源条件好的区块与几大国有油企登记的常规油气区块大面积重叠，按目前的政策只能由现有油企主导开采。而国有油企业务重心是常规油气，对页岩气投入有限。

虽然国家规定可以向其他投资主体出让页岩气探矿权，但是从 2011 年以来进行的两轮页岩气招标来看，招标区块的地质条件和资源储量都比较差。因此，在推进页岩气的大规模商业化开发应用过程中，如何解决企业间的利益矛盾，协调交叉作业，划分具体的责任和业务，防止出现像煤层气开发那样——有开发权的企业缺乏积极性，有积极性的企业却又开发不了的局面。

（2）技术分工体系

市场化的技术分工体系可以有力地推动页岩气相关技术的发展。目前礁石坝试验区钻井主要与江汉钻井、中原钻井合作（现有 41 支队伍），试气与中石化江汉石油工程有限公司井下测试公司、中石化中原石油工程有限公司井下特种作业公司合作，测录井与中国石化江汉油田测录井公司、中原油田地球物理测井公司、南阳测录井公司合作，技术服务与斯伦贝谢、北京一龙恒业石油工程技术有限公司、安东石油技术（集团）有限公司合作，形成了较为完善的技术分工体系，其中系统外占合作单位的 35%。

（3）管网建设

页岩气开发中，管道是个重要环节，包括基础设施和监管体制两个方面。如果没有加快天然气管网基础设施建设，一方面难以减缓迅速上升的天然气需求对管网运输的压力，另一方面不利于页岩气外输利用和开拓下游市场。2014 年 2 月 13 日，国家能源局印发《油气管网设施公平开放监管办法（试行）》，将有助于油气管网设施公平开放，提高油气管网设施利用效率，建立公平、公正、有序的市场。从基础设施上看，重庆市管道建设起步较晚，但在近年来快速发展的情况下，到 2015 年，重庆市所有区县可实现天然气气源管输化与城区管网全覆盖[①]。

（4）页岩气产业链的构建

页岩气产业链从上游到下游，除了页岩气本身的产业外，还包括相关产业链。重庆市市长黄奇帆就重庆市计划成为中国页岩气主战场的构想做了详细解读：重庆的页岩气发展分为三个层面：一是勘探开采，二是深加工，三是做页岩气的装备制造产业[②]。页岩气上游产业主要是勘探、规划等，该产业难以支撑重庆其他产业而形成较大的市场规模。但是相关设备，如仪器、仪表等产品、配件，在石油企业中采用采购方式，形成了一定的外部市场，重庆企业可以进入该产业链中。对于中游而言，包括开采、工程技术服务、装备产品等，是重庆页岩气产业发展的重点之一。此外据调查，在页岩气开采过程中存在一些环境问题，如污水、废渣、地质灾害等须处理，在处理过程中需要当地政府部门参与，可以把当地环保

① 重庆启动天然气“县县通”，2015 年城区管网全覆盖. http：//www.cq.chinanews.com.cn/n/20121226/368289.shtml.

② 黄奇帆眼中的页岩气产业链. http：//finance.eastmoney.com/news/1355，20120817245296544.html.

产业融入其中。对于下游，主要是储运、燃料与化工，是开发企业实现收益的重要市场，本地政府、企业可以完全参与。

（5）投资主体

目前主要的页岩气投资主体包括三类：一是拥有页岩气开发技术和经验的外资企业；二是有一定资金能力和开发意愿的内资企业；三是地方政府。

1）外资企业

对于常规油气，中石油、中石化和中海油拥有对外合作专营权；对于煤层气，对外合作经营权的主体扩大到中联煤和河南煤层气等公司。但是对于页岩气，虽然中石油与壳牌石油公司在 2012 年 3 月就四川盆地富顺—永川页岩气区块签署产品分成合同（这是中国首个也是目前唯一进入产品分成合同阶段的中外页岩气合作项目），但国家发展改革委和国土资源部仍未就具体合作方式出台相关管理制度。

2）内资企业

国际能源咨询公司伍德麦肯兹（Wood Mackenzie）亚太区天然气研究中心主任加文•汤普森（Gavin thompson）[①]指出，70 多家对页岩气第二轮招标感兴趣的中国公司，大多没有油气产业上游勘探开发经验，更别说页岩气。因此他们需要与外国有经验的公司合作。但是在现有政策框架下，这些中国公司还无权与外资公司签署产品分成合同，因此目前的接触都停留在探讨合作可能性的阶段。

3）地方政府

在这股页岩气热潮中，地方政府的角色颇为重要。2011 年年底，得到重庆秀山区块的河南煤层气与重庆渝北区人民政府签署了战略合作协议，并与重庆地矿院组建重庆豫顺新能源开发利用有限公司，以豫顺项目公司的名义对秀山区块进行勘探开发，现正进入二维地震勘探阶段。2012 年，华电集团与湖南省政府、华能集团与云南曲靖市政府分别签署战略合作协议。2014 年 6 月 26 日，国家开发投资公司与重庆市政府签约，成立国投重庆页岩气开发利用有限公司，双方合作涉及 300 亿元投资额。在国家开发投资公司看来，与重庆合作开发页岩气，是抢占页岩气开发利用制高点的战略举措，一旦重庆页岩气开发好了，渝东南、渝东北有望变成中国内陆的沙特阿拉伯[②]。

---

① 伍德麦肯兹：中国页岩气 2020 年产量目标难实现. http：//companies.caixin.com/2012-06-13/ 100400396.html.

② 国投携手重庆市开发页岩气资源. http：//www.sdic.com.cn/cn/zxzx/mtbd/gtbd/webinfo/2012/06/1340842842240029.htm.

8.3.2　影响因素分析

下面进一步对探矿和采矿权主体层面，投资主体在探矿和采矿权、技术分工、管网建设和产业链构建等方面进行比较优势分析（表 8-1）。

表 8-1　重庆市页岩气开发投资主体间的优劣势比较分析

	开发投资主体		优势	劣势
1	探矿和采矿权主体层面	四大油企	①控制了主要的页岩气区块； ②具有排他性的独立勘探和开采权	①需地方政府在基础设施、地方资源、地方产业配套和页岩气消纳等方面提供协调和培育； ②对页岩气开发的投入相对有限
2	投资主体选择层面	外资企业	①外资企业具有丰富的页岩气开采经验； ②成熟的开采技术； ③资金实力和风险承受能力	①不具有独立勘探和开采权； ②文化差异负面影响； ③国家层面的合资政策不明朗； ④外资技术的可复制性和技术转移效果具有不确定性
3		内资企业	①具有短期投资的经济能力； ②机制灵活，决策效率高	①不具有独立的勘探和开采权； ②缺乏油气产业上游勘探开发的经验； ③国家层面的政策不明朗； ④页岩气长期连续投资的经济承受能力有限； ⑤缺乏管网配套能力； ⑥缺乏同页岩气产业链企业间的协同
4		地方政府	①具有很强的服务配套、资源协调能力； ②本地企业具有一定的技术和装备配套能力； ③科研院所积累了常规天然气勘探开发经验； ④天然气管网较为发达，利于页岩气的输配； ⑤大型化工企业需求量大，有利于页岩气的消纳； ⑥出台页岩气产业发展激励政策	①不具有独立勘探和开采权； ②不具有开采经验和能力

（1）探矿和采矿权主体层面

四大国有油企控制了主要的页岩气区块，具有绝对的排他性。由于目前页岩气开发成本过高，四大油企主要投资依然锁定在常规油气田。国家和地方层面推动页岩气开发、开采的积极性很高，但存在较大的进入障碍。矛盾为：排他性的页岩气区块控制权同其他投资主体进入意愿和能力之间的矛盾。四大油企在勘探和开发过程中也急需地方政府在基础设施、地方资源、地方产业配套和页岩气消纳等方面提供协调。

（2）投资主体选择层面

1）外资企业的优劣势分析

优势：外资企业具有丰富的页岩气开采经验、成熟的开采技术和资金实力。

劣势：①不具有勘探和开采权。②文化差异可能对合资企业的运作带来负面影响。③国家层面的政策不明朗：发展改革委和国土资源部仍未出台具体合作方式的制度。④重庆市区块地质条件复杂，外资技术的可复制性和技术转移的效果具有很高的不确定性。目前，重庆的地质条件比美国复杂，美国的一些技术直接引进来可能会出现“水土不服”的现象，包括在涪陵地区的一些技术方法拿到其他地区也可能出现不适用的情况。页岩气生产需要大量钻井和水资源，我国是一个水资源严重不足的国家，还需要更多的技术创新以获得多种解决方案。因此，这些技术还需要在实践中不断地探索和完善。

2）内资企业的优劣势分析

优势：具有短期投资的经济能力，机制灵活，决策效率高。

劣势：①不具有勘探和开采权。②缺乏油气产业上游勘探开发的经验；对页岩气涉猎极少。在第二轮招标中，就出现了房地产企业进入页岩气开发领域的情况。③国家层面的政策不明朗：发展改革委和国土资源部仍未出台具体合作方式的制度。④页岩气长期连续投资的经济承受能力有限。⑤缺乏管网配套能力。目前，天然气管网均为三大油企或地方国有企业控制。⑥企业的逐利行为导致页岩气产业链间缺乏协同，阻碍整个产业链的有序形成，不利于页岩气勘探开发技术和装备产业链的快速搭建。

3）地方政府的优劣势分析

优势：①具有很强的服务配套愿望，很强的资源协调和配套能力。②本地企业具有一定的技术和装备配套能力。③科研院所积累了常规天然气的勘探开发经验。④本地天然气管网较为发达，有利于页岩气的就地输配。⑤本地大型国有化工企业需求量大，有利于页岩气的消纳。⑥本地有相应的页岩气激励政策。

劣势：①不具有开采经验和能力。②不具有开采权。

从前面的探矿和采矿权层面、投资主体的优势劣势比较分析，可以看出：

一是在目前的国家政策体制下，各种投资主体只能通过联合拥有页岩气勘探和开采权的四大国有企业进入我国的页岩气开发领域。

二是由于页岩气开发存在较大的技术和经济风险，就目前而言，缺乏中国开采经验的外资企业和无开采经验的内资企业进入国内页岩气领域的不确定性很高，企业积极性不大。

三是拥有页岩气勘探和开采权的四大国有企业必须得到地方政府的协调、地方产业的配套和页岩气的就地消纳市场的培育，才能降低页岩气开发的部分成本，从而快速促进页岩气的勘探和开发技术的快速发展。

8.4　页岩气开发示范模式选择

8.4.1　重庆市页岩气开发模式的发展基础

（1）重庆市“央地合资”模式发展良好

重庆市的页岩气开发主要采取“央地合资”模式，发展良好。由重庆市政府、中石油、中石化、重庆市燃气公司、涪陵区政府等构建了合资企业。合作企业业务涵盖了页岩气勘探开发、管道输配、消纳利用的商用产业链，有力地促进了页岩气产业的发展。央地合作给重庆地方政府带来财政收入的同时，在当地形成了页岩气相关产业的雏形，解决了当地就业，带来了税收的增加。

（2）重庆市城乡一体化建设进程加快，需求潜力较大

早在2007年，国家发展改革委能源局副局长吴贵辉就指出：中国大多数农村地区，特别是中西部地区农村能源应用条件仍然很差，能源基础设施落后，能源供给能力不足，服务体系不健全，清洁高效能源较低，农村能源已成为制约农村生产生活条件改善的重要因素。表现为许多农村地区能源缺乏，主要依靠秸秆等

低效燃料直接燃烧，绝大部分地区没有天然气、煤气等管道体系；农村能源的清洁化比例低，用能基础落后，使用极不方便。特别是由于能源短缺，许多取暖设施没有保障，农村居民生存条件艰苦，环境卫生条件和舒适度较差，严重制约着农村生活条件的改善[①]。预计 2015 年居民和商业用气达到 56.7 亿 m^3，占重庆市总体天然气需求的 30.40%，需求潜力较大。

8.4.2 重庆市页岩气开发模式发展的难点

通过分析我国和重庆市页岩气开发模式的影响因素及存在的问题，发现重庆市页岩气开发模式的推进存在以下难点：

①市级缺乏页岩气探矿权和采矿权的管理权限，影响页岩气“央地合资”模式的完善。在推进页岩气的大规模商业化开发应用过程中，由于缺乏相关权限，重庆市政府在解决企业间的利益矛盾、协调交叉作业、促进有开发权的企业的积极性等方面作用有限。

②重庆市政府的投资路径不明。重庆市政府应该根据重庆市页岩气产业链的发展阶段、产业布局和开发模式明确投资路径，包括进入和退出机制。目前，重庆各个页岩气区块组建的合资公司中，几乎都有重庆市政府的参与，建议重庆市政府在参与页岩气区块合作的同时，明确政府在页岩气发展各个阶段的作用，明确投资路径的进入和退出机制。

③扶持政策单一，缺乏差异化和体系化。由于重庆市在页岩气技术储备、开发、消纳等各个环节的发展参差不齐，特别是中端和终端的消费需求引导政策还未形成体系，亟待出台差异化和系统化的扶持政策，以促进本地页岩气相关产业的发展。

8.4.3 重庆市页岩气开发模式发展的选择

按照重庆市领导关于重庆页岩气发展分为勘探开采、深加工、页岩气装备制造产业 3 个层面，以及整个页岩气产业链大致可以产生 4 000 多亿元产值的构想；基于对我国探矿和采矿权层面、投资主体的优劣势的比较分析，本节构建了两类

---

① 中国将建设城乡一体化的能源工业服务体系.http：//www.china.com.cn/news/2007-11/23/content_9280116.html.

主要的开发模式，以支撑不同产业和地方经济发展的需求。

（1）“央企+地方政府”开发模式

预计 2015 年工业用气达到 56.7 亿 m^3，占重庆市总体天然气需求的 61.56%。因此，针对近期技术可开采量较大的区块，可通过市场机制，发挥拥有探矿和采矿权的央企以及各投资主体的优势，构建以“央企+地方”为主、适当引入下游产业链企业参与的开发模式，以满足精细化工产业的原材料和能源需求。

四大油企虽然控制了主要的页岩气区块，并具有排他性的独立探矿和开采权，但也需地方政府在基础设施、地方资源、地方产业配套和页岩气消纳等方面提供协调和培育；并且其对页岩气开发的投入相对有限。因此，“央企+地方”的结合，可以发挥央企的资源优势和采矿权优势，以及地方政府在勘探和开发过程中的资源协调与配套、产业配套、下游产业链企业对页岩气产品消纳等方面的支持政策；在纵向开发技术上，以技术市场需求为导向，采取适当的技术分工模式，发挥各专业服务公司的技术优势、配套能力和规模优势，快速实现技术上的突破和规模效益。

（2）城乡一体化开发模式

对于区块技术可开采量适中、无法满足大规模企业需求，但靠近小城镇的区块，可结合当地城乡一体化建设进程，发挥拥有勘探和采矿权的央企以及各投资主体的优势，构建“以央企为主，地方政府和企业参与”的开发模式，实现当地城镇基础设施、产业发展的城乡一体化开发模式。

这种开发模式不仅可以充分利用央企的资源优势和采矿权优势、地方政府小城镇的配套基础设施建设机遇，还可以发挥地方企业的灵活性和资金实力，降低页岩气的开发配套成本；在纵向开发技术上，采取适当的技术分工模式，发挥各专业服务公司的技术优势和规模优势，服务地方居民用气的需求，实现页岩气的就地利用。

央企和地方企业不仅参与页岩气的开发、输配，还可以通过合作发展城镇及农村产业，增加居民收入，化解当地居民在页岩气开发中补偿不足形成的社会矛盾；通过有效规划、产业布局、退耕还林等方式，创建更好的生态环境，避免生态破坏带来的问题，为开发公司增添新的收入来源。

8.4.4 建设重庆市页岩气开发示范模式的对策

通过分析我国和重庆市影响页岩气开发模式的因素及存在的问题，并借鉴美国页岩气开发成功的四个因素，最后针对满足精细化工产业原料需求的开发模式和城乡一体化建设开发模式的构建，提出相关政策建议。

①呼吁将页岩气的矿权下放至省级管理，突破体制障碍。将矿权下放至省级管理，探索部省两级的监管体系，突破体制障碍，更有利于调动地方政府积极性，打破中石油和中石化两家独大的局面，更有利于页岩气市场的开放和社会资本的进入，激活页岩气及相关产业的发展。

②延伸重庆市政府的投资路径，发挥政府的引导作用。重庆市政府应该根据重庆市页岩气产业链的发展阶段、产业布局和开发模式明确投资路径，包括进入和退出机制。目前，重庆各个页岩气区块组建的合资公司中，几乎都有重庆市政府的参与，建议重庆市政府在参与页岩气区块合作的同时，也应与相关配套企业合作，进入精细化工产业原料需求链、地方小城镇居民需求链的基础设施构建中，打通“产—供—销”的通路，形成积极的引导和示范作用。

③制定差异化的开发模式扶持政策，以中端和终端的消费需求为导向，构建较为完整的两个层次产业链。应根据重庆市页岩气产业发展需求，并结合重庆市页岩气装备制造业、重庆市精细化工产业的发展情况，构建较为稳定的以页岩气为部分替代原材料的化工产业链；根据就近消化原则，依托城乡一体化建设，共享基础设施，建立以页岩气为燃料的需求链。并根据上述两个层次的需求链特性，制定差异化的扶持政策。

④建立页岩气装备和技术研发基金，扶持页岩气装备和技术的开发，形成较为完善和高效的页岩气技术开发和分工体系。政府通过建立页岩气装备和技术研发基金，鼓励对页岩气开采过程中的关键技术和装备实行协同创新、联合攻关，缩短技术和装备的研发周期。建立中小型专业公司风险基金，鼓励页岩气开发产业链的各个环节的专业公司，如地震公司、钻井公司等介入作业，实现页岩气开采的高效率和规模经济性。

第9章 重庆涪陵“油公司”开发模式分析

“油公司”模式的概念来源于西方，指的是石油公司以上游板块石油、天然气开采为生产经营主业，而不附带工程建设、油田服务、装备制造等专业化服务队伍的运作模式。本章首先分析了国际“油公司”管理模式和国际油服公司的发展模式现状；其次分析了我国“油公司”模式的发展历程与趋势；再次从涪陵“油公司”模式现状、优势、不足等方面，重点分析涪陵“油公司”模式的利弊，并提出深化改进的措施；最后总结提出页岩气行业发展建议。

9.1 国际“油公司”模式发展现状

9.1.1 国际“油公司”管理模式

（1）组织结构模式

国际“油公司”组织结构模式先后经历了从“职能制结构”到“事业部制机构”再到“矩阵制结构”的发展过程。最初“油公司”基本都采用按照流程不同环节的组织架构，通过相互联系的职能部门，将上下游产业联系起来。随着企业规模的壮大，“职能制结构”不能满足企业发展的需求，逐渐形成了“事业部制机构”的组织架构以及后来的职能制与事业部制机构相结合的矩阵制结构。

（2）财务管理模式

国际“油公司”财务管理模式结构上是以垂直管理结构为主的四个层次。第一层次为集团总公司，对业务经营管理公司进行独立核算，统计利润收入，并进行再分配；第二层次为业务经营管理公司，负责对利润进行统计，由集团总公司进行核算；第三层次为业务经营管理公司设置的经营性子公司，经营性子公司不具备独立核算能力，由业务经营管理公司对其进行利润和成本核算；第四层次为一线生产作业区，主要对生产作业区的生产成本进行统计和控制。

（3）人才管理模式

国际油公司注重员工素质的提高，进行主动性和创造性激励，提供多样化岗位，将专业技术培训和管理能力培训相结合。针对不同层次的管理人才，提供三类培养：一是领导人才和储备人才培养；二是部门管理人才和储备人才培养；三是专业技术领域人才和储备人才培养。构成了领导、管理和专业技术全梯队的人才层次，使企业人力资源得到最大限度发挥，增强了企业的竞争力。

总体来看，国际油公司在组织机构模式上已建立了矩阵式结构，既加强了部门间的横向联系，又加强了部门间的纵向协作能力；在财务管理模式上，国际公司通过纵向垂直式的财务管理结构，使财务管理机构更为清晰简洁；在人才管理模式上，根据不同层次人才，进行培养和激励。

9.1.2　国际油服公司发展模式

“油公司”模式发展离不开油服公司的支持。斯伦贝谢、哈里伯顿和贝克休斯是世界三大油服公司。三大油服公司通过内部的发展和外部的收购，从成立之初的单一业务，逐步发展成为一体化的跨国油服公司。三大油服公司的发展模式对我国页岩气技术服务企业的发展具有重要的借鉴意义。

（1）国际化发展模式

任何国家的市场都是有限的，三大油服公司一直实行国际化发展战略，参与国际市场竞争。据统计，斯伦贝谢在全球有 140 多家分支机构，哈里伯顿的业务遍布全球 70 多个国家，贝克休斯在全球 90 多个国家开展业务，且三大油服公司的国外业务收入均超过本国业务。油服公司只有通过国际化经营，才能不断扩大国际市场的份额。

（2）一体化发展模式

三大油服公司通过利用自身在某一方面的专业领先优势，不断扩大其业务经营的广度和深度，向上下游延伸，提高公司的规模、业务收入和净利润水平。斯伦贝谢最初为单一业务的勘探公司，后来通过收购，逐步发展为集测井、钻井、固井、综合地震和油藏管理等为一体的综合技术服务公司。哈里伯顿成立之初主要以固井业务为主，后来逐步发展成为集综合服务和项目管理等于一体的一体化公司。贝克休斯同样也走向了一体化，具备了较强的竞争优势。

（3）技术领先发展模式

技术是油服公司发展的基础。三大油服公司都非常重视科技创新，投入大量研发资金进行新技术和新产品的研发。斯伦贝谢在全球有 22 个研发中心，2009 年投入 7.9 亿美元，截至 2007 年年底，拥有基本专利 3 397 件。哈里伯顿从 2009 年投入研发费用 3.25 亿美元，截至 2009 年年底，拥有行业相关专利 7 000 多件。贝克休斯在全球设置了三大生产研发中心，2009 年研发投入 4 亿美元。

（4）兼并、剥离和重组发展模式

三大油服公司在发展过程中不断剥离非核心业务和亏损业务，强化核心业务竞争优势，将资源和能力集中到具有竞争优势的业务上。为了保持公司在油田服务业的领先地位，斯伦贝谢近年来将重点集中于油田服务上。哈里伯顿近年将金融业务出售，专注于油服行业。

总体来看，国际油服公司一直致力于国际化发展，并逐步走向一体化发展，非常重视核心技术的研发与创新，并将主要精力集中到具有技术领先优势的核心业务上，在不断兼并重组过程中更专注于油服服务。

9.2 中国“油公司”模式发展历程与趋势

我国石油公司的发展先后经历了两个阶段：一是“石油会战”模式阶段；二是特色“油公司”模式阶段。目前正处于向国际“油公司”模式阶段的发展与转变中。

（1）“石油会战”模式

新中国成立之初，我国国民经济基础薄弱，一穷二白，需要集中力量办大事，最大限度调动全国的力量，这时期“石油会战”模式发挥了重要作用。“石油会战”模式阶段，我国逐步建立了从投资业务到油田技术服务、地面工程、装备制造和基地服务等完整的上游到下游的产业链。

（2）特色“油公司”模式

“石油会战”模式的发展使得我国具备了专业化队伍和社会化分工，这为建立中国特色的“油公司”模式奠定了基础。随着社会化和专业化分工，“石油会战”模式逐渐发展为具有中国特色的“大而全、小而全”的“油公司”模式。但这种“大而全、小而全”模式的优势到了后期成了负担，特别是在低油价下最为明显，低油价下依赖石油公司的服务队伍面临着业务压力。

（3）向国际“油公司”模式转变

三大石油公司虽设立了甲乙方分开的运作模式，但在选择乙方时，更倾向于选择集团内部公司，特别是在低油价时代，这种现象更为明显。国际“油公司”没有自己的服务队伍，而是采取招标的方式，在全世界选择最为合适的服务公司。此外，下属石油公司“大而全、小而全”的问题依然存在，服务公司力量分散，业务重叠、重复建设、内部恶性竞争、资源有待整合，更是国内油公司的负担。为适应更国际化、更高效的管理体制与机制要求，中国特色“油公司”模式将逐步向国际化“油公司”模式转变。

相比国际“油公司”模式，当前我国大部分企业在组织模式上仍是按照地域或者业务类型进行组织和管理，属于“职能制结构”。在财务管理模式上，我国企业缺乏较为灵活的财务结构设置，缺乏更为明确清晰的权责制度。在人才管理模式上，我国缺乏对员工积极性、创造性和主动性的激发。

9.3 涪陵“油公司”发展模式利弊分析

涪陵页岩气开发取得巨大成功，其中一个很重要的原因就是涪陵页岩气公司在探勘开发之初就建立了“油公司”的开发模式，建立了“油公司”的组织机构，推行市场化运作，实施项目化管理。

9.3.1 涪陵页岩气开发“油公司”模式现状

（1）“油公司”组织机构

涪陵页岩气公司以产能建设和气田开发管理等为核心业务，建立了钻井、试气、地面和采气四个主体工程项目部，以及气田开发部、生产运行部、工程管理部、企地工作部、计划管理部、思想政治工作部和党政办公室 11 个机关部门，建立了技术中心、监测维修中心、应急救援中心等 6 个支持中心为主体工程项目部提供支撑服务。涪陵页岩气开发公司初步建立了“油公司”的组织机构，机构设置精干高效。

（2）推行市场化运作

页岩气开发所有工程项目的设计、施工、监理和物资采购等都通过招投标管理，按照“生产急需、技术先进、信誉良好”等原则，择优选取具有法人资质的承包单位，建立了规范有序、公开公平、动态管理的市场化运用机制。

（3）实施项目化管理

在页岩气开发过程中，四个工程项目部作为工程建设、采气管理的责任主体，充分履行甲方在项目启动、计划、执行、控制和结束五个阶段的职能，抓好生产运行管理、安全环保监管、工程施工管理、施工队伍管理、投资控制等各项工作。

9.3.2　涪陵页岩气开发“油公司”模式的优势

①建立了高效的组织结构，通过明确各层次的任务和职责，实现企业的高效运行。公司管理岗位设置采用“总经理—常务副总经理—副总经理—部门主任—部门主管—部门副主管—业务主办—业务员”的结构；专业技术岗位设置采用“公司专家—技术主管—技术副主管—主任师—副主任师—主管师—助理师—技术员”的结构。各岗位设置均因事设岗，而非因人设岗和因权设岗，各层次权责明确，保证了企业的高效运行。

②建立了管理公司，通过专业化的技术和服务公司进行开发，降低成本并提高效益。从公司运行市场化运作来看，涪陵公司不在内部设立专业服务队伍，页岩气开发各相关产业服务均通过市场竞争，由专业化的技术和服务公司来完成。涪陵页岩气公司仅建立管理公司，不需要成立和管理各种生产辅助单位，能够有效降低成本，提高经济效益。

③通过项目化管理，工作协同效率大幅提高。项目化管理克服了以往按照专业分工划分的“接力式”工作模式，避免了重复研究和重复投资等影响勘探开发综合效益的情况。通过抓好过程管理，如生产运行管理、工程施工管理、施工队伍管理等各项工作管理实施，工作的协同效率大幅提高。

④制定了众多企业及行业标准。涪陵公司通过与乙方公司合作，共同制定了众多企业及行业标准。

9.3.3 涪陵页岩气开发“油公司”模式的不足之处

虽然总体上涪陵页岩气勘探开发公司采取的“油公司”开发模式取得了巨大成功，但在调研过程中发现其仍存在一定的问题以及进一步改进的空间。

涪陵页岩气开发“油公司”模式的弊端：

①具有管理优势，但缺乏核心技术优势。在管理方面，“油公司”模式具有较大的优势，但在核心技术方面，“油公司”模式出于对成本控制的考虑，将大量业务外包给各专业服务公司，造成技术优势的丧失。

②高油价情况下，外包业务可能面临一定困境。2013年涪陵页岩气开发的大背景是国际油气价格持续走低。在油气价格价走低的背景下，石油、天然气公司的投资大幅缩减，服务公司队伍面临市场萎缩。而当油气价走高时，服务公司队伍市场扩大，到时可能面临服务公司不够用，或者具有高服务质量的专业公司缺乏的困境。

③企业管理人员与公司员工缺乏有效激励。在现行体制下，企业所有权与经营权并未分离，涪陵公司作为独立法人但自主权不够，国有企业经理人在任免上也很难与经营业绩直接挂钩，经理人和职工队伍的收益呈现较强的刚性，变化和浮动范围较小。员工工资水平与页岩气产量不挂钩，挫伤了员工的积极性。

9.3.4 “油公司”模式需进一步深化改进的措施

①勘探工作可探索采用“油公司”模式。勘探工作仍由中石化总部在进行，涪陵页岩气开发公司并未实现完全意义上的从“勘探”到“开发”的“油公司”模式，而仅仅局限于开发方面，如钻井工程、试气工程和地面工程等的“油公司”模式。国际“油公司”从成立之初就建立了从勘探到开发的油公司模式，带来勘探和开发效率的提高。因此，在我国当前勘探率仍然较低的情况下，勘探方面可探索建立类似“油公司”模式的勘探模式。

②公司作为独立法人，责、权、利仍需明确。一般来说，“油公司”模式具有两个典型特征：一是追求利润和股东利益的最大化；二是企业运行的市场化。涪陵公司具备第二个典型特征，但不完全具备第一个典型特征。这主要是由当前的现实情况决定的。当前公司经理人的任命仍需要集团公司决定，且涪陵公司仍需

集团公司在勘探开发等长期投入的支持。而公司作为独立法人，需要进一步明确责、权、利。

③需要进一步建立有效的激励机制。“油公司”模式有利于建立现代公司管理结构，建立有效的激励机制，调动经营者和职工的积极性。但当前公司处处都要受到上级部门的约束，公司员工的收益并不直接与指标完成情况挂钩，难以调动员工的积极性。此外，生产经营单位与技术管理部门稍有脱节，降低了科研经费的使用效益。

④公司市场化运作仍需提高。在当前油气价格走低的背景下，整个中石化集团公司仍存在一定的内部市场保护要求，即选择的中标单位仍倾向于中石化集团下属公司。通过调研发现，市场化的合作单位多以中石化第一大胜利油田、第二大中原油田和江汉油田等为主；合作单位方面以钻井江汉工程公司和中原工程公司为主；试气方面以江汉井下测试公司、中原井下特种作业公司、胜利井下作业公司为主；地面方面以江汉地面工程公司为主；采气方面以江汉采气一厂、江汉采油厂为主；测录井方面以江汉测录井公司、中原录井公司为主；技术服务方面以中石化勘探开发研究院、中石化工程技术研究院等为主。

9.4 页岩气行业发展模式建议

截至 2017 年年底，涪陵页岩气田产气 60.04 亿 m^3，占我国页岩气总产气量的 66%，这无疑说明涪陵页岩气开发公司的“油公司”模式在现阶段形式下是非常成功的。基于此，本书初步提出了以下页岩气开发行业发展模式建议。

（1）复制和推广涪陵开发建设模式

涪陵页岩气勘探开发以来，探索形成了“油公司”体制、市场化运作、自主化创新、项目化管理的开发建设模式，创新形成了理论、技术、管理体系，以及互利共赢的企地合作模式，初步实现了国内首个页岩气示范区、示范基地的引领带头作用，为国内页岩气产业发展提供了有益的借鉴参考。为实现我国页岩气的大规模产业化，应加速推广和复制涪陵页岩气开发模式，组织学习借鉴涪陵页岩气开发的“油公司”模式，建立高效的组织结构、管理模式、人才模式，通过明确各层次的任务和职责实现企业的高效运行，通过专业的技术和服务公司进行开发，降低成本并提高效益，通过工作协同使工作效率大幅提高。

（2）深化“油公司”开发管理模式

当前涪陵页岩气开发按照现代化“油公司”模式组织生产，地面工程、钻井工程和试气工程等均面向全社会进行招标，有利于降低投资开发成本和提高效率，但上游页岩气整体勘探进程较为缓慢，目前我国页岩气勘探率较低。此外，主要油服业务和上游核心装备的采购呈现向“三桶油”体系内公司逐步集中的趋势，打破油气传统行业格局的趋势有逆转迹象。因此，需进一步深化“油公司”管理模式，尝试在上游勘探采用“油公司”模式。首先，允许“油公司”在拿到勘探开发权之后，采用市场化运作的方式进行竞标，由专业的勘探队伍或公司进行勘探。其次，进一步深化开发过程的“油公司”模式，地面工程、钻井工程和试气工程等面向市场全部专业化公司公开、公平、公正招标以提高开发效率。最后，建立绩效考核等激励手段，对企业的经理人和员工进行有效激励。

（3）整合培育页岩气产业服务公司

总体来看，当前我国页岩气开发服务公司和油服公司大都业务重叠，而且力量较为分散，缺乏像斯伦贝谢、哈里伯顿和贝克休斯这样的大油服公司。与国外油服公司相比，我国油服公司业务技术水平有待提高，装备不够先进、项目综合管理水平仍有所欠。建议进行服务公司资源整合，改变目前页岩气服务公司分散化、规模小的现状，按照集约化、专业化和一体化的原则，进行服务公司的重组，整合和优化资源和能力，建立以斯伦贝谢、哈里伯顿和贝克休斯为目标的一体化油服公司。此外，积极开发国际市场，支持页岩气服务公司走出去，在国外获得更大的市场份额和更大的发展空间，提高我国页岩气服务行业的国际竞争力。

重庆页岩气开发的产业链研究 第10章

本章首先分析了重庆页岩气产业链现状以及产业链优势、劣势、机遇与挑战，提出了重庆页岩气产业发展的4个重点产业：页岩气装备产业、LNG产业、环保产业与天然气化工产业。其次分析了产业链价值构成，其中勘探业产值15亿～25亿元、钻采业产值600亿～1 000亿元、环保业产值100亿元、储运业产值55亿～60亿元、天然气利用业产值300亿元，由此得出重庆页岩气产业未来的产值为1 000亿～1 500亿元。最后，提出了重庆提升涪陵焦石坝页岩气国家示范基地示范效果、每年增加1 000亿～1 500亿元产值、新增就业人数140万～210万人等页岩气产业发展目标。

10.1 重庆页岩气产业链现状

根据国内外页岩气产业发展与实践，页岩气产业链通常分为上游、中游、下游三个环节：上游的主要任务是寻找地下的气藏分布，一般分为勘探、开发规划等；中游的主要任务是进行页岩气的钻采、预处理；下游的主要任务是对页岩气进行储运、炼制、深加工及其成品的销售。由于页岩气的生产流程非常复杂和精密，因此上中下游还存在多个专业化分工的子流程，如图10-1所示。

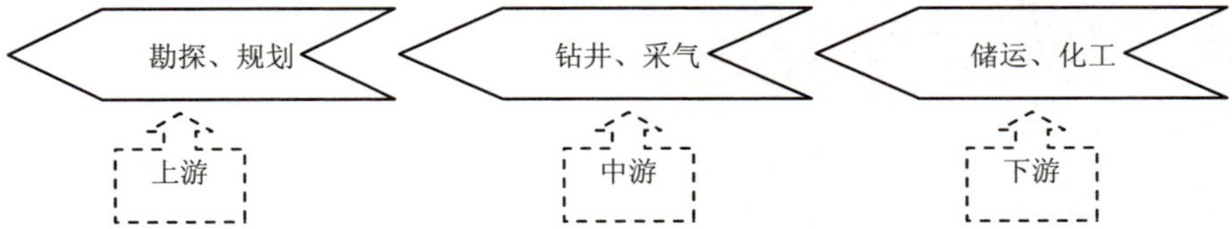

图10-1 页岩气产业链

10.1.1 上游产业现状

（1）勘探产业

页岩气上游产业主要是勘探、钻探，在重庆有部分单位涉及该领域，具有矿产勘查甲级资质的单位如表 10-1 所示。

表 10-1 重庆甲级地质勘查资质单位

编号	单位名称	业务资质
1	重庆市地质矿产勘查开发局南江水文地质工程地质队	液体矿产勘查甲级；水文地质、工程地质、环境地质调查甲级；地质钻（坑）探甲级
2	重庆一三六地质队	固体矿产勘查甲级；地质钻（坑）探甲级
3	重庆市地质矿产勘查开发局 107 地质队	固体矿产勘查甲级；地质钻（坑）探甲级
4	重庆开源地质勘探有限公司	地质钻探甲级
5	重庆地质矿产研究院	固体矿产勘查甲级
6	重庆市地质环境监测总站	区域地质调查甲级
7	重庆市地质矿产勘查开发局川东南地质大队	区域地质调查甲级；液体矿产勘查甲级；固体矿产勘查甲级；水文地质、工程地质、环境地质调查甲级；地球物理勘查甲级；地质钻探甲级
8	煤炭科学研究总院重庆研究院	气体矿产勘查甲级；地球物理勘查甲级
9	重庆市地质矿产勘查开发局 205 地质队	区域地质调查甲级；固体矿产勘查甲级；地质钻（坑）探甲级
10	重庆市地质矿产勘查开发局 607 地质队	固体矿产勘查甲级
11	重庆市地质矿产勘查开发局 208 水文地质工程地质队（重庆市地质灾害防治工程勘查设计院）	液体矿产勘查甲级；水文地质、工程地质、环境地质调查甲级；地质钻探甲级

除表 10-1 所示的单位外，还有中石油、中石化在重庆设立的钻探公司，如中石油川东钻探公司、中国石化集团石油工程西南有限公司重庆钻井分公司、中石化重庆涪陵页岩气勘探开发有限公司（2014 年 4 月由重庆市与中石化集团公司共同投资成立）、重庆页岩气勘探开发有限责任公司（2014 年 12 月由中国石油、国

投重庆页岩气开发利用有限公司、中化石油勘探开发有限公司、重庆地质矿产研究院共同出资组建）。

此外，重庆还有一些单位业务涉及矿产资源勘探，如重庆市地质矿产研究院、重庆开源地质勘探有限公司和重庆一三六地质队等：

①重庆市地质矿产研究院主要从事页岩气资源研究、勘查与开发等。

②重庆开源地质勘探有限公司具有地质钻探甲级资质；液体矿产勘查甲级资质；水文地质、工程地质、环境地质调查甲级资质；气体矿产勘查乙级资质；固体矿产勘查乙级资质。该公司主要从事地质钻探、液体矿产勘查、气体矿产勘查、固体矿产勘查、水文地质、工程地质、环境地质、地质灾害评估调查等业务。但是，该公司主要业务在地热领域，涉及页岩气钻探业务少。

③重庆一三六地质队拥有煤炭地质勘查、地质勘查（含固体矿产勘查、勘查工程施工）、煤矿生产能力核定、工程勘查、地灾评估、地灾勘查、设计、施工、市政设施维护甲级；水文地质、工程地质、环境地质调查、液（气）体矿产勘查、水文地质勘查、工程勘查、煤矿和非煤矿山安全评价、全国土地调查、土地规划、地质测绘乙级；地球物理等 11 个甲级、18 个乙组和其他资质证书。

从上述单位业务领域来看，除中石油、中石化下属单位涉足页岩气勘探业务外，主要是重庆市地质矿产勘查开发局及下属单位，如 107 地质队、205 地质队、208 水文工程地质队、607 地质队、川东南地质大队、南江水文工程地质队和重庆市地矿测试中心 7 个国有地勘单位。

（2）勘探相关装备产业

重庆部分企业也涉足页岩气勘探装备产业。如重庆地质仪器厂、重庆川仪自动化股份有限公司、重庆顶峰地质勘探仪器有限公司、重庆万马物探仪器有限公司和重庆生普石油设备制造有限公司。

①重庆地质仪器厂主要从事地质勘探仪器的开发、生产、经营，兼营数字仪表、环保仪器、汽车电器及电子仪器产品和社会有关机械电子一体化产品。该厂主要专业产品有：地震仪器系列产品，如 DZQ48/24/12 等各种型号的地震仪器、高分辨率地震仪、数字深层地震仪等，主要用于水文地质、工程地质、环境地质的基础调查及找矿；测井仪器系列主要产品，如综合数字测井系统，系统轻便工程测井，绞车控制器等各种测井产品、各种用途探管，测斜仪系列产品，主要用

于煤田数字测井、水文工程数字测井、固体金属矿测井、工程测井等。这些仪器广泛应用于地质找矿、工程勘查、地震监测、寻找地下水等领域。

②重庆川仪自动化股份有限公司是一个集科研、生产制造、销售、进出口贸易、投资于一体的大型企业。现为国内规模最大、产品门类最全、系统集成能力最强的综合性自动化仪表制造企业，荣获“中国电子信息100强”“中国机械工业100强”“中国电气工业100强”“重庆工业50强”等荣誉称号。公司主要生产和经营工业自动化控制系统及仪表、控制软件、分析仪器及成套系统、楼宇自动化系统、电气自动化系统、电子及仪表元器件、IT专用集成电路、功能材料、工艺工装设备等。

③重庆顶峰地质勘探仪器有限公司是一家在重庆市高新区注册成立的股份制高科技企业，公司主要从事地质勘探仪器、环境监测仪器的研发、生产及营销，地质灾害工程治理及技术咨询等。

④重庆万马物探仪器有限公司目前生产的地球物理勘探仪器有交直流电法仪、磁法仪、工程地震仪、声波仪、放射性仪器五大系列20余种型号及各种配件，已成为国内地球物理勘探仪器品种最齐全、系列化程度最高、市场规模最大的研发制作营销中心。

⑤重庆生普石油设备制造有限公司是2001年11月由原重庆石油仪器二厂改制而成的，是一家以石油电子信息产品为主要发展方向的科技型企业，主要从事石油勘探测试仪器仪表的研发和生产，产品方向为服务于油田测井和钻探，是国内最大的高温高压双侧向主电极的科研和生产企业。

10.1.2 中游产业现状

（1）钻采产业

中游产业主要是钻井开发业务，专业性非常强。主要由中石化、中石油公司承担。如中国石化集团石油工程西南有限公司重庆钻井分公司、中石化重庆涪陵页岩气勘探开发有限公司、中石油川东钻探公司、中国石油川庆钻探工程有限公司测井公司等。

这些主要是石油系统内部企业，承担了主要的页岩气钻采业务，重庆本地相关企业基本没有涉及该领域。

（2）钻采装备产业

重庆本土公司在页岩气钻采开发领域提供装备产品，如重庆胤合石油化工机械制造有限公司、重庆中重石油机械有限公司、重庆望江鑫祺机械有限公司、重庆天艺石油钻采工具有限公司、重庆凯一鑫石油钻井设备有限公司、重庆凯淼润石油钻井设备有限公司、重庆磊亿石油机械设备有限公司、重庆市德润石油设备有限公司、重庆汇康石油设备制造有限公司、重庆茂川石油设备有限公司等。

①重庆胤合石油化工机械制造有限公司是一家集研发、制造、销售及服务于一体的专业化从事石油、天然气钻井采油设备、配件、工具及化工机械产品的企业。

②重庆中重石油机械有限公司成立于 1997 年，为气田专门设计生产各种规格型号的整体式防喷管线、整体式防喷、放喷弯头、整体式 S 弯管、放喷管线、压井管线、进液管线、排气管线、排液管线、泄荷管线等。

③重庆望江鑫祺机械有限公司是集研发、设计、生产制造、销售石油钻采工具与钻采装备于一体的专业化公司。

④重庆天艺石油钻采工具有限公司是一家从事抽油杆扶正器、抽油杆扶正刮蜡器、抽油井自动清蜡装置等石油设备经销批发的私营有限责任公司。

⑤重庆建华地质石油钻探物资有限责任公司主营石油、地矿、水电、煤田、冶金、交通、城建等勘探行业的钻探设备、钻探工具和钻探用品。

⑥重庆前卫海洋石油工程设备有限责任公司（以下简称前卫海洋石油）隶属中国船舶重工集团公司，该公司为石油天然气行业提供井口装置及采油树控制解决方案以及相关技术支持的一体化服务，包括设备提供、项目管理、设计、工程建设、现场安装调试、培训和维护以及交钥匙工程等。

⑦重庆虎溪电机厂是隶属中国兵器装备集团公司的国有独资大型二类企业（央企），是兵器装备集团唯一一家专业电机电器制造企业，是国家研制和生产军用特种电机、微特电机的专业厂家。在石油机具上，形成四大系列 100 多个品种，广泛应用于渤海油田、新疆油田等 20 多个油田，并出口美国、加拿大、叙利亚和中东等国家和地区。

10.1.3　下游产业现状

下游产业包括的范围很广，涉及天然气（页岩气）储运、天然气燃料与化工等，尤其是天然气化工涉及众多行业与产品。

（1）天然气储运产业状况

天然气大量采用管道运输，少量采用液化等车辆、船运方式。重庆有天然气集输装置400多套，集气站、增压站70多座，天然气输气管网总长达到3 000多km，输气管网遍布整个辖区。中石化、中石油公司的管道公司承运了主要的管道运输任务。天然气只有通过主管道（中石化、石油公司）到了城市、工业园等门站后，才能进入城市管道。因此，重庆天然气储运产业主要涉及天然气液化、城市管道公司等。目前主要是：

①重庆燃气集团股份有限公司。该公司是重庆市能源投资集团公司控股、华润燃气（中国）投资有限公司参股的国有控股企业，主要业务包括城市燃气储、输、配、售，基础设施建设，燃气工程设计、安装，燃气计量检测，压缩天然气经营。

②重庆凯源石油天然气有限责任公司。该公司是中石油下属公司，主要从事城市燃气输配、销售、压缩天然气（CNG）生产销售及天然气管道安装业务，拥有重庆市城市燃气供应特许经营权。公司下辖8个分公司和1个全资子公司，管理各类燃气用户 62.03万余户。供气区域主要分布在重庆市渝北、沙坪坝、江北、九龙坡、巴南以及长寿、万州、云阳8个区县。管理区域约1 060 km^2，包括北部新区、两江新区龙石工业园区部分区域、高新区、西永微电子工业园、西永综合保税区、农业园区、巴南界石工业园和台商工业园区等14个国家和市级园区，日供气能力最高时达230万 m^3。9座CNG加气站日加气车辆1.2万台次以上，为重庆市第二大城市燃气经销企业和最大的CNG销售公司。

③民生能源集团。该公司是集工民用天然气、CNG、LPG、LNG开发经营及能源化工于一体的跨区域大型民营企业集团，旗下有20余家全资子公司，并拥有全国最大、功能最全的工业用、民用燃气输配网络之一。

④重庆中和天然气开发有限公司。该公司成立于2008年，是国务院《城镇燃气管理条例》实施后首批通过重庆市经济和信息化委员会核准的管道燃气经营企业。公司主要从事天然气开发技术咨询服务、销售及天然气充装设备服务。

⑤重庆神州能源集团。该公司是一家集燃气工程设计、燃气工程施工、城市燃气经营于一体的能源企业，拥有6家全资子公司（重庆神州燃气工程设计有限

公司、重庆川东管道安装工程有限公司、重庆神州天然气有限公司、余庆县神州燃气有限公司、平坝县神州燃气有限公司、河北省大城县神州燃气有限公司），并参股芜湖港华燃气有限公司等。公司资产达 5 亿元以上。

⑥重庆方根天然气开发有限公司。原为重庆燎原天然气开发有限公司，始建于 2001 年，主要从事城市天然气技术开发与应用，是集民、工、商用天然气、CNG、LPG、LNG 的开发经营于一体的跨区域民营企业。

⑦重庆市众友天然气有限责任公司。由原荣昌县天然气公司改制而成，负责重庆市荣昌县城区及周边乡镇的民用、商用、工业用气，用户 6 万余户，年供气量 2 000 万 m^3。

另外，还有一些区县燃气公司，如重庆民生石柱天然气有限公司、中石化重庆天然气管道有限责任公司（由中石化与重庆市燃气公司、涪陵区政府等共同出资组建）、中石化重庆涪陵页岩气销售有限责任公司和重庆中石化通汇能源有限公司［2014 年 3 月，由中石化、重庆交通运输控股（集团）公司和重庆市燃气公司共同出资组建，以下简称“重庆通汇”］等。

天然气储运装备制造及服务企业如下：

①重庆燃气安装工程有限责任公司。是隶属重庆燃气集团股份有限公司的全资子公司，具有国家管道工程专业承包二级资质、压力管道安装（GA1 乙级、GB 1、GC1）许可证，承担重庆市主城区及周边区域燃气管道及设施的施工建设，以长输管道、城镇燃气管道、配（加）气站、民用气、公（营业）用气等的安装为主营业务。

②重庆市渝北区天然气有限公司。主要经营、安装天然气管道及设施等。

③重庆创安管道安装工程有限公司。主要承接市政公用工程、机电工程、油气类、燃气 GB 类、工业 GC 类整体系统安装工程（压力容器、气体、油、化工、蒸汽、流体介质、LNG、CNG、LCNG、液化气站、热力等），还可承接各类特种设备（压力管道）系统安装整体项目。

④重庆城开石油管道有限公司。是一家专业从事石油、天然气压力管道防腐生产和安装，燃气压力管道和市政工程用的绝缘接头、钢塑转换接头、引入管、燃气管网防雷连接件的技术研究、产品开发、生产制造、销售及管道服务的高新技术型企业。主要产品有：石油、天然气、化工、市政工程用各种规格的压力防

腐管道；压力管道工程的安装和技术服务；石油、天然气、城镇燃气埋地压力管道专用的整体绝缘接头、护壳式系列钢塑接头、丝扣式系列钢塑转换接头、全防腐系列钢塑引入管和 90°全防腐系列钢塑引入管、燃气管网防雷连接管件以及特殊管件的设计和生产等。

⑤重庆登煌石油燃气设备有限公司。主要产品包括石油、天然气、化工、市政等管道补口和补伤防腐热缩制品（热收缩套、热收缩带、冷缠绕带、补伤片、防水帽），城市管网用护壳等。

⑥重庆环能机电制造有限公司。主要经营减压阀等。

（2）天然气燃料产业状况

①城市燃气。根据重庆市政府办公厅出台的《重庆市天然气“县县通”管网建设实施规划》，2015 年，重庆市所有区县可实现天然气气源管输化与城区管网全覆盖，逐步形成一级主干管道+二级管道+工业园区配套管道+储气调峰与应急储备设施的安全、高效天然气供应体系。新建管道 75 条，总长 3 500 km，新增一级骨干管网（气源）供气能力 246 亿 m^3/a，新增二级管网供气能力 215 亿 m^3/a，总投资 120 亿元。2014 年，重庆市天然气消费量为 80 亿 m^3 左右，同比增长 12%以上。2015 年 1 月，重庆市用气量为 6.43 亿 m^3，同比增长 5.2%。其中：中石油供应 5.13 亿 m^3，同比增长 6.9%；中石化供应 1.3 亿 m^3，同比下降 0.8%。按用气类型分：民用气 2.59 亿 m^3，同比增长 12.1%；CNG 用气 0.58 亿 m^3，同比下降 1.7%；工业用气 3.26 亿 m^3，同比增长 1.6%。城市燃气产值占 GDP 比重逐年攀升，城市燃气工业总产值占 GDP 比重从 0.28%提高到 0.60%。

②天然气发电。2011 年 12 月，华能重庆两江新区天然气冷热电三联供项目获批，将建设 5 台 300 MW 级燃气-蒸汽联合循环热电联产机组，预计动态投资约为 67.39 亿元，用气量 900 万 m^3/d；2012 年 12 月，国电重庆分公司与忠县在忠县建设库区首个天然气发电项目，总投资 50 亿元，分两期建设 4×35 万 kW 的总容量。其中一期 2×35 万 kW，2013 年开工，2015 年建成投产；二期 2×35 万 kW，2016 年开工，2018 年建成投产。2014 年 4 月，大唐国际投资 60 亿元的重庆潼南天然气发电项目正式签约，该项目是冷热电三联产项目，规划占地约 400 亩，总投资约 60 亿元，其中一期工程投资规模约 30 亿元。据了解，天然气发电项目一期工程计划 2015 年完成，一期建成并达产后，预计年发电 39 亿 kW·h、年供热

量 624 万 GJ、年销售收入约 30 亿元。

③LNG 产业。2012 年 4 月，重庆首座 LNG 加气站于在西永大学城建成。2013 年，重庆 LNG 汽车仅几百辆，但中石油、中石化还计划在渝建造总量近 40 座的 LNG 加气站。此外，2013 年，重庆市发展改革委关于重庆市 LNG 规划的总体目标为：根据重庆市 LNG 汽车、船舶需求量以及企业或工业园区储备调峰需求，按照示范、推广和全覆盖 3 个阶段，在市内分步推进车用 LNG 加注站、船用 LNG 加注码头（站）、企业或工业园区 LNG 储备调峰站、本地天然气液化加工厂等 LNG 设施建设。同时，加快在全市范围内 LNG 公交、LNG 船舶、LNG 城际客运和 LNG 载重物流等燃油车船的替换和推广，力争 2015 年 LNG 车辆达到 1 万辆，2020 年 LNG 车辆达到 5 万辆。在此基础上实现 LNG 的储备—调峰—发电—供冷—供热“多位一体”的综合利用。

（3）天然气化工产业状况

1）化工产业

天然气化工产业包含的产业、行业、产品非常多，如图 10-2 所示。在重庆主要有四大天然气化工园区：重庆（长寿）化工园区、涪陵白涛化工园区与龙桥工业园区、万州盐气化工园区。此外，涪陵龙桥工业园区、潼南工业园区还有部分化工产业。

①重庆（长寿）化工园区。重庆（长寿）化工园区是重庆市政府规划建设的三大化工园区之一，是目前全国规模最大、产品最全、技术最先进的天然气化工基地。该园区规划控制面积约 31.3 km^2。园区规划为建成区、发展区和拓展区，主要发展天然气化工、氯碱化工、石油化工等产业。园区累计入驻企业达 207 家、项目 241 个，引资总额 1 783 亿元，其中世界 500 强企业 18 家、跨国公司 28 家、上市公司 34 家、投产企业累计达 124 家。园区建成区内有：国内最大的天然气化工化纤企业——中国石化集团四川维尼纶厂；国内最大的醋酸生产企业——扬子江乙酰化工有限公司（中国石化集团与英国 BP 公司合资）；国内最大的陆上天然气化工企业——重庆长风化工厂；国内最大的氯丁橡胶生产企业之一——重庆长寿化工有限责任公司；国内最大的天然气制甲醇 85 万 t/a 项目——重庆化医控股（集团）公司和日本三菱瓦斯化学公司合资等。2020 年预计产值达 2 000 亿元。

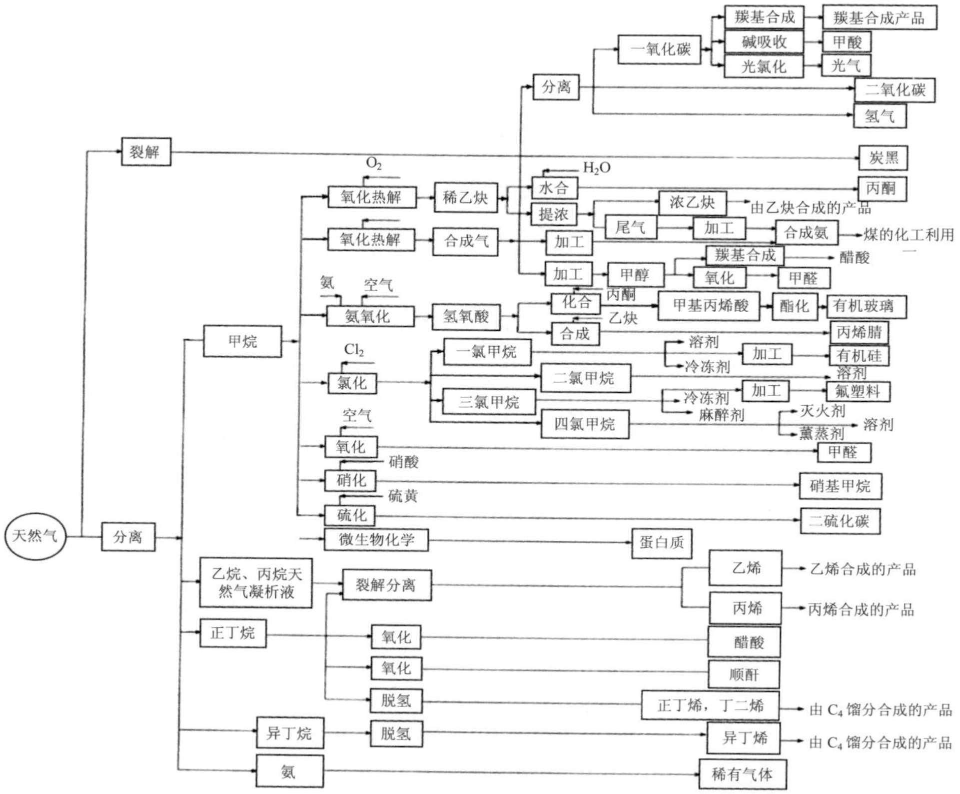

图 10-2　天然气化工及产品

②涪陵白涛化工园区。重庆白涛化工园区是重庆市政府规划建设的三大化工园区之一。园区地处涪陵区白涛街道，规划面积 15 km^2，发展定位为我国长江上游重要的基础肥料和天然气化工、氯碱化工及石化下游产品加工基地。园区现有重庆建峰工业集团、华峰集团有限公司、天原化工有限责任公司、重庆化医大家化学有限公司等多家企业。2020 年，预计产值达 1 000 亿元以上。

③万州盐气化工园区。万州盐气化工园区是重庆市规划发展的三大化工基地之一，以石油化工、天然气化工、纺织、机械和物流运输为重点，建成为重庆市重要的石化基地、长江上游最大的化纤纺织基地和区域性物流中心。入驻企业包括重庆市万植巨丰生态肥业有限公司、重庆三阳化工有限公司、重庆宜化化工有

限公司、重庆兰花太阳能电力股份有限公司、重庆华歌生物化学有限公司、重庆华伦精细化工有限公司、重庆索特盐化股份有限公司、重庆大全新能源有限公司、广州吉必盛科技实业有限公司等。“十二五”时期园区工业产值达到500亿元。

④重庆市涪陵龙桥工业园区。重庆市涪陵龙桥工业园区规划面积10 km^2，由南岸浦、北拱、石塔和石沱4个园区组团而成。园区发展定位为：以石油化工、天然气化工、纺织、机械和物流运输为重点，建成为重庆市重要的石化基地、长江上游最大的化纤纺织基地和区域性物流中心。围绕PTA，重点打造PTA—聚酯—化纤—纺织—染整—服装/家纺/产业用布和PTA—聚酯—瓶片/膜片—包装两大下游产业集群，形成PTA产业基地；以磷、氮肥为主，形成200万t生产能力，发展精细化工。重点规划布局发展60万t PTA装置、20万t聚酯及长丝装置、20万t聚酯及短丝装置、2万t非织造装置、2万t复合纺长丝装置及纺织工程、发展20万t瓶级聚酯装置、6万t PBT聚酯装置、3万t PTT聚酯装置、5万t涤纶工业丝及3万t帘子布装置。投资80亿元左右，产值将达到200亿元。

⑤重庆潼南工业园区。重庆潼南工业园区总体规划面积18 km^2，以涪江为界，分为南北两区。北区规划面积6 km^2，发展定位以精细化工为主，入驻企业包括重庆民丰化工有限责任公司、重庆新华化工有限公司、重庆市万利来化工股份有限公司三大用气企业，计划将精细化工产业发展为支柱产业。

2）化工装备产业

重庆建设有天然气化工相关装备制造企业，如重庆板式换热器有限公司、重庆天瑞化工设备股份有限公司等。

①重庆板式换热器有限公司。该公司是国内换热器厂家中规模大、规格全的一家生产型企业，集研制、开发、生产、加工、销售于一体。专业制造板式换热器、冷却器、冷凝器近30年，公司具有先进、雄厚的生产技术力量和大型金属加工设备，开发了适应各种制冷、加热、恒温的BR系列可拆型板式换热器和BRQ系列全焊式换热器；研制出既可承受高温、高压，又拆洗方便的BRG改良型板式换热器；为满足用户需求和巩固市场地位，又重金购进各种规格的进口生产设备、专加工SB、MB型进口系列可拆型板式换热器；产品通过ISO 9001—2000国际质量体系认证。

②重庆天瑞化工设备股份有限公司。该公司是由重庆市蜀东空气冷却器厂、

重庆化工机械厂、重庆市换热器研究所改制组建的专业从事空冷器、蒸发空冷器及其他高效换热器研发、设计、制造的股份制企业。生产的产品包括石化空冷器、蒸发式空冷器、甲醇/乙醇/PVC 空冷器、汽轮机乏汽空冷器、高炉软水湿式空冷器高效换热设备和压力容器等。

③重庆至上化工有限公司。该公司专业从事表面处理行业各类机械设备、水处理设备、废水处理设备的研发、生产及销售。

④重庆大冶化工设备厂。该公司主要生产塔、釜、换热器等产品。

⑤重庆建峰化工股份有限公司。该公司生产压力容器等相关化工设备。

10.1.4 支持产业现状

（1）金融产业

近年来，重庆金融业实现了高速发展，金融业增加值占 GDP 比重保持在 6%以上，成为地方重要支柱产业。2012 年重庆拥有各类银行 58 家，创新型金融机构总数达到 330 家，资本金超过 500 亿元，其中小额贷款公司开业总数 124 家，2013 年新增 26 家；融资性担保机构 122 家。已建成以银行、保险、证券为主体，其他多种类型金融机构并存，结构比较合理，功能比较完备的现代金融体系，金融业综合实力和竞争力位居中国城市前列。关于页岩气金融支持，由重庆两江金融发展有限公司联合多家国有企业共同发起的重庆联顺页岩气创业投资基金，是国内首只页岩气专业创投基金。但是，风险投资基金在重庆乃至国内融资市场尚不成熟，参与页岩气投资的较少。

（2）装备制造产业

重庆市形成了汽摩配套、化工装备、工程机械 3 条产业链。截至 2013 年，已形成工业销售产值 400 亿元的重庆机电集团，100 亿元的重庆船舶公司、宗申集团、力帆集团、隆鑫集团，70 亿元的四联集团等大型龙头企业，以及与大型龙头企业配套发展的一大批“专、精、特、新”、分工合理的专业化企业，基本形成了龙头企业带动关联企业共同发展的模式。

（3）技术服务产业

重庆市高技术服务产业保持稳步提升的良好发展势头，2012 年占 GDP 比重达到 3.6%以上。软件及信息服务业、研发设计服务业、创新服务业等主要产业领域发展速度大大超过工业平均增速水平，产业规模不断扩大。有各种服务机构414个，其中知识产权服务机构252个、创新条件保障服务机构19个、创新成果转化服务机构143个。初步形成知识产权服务业、创新成果转化服务业和创新条件保障服务业三大服务体系，为创新创业提供了充分的创业孵化、信息咨询、技术贸易、资产评估、知识产权法律服务等多种科技中介服务。但是，由于页岩气开发与利用专业性强，相关的技术服务机构较少。

（4）人才教育产业

重庆高等院校共有50多所，在工程与机械制造人才培养方面有较好的教育资源和基础，但是仅有重庆科技学院、重庆能源职业技术学院能够培养非常规油气方面的人才。相比四川、山东等省市，重庆人才培养基础较弱。2010年，中国石油大学（北京）油气资源与探测国家重点实验室重庆页岩气研究中心成立，重点从事页岩气勘探技术研究，对于高层次人才的培养还没有开展。2010年10月，重庆市政府批准重庆地质矿产研究院成立重庆市页岩气资源与勘查工程技术研究中心，开展页岩气工程技术研究。

10.2　重庆页岩气产业链优劣势与机会挑战

除页岩气本身的产业外，页岩气产业从上游到下游还包括其他相关产业链，下面将进行比较分析。

10.2.1　重庆页岩气产业链优势

（1）商业开采储量优势

重庆市页岩气资源较为富集，页岩气地质资源量约12.75万亿m^3，可采资源量达2.05万亿m^3，两项均列全国第三位。2014年，重庆涪陵焦石坝国家级页岩气开发示范区成为国内首个成功实现页岩气商业化开发阶段的示范区。截至2014年12月底，涪陵页岩气勘探开发有限公司已开钻148口井、完钻113口井、投产89口井，日产气能力达到750万m^3/d，年产气能力20亿m^3。目前，整个页岩气田已累计生产页岩气12.23亿m^3，其中2014年产气10.81亿m^3，占全国总产量的73.3%。2015年，涪陵页岩气田的产能将达到50亿m^3，计划2017年建成年产能 100 亿 m^3（相当于一个 1 000 万 t 级的大型油田），2020 年产能达到 150 亿 m^3。国土资源部评审认定，涪陵页岩气田储层厚度大、丰度高、分布稳定、埋深适中，是典型的优质海相页岩气田，新增探明地质储量 1 067.5 亿 m^3，并授予涪陵页岩气田“页岩气勘查开发示范基地”称号。

（2）优惠政策优势

重庆页岩气产业拥有的政策是国家普惠政策、西部地区优惠政策和三峡库区优惠政策的叠加。一是所得税优惠政策。重庆所有工业企业全部实行企业所得税率 15%的政策，远低于东部和中部地区 25%的所得税率。二是新产品减免税政策。新产品不仅免增值税，有的还可减免所得税和营业税等。三是鼓励就业的财税政策。吸纳残疾人就业的福利企业、吸纳下岗工人和库区移民达到一定数量的工业企业，都可享受该优惠政策。四是工业园区企业税收优惠政策。如重庆工业园区的政策环境与沿海开发区一样宽松等。2013 年重庆更成为全国唯一具有跨境贸易电商服务“一般进口”“一般出口”“保税进口”“保税出口”四种模式全业务的试点城市。

（3）交通区位与要素成本优势

重庆位居中国大陆版图的几何中心，承东启西、连南接北。国务院批准的《重庆市城乡总体规划（2007—2020）》将重庆定位为我国西南地区综合交通枢纽，原铁道部将重庆定位为我国五大铁路枢纽之一。目前，重庆平均地价仅是东部地区的 33%左右，工业用电、用气、用水价格仅是东部地区的 60%～70%，劳动力成本是东部地区的 60%左右，各种生产要素综合成本仅为东部地区的 50%～60%。而且，重庆正成为国家重要的石油、天然气、电力、煤炭等能源集输运基地，用电、用油、用气、用水环境都比其他地区更为优越。

（4）装备制造基础优势

重庆是我国近代工业发展较早、较成熟的城市，行业门类齐全，配套体系比较完善，是我国重要的汽车摩托车产业基地、装备制造业基地、常规兵器工业基地、仪器仪表基地等。大型制造设备齐全，加工能力和基础雄厚。

（5）下游产业优势

重庆是我国重要的天然气生产基地，依托丰富的天然气资源，已发展成为我国国内规模最大、技术领先的天然气化工基地。其拥有全国最大的乙炔、甲醇、醋酸、醋酸乙烯、聚乙烯醇、醋酸酯等生产装置，氢氰酸、磷铵、尿素、苯胺等装置具有国内先进水平，部分装置达到国际先进水平。中国石油天然气集团公司、中国石化集团公司、英国 BP 公司、日本大冢化学株式会社、香港建滔化工集团有限公司、美国斯泰克公司、云天化股份有限公司、国际复合材料公司、环球石化、美国普莱克斯、韩华、德国林德气体、中环保水务等 30 余家国内外大型知名公司已来渝投巨资建厂。

10.2.2 重庆页岩气产业链劣势

（1）勘探开发技术尚未取得重大突破，开发成本依然较高

页岩气勘探开发的关键技术与装备，主要包括水平井快速钻完井技术、测井技术与装备、压裂技术与装备、压裂工艺、压裂效果监测等。近年随着页岩气的勘探开发，我国逐步掌握了一些关键技术，如水平井、多段压裂、井工厂、桥塞等，但在实际的开发中，许多设备依然使用国外技术与设备，导致平均单口井开发成本和（6 000 万～8 000 万元，相当于美国开发成本的 3 倍以上）新增天然气（页岩气）单价较高，严重影响下游产业的发展。

（2）油气装备产业基础薄弱，发展缓慢

重庆市石油装备生产企业的产品相对独立，互补性差，且各自为阵，基本没有形成石油装备产业的聚集。而山东、四川由于多年的石油装备生产与研发，形成了较为完善的石油装备生产企业的集聚，为页岩气装备开发与生产起到了巨大的支撑作用，也为后续发展起到了推动作用。

（3）下游产业结构不尽合理，高附加值产品所占比重低

虽然天然气化工已初步形成有特色、技术先进的产业链，但由于天然气供应紧张和价格持续上涨，产业规模受到限制；没有布局大型炼油企业，有机化工原料本地配套率低，以上两因素制约了化工产业链的深度延伸，造成重庆市化工行业的总产值比例不协调。如 2012 年化肥的比重达 18.4%，比全国行业水平高 7.4 个百分点，专用化学品、合成材料的比重为 17.5%、13.2%，分别比全国行业低 7.7 个、3.4 个百分点。

（4）民营企业进入门槛高，融资渠道不畅

在第二轮招标中，有民营企业获得勘探权，进入页岩气勘查开发领域。但是，

我国地质条件与美国存在较大差异，页岩气勘探开发资金要求巨大，技术要求高，一般民营企业难以承担。而且目前招标的区块仅是取得勘探权，不具备开发权，无法保障勘探者的利益，民营资本进入积极性不高。另外，我国的风险基金市场不完善，进入勘探开发的风险基金很少，融资渠道受限。而在美国，85%的页岩气由中小公司生产，正是这些公司推动了技术的进步，使页岩气实现商业化开发。由于美国天然气行业完全开放，市场竞争剧烈，中小企业迫于生存而不断地进行技术创新，并转化为生产力，推动美国页岩气快速发展，实现商业化生产。而在页岩气成功实现商业开发后，美国大的石油巨头又对中小企业进行收购，实现了良性的滚动发展。

（5）人才缺乏，创新能力不足

由于重庆没有相应的研究机构，不具备硕士点、博士点资格，因此在培养页岩气开发的技术人才方面，远不如山东、四川，这是未来重庆页岩气装备技术产业发展的一个重要“瓶颈”。尽管有科研机构在重庆设立研发中心，但是人数很少，难以支撑未来页岩气产业发展的需要。此外，由于重庆以前石油装备企业很少，没有培养出大量的专业性人才；重庆也还没有机构或学校开展相关人才培养，对页岩气装备产业发展极为不利。

10.2.3 重庆页岩气产业链的发展机会

（1）国家政策鼓励发展页岩气产业

国家先后出台了《页岩气发展规划（2011—2015 年）》《页岩气开发利用补贴政策》《页岩气产业政策》等优惠政策支持页岩气加快发展。依据《页岩气开发利用补贴政策》，按页岩气开发利用量对页岩气生产企业直接进行补贴，在 2015 年之前对每立方米补贴 0.4 元。一些地方政府也拨出专项资金用于页岩气研究与勘探开发试验。

（2）天然气对外依存度逐步增高

据中国石油和化学工业联合会最近发布的《我国天然气发展面临的不确定因素》，2014 年我国天然气表观消费量为 1 800 亿 m^3，同比增长 7.4%，其中进口天然气 580 亿 m^3，对外依存度达 32.2%。根据国家发展改革委、国家能源局印发的《能源生产和消费革命战略（2016—2030）》，2020 年能源消费总量控制在 50 亿 t

标准煤以内，天然气消费比重占 10%以上，相当于 3 600 亿 m^3；国产常规天然气、页岩气、煤层气总计目标为 2 450 亿 m^3。天然气对外依存度由此控制在 32%以内。为保障国家能源安全供应，以上要求为页岩气开发及其产业发展提供了非常大的空间。

（3）未来国家清洁能源需求旺盛

我国正在致力于建设资源节约型和环境友好型社会，《国民经济和社会发展第十三个五年规划纲要（2016—2020 年）》指出，“十三五”期间单位国内生产总值能耗要下降 15%，二氧化碳排放量要下降 18%。然而，我国的能源结构以煤为主。2014 年我国煤炭占一次能源的消费量比重为 64.2%，消费量为 35.1 亿 t，天然气占一次能源消费量比重的 6%左右，仅为国际平均水平的 1/4。显然，作为一种清洁能源，天然气占我国能源消耗的比重很小，而且对煤炭的过度依赖已经使得我国政府面临着巨大的减排和环保压力，这就为通过页岩气的商业化生产实现我国能源结构转型提供了机遇。

（4）天然气价格改革

发展改革委宣布，从 2015 年 4 月 1 日起，我国天然气价格正式并轨，天然气发展空间将不断扩大。未来我国天然气市场的投资主体将更加多元化，投资机会将更加多样化。投资热点将转向进口 LNG、非常规天然气、天然气工业、车船加气站、发电等领域。在上游投资方面，将会吸引越来越多的实力投资体进入，包括进口 LNG 和非常规天然气。

10.2.4　重庆页岩气产业链面临的挑战

（1）页岩气埋藏深，开发成本高

我国页岩气层埋藏深度多为 1 500～4 000 m，重庆、四川等地的页岩气埋藏深度普遍在 2 600～3 000 m，而美国的页岩气层埋藏深度多为 200～2 000 m。我国页岩气藏储层与美国页岩气藏储层相比差异巨大。按照打一口井需 3 个月左右计算，综合下来我国开采成本为 2～3 元/m^3；相比较，美国的页岩气埋藏深度仅为 1 000 m 左右，储层厚度达数百米，单井钻井成本不足 2 000 万元人民币，完钻时间仅需一周左右，其页岩气开采成本是 1～1.27 元/m^3。高开发成本给我国页岩气开采及产业发展带来巨大压力。

（2）开发环境与水资源矛盾突出

页岩气开采主要采用水力压裂法，即将化学物质和大量水、泥沙的混合物用高压注入地下井，压裂附近的岩石构造，进而收集天然气。因而一些专家认为，开采页岩气的这些活动可能会影响环境，污染空气、水源和土壤。美国宾夕法尼亚州进行的一项研究显示，页岩气开采可能导致气井周围方圆 1 km 范围内的饮用水被甲烷、乙烷和丙烷污染。与美国相比，我国页岩气储存的地质条件相对更加复杂，多分布在南方丘陵、西部高原地区，埋深多在 3 000 m 以上。这些地区生态脆弱，稍有不慎就会带来生态环境问题。加之当前水力压裂技术仍是开采页岩气的主要技术之一，页岩气的开采要消耗大量的水资源，这也是面临的问题。重庆、四川等页岩气开发区域均在偏远的山区，人口相对密度较大、水资源相对缺乏，页岩气开发过程中，对周围环境存在较大破坏，环保压力大；在开发过程中，易破坏当地脆弱的地下水系，严重影响当地居民生活与生产用水；加之在开发过程中，需要大量的压裂用水，会出现生态与水资源紧张的矛盾。

（3）外部省市相关装备产业发展竞争激烈

在页岩气开发带来机遇的同时，四川、山东、重庆等省市明确提出大力发展页岩气装备产业。相比四川、山东两省具有较好油气装备基础与产业链而言，重庆相关装备产业非常弱，仅有少量的企业在生产相关产品，处于弱势地位。因此，重庆发展页岩气装备产业具有巨大的挑战。

（4）天然气化工产品市场竞争激烈

重庆市化工基地有大量的化肥、甲醇等生产企业。随着基础肥料产能过剩，氮肥、磷肥、钾肥和复合肥等大化肥已经成为拼杀火热的“红海”，大部分企业处于亏损状态。

出现这种现象的主要原因：一是由于煤炭价格下降，以煤炭为燃料的尿素生产成本降低，抑制了化肥价格上涨。二是我国化肥的出口形势严峻，化肥出口受限，为了缓解库存和资金压力，企业不惜降价销售，导致化肥价格下跌。三是重庆市很多区县实行测土配方，农户种植不再盲目地使用化肥，改用环保型的有机肥料，化肥用量有所减少，也影响了化肥销售价格。四是美国甲醇产量大幅增加，其原本出口欧洲的量会因为美洲甲醇的冲击而部分转移到亚洲地区，拉丁美洲仍为甲醇出口地之一，原本出口北美的甲醇在未来一段时间里也会部分转移到欧洲和亚洲，其产量会随着新产能的投放而进一步增加；亚洲地区除中国外产能增加有限，且亚洲地区内如二甲醚、甲醇制烯烃等对甲醇需求的增加，导致可供出口量减少。2014 年甲醇经济相较于 2013 年有所下滑，虽然表面上甲醇传统下游产业链依然稳步发展，但是作为国内贸易量巨大的化工基础原料，甲醇需求格局也在悄然变化，传统下游需求日渐式微，对于缓解甲醇高库存局面能力有限。

（5）矿权问题

我国油气矿业权主要在中石油、中石化、中海油和延长石油四大油企手中。国家现在只是把空白区的页岩气矿业权市场放开了，而 80%与石油常规区块重叠的区块还没有开放。鉴于页岩气区块与常规区块重叠，矿业权配置存在障碍，在第一轮、第二轮招标中向民企放开的区块大都是二三流区块。第二轮招标的 20 个区块与国有石油公司的现有区块相比，资源品质较差，大多处在盆地边缘，地质条件比较复杂。页岩气是非常规天然气中开采难度最大的，国有石油公司缺乏大规模投资的动力。在许多民企看来，真正让政策制定者和民企期待的是矿权垄断的放开，或者通过合作方式与其他企业共同开采，而这涉及更深层利益的调整。

（6）管网问题

发达的天然气管网可以大大降低页岩气储运成本。与美国相比，我国管网建设严重滞后，管网设施在第三方准入、市场开放等方面也是垄断经营，不利于降低开发成本。页岩气开采出来后，如何与中石油、中石化等管道所有者合作，还没有任何先例可供借鉴。中石油、中石化是否会允许其他企业使用其管道、是否会多收费、是否会找借口拒绝等，都难以预知。这些问题必须细化落实，尤其以后页岩气大规模开发、供需趋向平衡时，这种矛盾会越发凸显，成为制约页岩气勘探开发利用的“瓶颈”。

10.3 重庆页岩气产业发展重点

页岩气上游产业主要是勘探、规划等。页岩气区块勘探开发的归属权在中石化、中石油等。这些企业在长期的常规油气勘探开发中对外发包，能够掌控业务市场，已经在内部系统中形成了非常稳定的合作关系。除非难以完成的工作任务，其业务极少外包给石油系统外企业。因此重庆当地企业要想进入该产业，必须与中石化、中石油等央企合作共建，且在一定程度上还需要地方政府牵头。因此，该产业难以支撑重庆其他产业而形成较大的市场规模。但是相关装备，如仪器、仪表等产品、配件等，在石油企业中是采用采购方式的，这形成了一定的外部市场，重庆企业可以进入该产业链中。

中游产业包括开采、工程技术服务、装备产品等。开采和工程技术服务属于石油系统内部企业的专业业务范围，一般外包给系统内企业，外部企业参与难度大。但其开发使用的装备主要是外购，在国内外形成了非常大的规模市场。重庆如果能够生产质量优异或技术独特的产品，则可以进入中石油、中石化装备供应市场，这是重庆页岩气产业发展的重点之一。据调查，在页岩气开采过程中，存在一些环境问题，如废水、废渣、地质灾害等须处理，在处理过程中需要当地政府部门参与，可以将当地环保产业融入其中，如废水废渣处理设施、检测、环保产品等，这也是重庆页岩气产业发展的重要方向之一。

下游产业主要是储运、燃料与化工，是开发企业实现收益的重要市场，本地企业可以完全参与。储运包括管网生产与建设、LNG 液化设备与设施、民用与商用燃料、天然气化工产品，特别是 LNG 液化设备与设施、天然气化工重庆政府及当地企业可以完全参与掌控，是重庆页岩气产业发展的重点之一。通过上述分析，重庆能够参与并重点发展的产业如表 10-2 所示。

如表 10-2 所示，重庆重点发展的页岩气产业是页岩气开发装备、环保设施与装备、LNG 设施与装备、天然气化工及装备。

第一，页岩气装备产业。包括开发装备、环保装备、LNG 装备、天然气化工装备产品，其理由为：①市场规模大，根据国家页岩气产业规划，到 2020 年，页岩气产量达到 500 亿 m^3，按照每口井产量平均 6 万 m^3/d 计算，则单口井产量每年在 2 000 万 m^3 左右，共需要钻井 2 500 口，按照每口井 6 000 万元计算，共投资 15 000 亿元，未来 20 年估计达万亿元市场，根据装备投资占 30%估算，页岩气开采将会至少拉动 2 000 亿～3 000 亿元相关装备市场需求，每年新增产值 600 亿～1 000 亿元。②机械制造设备基础、技术较好。③能够带动相关汽车、摩托车及企业装备产业的发展，产值带动作用明显。

表 10-2　重庆重点发展的相关页岩气产业分析

页岩气产业链	相关产业	重庆参与程度、可控度	企业参与产品	是否为重点发展
上游	勘探	与中石化、中石油等央企合作共建； 理由：属于石油系统内部主要业务，企业行为	机会较少	否； 理由：需专业技术，本地企业难以进入
	勘探设备	能参与，部分控制； 理由：勘探企业的设备、设施对外购买	仪器、仪表等	一般； 理由：市场规模受限
中游	开发工程	参与中石化、中石油等央企的外包及劳务业务； 理由：属于石油系统内部主要业务，企业行为	机会较少	否； 理由：需专业技术，本地企业难以进入
	装备设施	能参与，较好控制与规划； 理由：开发企业的设备、设施对外购买	开采任何设备、装备以及研发	重点； 理由：市场规模大，能带动相关产业
	环境处理	能参与，较好控制与规划； 理由：环境问题及处理需要政府参与、监督	相关环保技术与设施	重点； 理由：技术标准；未来市场前景好、规模较大
下游	储运	能参与，部分控制； 理由：管网建设需要地方政府参与，LNG销售市场对外	天然气运输管道产品；LNG设施、车辆等	重点，LNG 设施； 理由：LNG 未来汽车、轮船发展前景好、市场规模大
	燃料	能参与并完全控制、规划 理由：开发企业产品市场销售，消费属于本地用户	城市管道产品、城市燃气公司	一般； 理由：市场容量限制，发展受限
	发电	能参与并完全控制、规划 理由：开发企业产品市场销售，发电企业属于本地用户	发电厂建设及设备	一般； 理由：成本相对较高、附加值较低
	化工	能参与并完全控制、规划 理由：开发企业产品市场销售，属于本地企业	天然气化工产品及化工装备	重点； 理由：基础好，产值大

第二，LNG 设备及产品。未来由于对环境的重视以及相比油价 LNG 价格较低，LNG 作为汽车、船用燃料具有较大的市场空间，按照柴油和 LNG 价差 30%计算，改装费用降至 2 万～3 万元就能在 3 年内收回成本。另外，LNG 设备等将带动 LNG 汽车产业发展，根据规划，到 2020 年重庆 LNG 车辆将达到 5 万辆，每年将带来百亿产值。

第三，页岩气开发环保设施。页岩气开发过程中的环境问题直接关系到未来页岩气开发的进程与社会认可度，政府有责任负责环境的保护与监督。而且环保是未来发展的方向之一，前景好。通过发展环保设施与技术，依托重庆涪陵示范基地作用，形成技术标准，能够形成非常大的产业链，估计每年将达到百亿产值。

第四，天然气化工产业。天然气化工产业是重庆支柱产业之一，基础好，经过前些年政府大力培育与支持，得到了极大发展，形成了完善产业链，产业发展成熟，产值非常大，2014 年，天然气化工产业实现产值近 300 亿元。但是，由于主要是甲醇、合成氨、化肥等产品，市场竞争激烈，产品滞销，企业效益低，甚至部分企业亏损严重。因此，未来发展空间有限，再加上现有产业发展成熟，国家对有些项目限制，拓展新产品、大幅增加产值空间不大。如果天然气价格适中，根据重庆正在建设的天然气化工投资项目，未来新增项目每年可能增加百亿产值。

10.4 产业发展目标

10.4.1 产业价值链

从上面分析可知，重庆页岩气产业链的价值构成如图 10-3 所示。

产业链	产业内容	产业价值链（亿元）
勘探	勘探及技术、仪器仪表装备产业	产值：15～25 其中，勘探及技术：10～15；装备：5～10
钻采	钻采工程、钻采装备、环境装备及处理	产值：700～1 100 其中，钻采装备：600～1 000； 环境：100
储运	管道及 LNG	产值：55～60 其中，管道及工程：5～10； LNG 项目：50
利用	天然气化工、LNG 汽车及轮船、发电	产值：300 其中，化工：100； LNG 汽车及轮船：100； 发电：100

图 10-3 重庆页岩气产业链及价值

由图 10-3 分析可知，重庆页岩气产业未来的产值为 1 000 亿～1 500 亿元。

10.4.2　产业目标

（1）提升涪陵焦石坝页岩气国家示范基地示范效果

根据国家对焦石坝示范区的要求：一是继续加强国家级页岩气示范区建设，发挥引领作用，尽快实现页岩气规模化、“工厂化”生产；二是加强科技攻关和装备国产化，努力实现页岩气低成本开采；三是加强政府扶持力度，会同有关部门尽快研究出台财政、税收等激励政策；四是加强环境保护，特别是地下水的环境保护，实现页岩气开采利用的可持续发展；五是凝聚合力，共同推进，尽快实现商业化生产；六是强化各项安全措施，确保页岩气勘探、开采、贮运安全。这些要求的目的主要是在页岩气开发方式起到示范效果，而页岩气开发的社会宗旨是增加人们的福祉。因此，页岩气开发示范区的一个重要示范作用是促进这些偏远山区、农村的城镇化建设，带动当地产业发展。以此，页岩气开发在促进重庆市产业发展、增加居民收入、建设小康社会的进程中发挥着重要作用。

（2）每年增加 1 000 亿～1 500 亿元产值（GDP）

根据上述四个重点发展的产业，未来重庆页岩气开发每年带来的产值增量在 800 亿～1 300 亿元，其他相关产业增加产值 200 亿元左右。按照天然气产业链带来的产值，平均每立方米天然气利用增加产值 5～7 元。根据《重庆市页岩气产业发展规划（2015—2020 年）》，到 2020 年，实现页岩气产能 300 亿 m^3，产量 200 亿 m^3，每年将带来 1 000 亿～1 500 亿元的产值。

（3）新增就业 140 万～210 万人

2014 年，重庆各区县人均 GDP 最高的是渝中区，为 133 608 元，最低的是巫溪县，为 16 772 元，大部分为 3 万～5 万元。如果按照新增产值 1 000 亿～1 500 亿元计，并按照人均 GDP 为 7 万元计算（未来人均约 1 万美元），则新增就业 140 万～210 万人。

（4）产业发展目标

根据前面分析拟定的重点产业，产业发展目标是：第一，打造中国页岩气装备制造高地，年产值在 600 亿～1 000 亿元；第二，大力发展 LNG 产业，形成完整产业链，形成百亿产值，带动 LNG 汽车产业发展；第三，形成页岩气开发环保技术标准，打造新兴的油气环保产业服务、环保技术与设施，形成百亿产值，带动相关其他环保产业发展；第四，加强天然气化工产业发展。一是依托重庆市天然气化工现有的产业基础和技术优势，整合甲醇资源发展 MTO/MTP，为 PC、EVA、丙烯酸及酯、聚醚、聚酯等重点项目提供原料；优化天然气制乙炔技术，大力发展 BDO 及下游产品；扩展醋酸产业链，引进醋酸制乙醇新技术；调整化肥品种结构，发展缓控释肥和硝基复合肥。通过以上措施，进一步提高天然气资源利用效益。二是依托中石化川维、重庆建峰化工股份有限公司、中化重庆涪陵化工有限公司、重庆紫光化工股份有限公司、云天化等重点企业，发展高效优质等高附加值化工产品。

第11章 重庆页岩气开发产业分析

页岩气的组成与常规天然气相仿，其利用方式基本相同，主要包括直接燃烧、压缩液化、页岩气化工三种路径。直接燃烧方式中居民、商业用气需输入管道，不能发挥页岩气的价值，页岩气发电项目必须加强冷热电三联供应，提高综合效益。同时在市场定价导向下，取得更多的气价优惠或提高天然气发电上网电价等政策来扶持。工业燃料用气项目成本构成中页岩气成本比例较低，对页岩气价格不敏感，可作为页岩气利用的一个方向。压缩液化主要应用于交通运输行业，包括出租车、LNG 公交车、LNG 长途客车、LNG 货车、LNG 船，可作为页岩气利用重点领域。页岩气化工项目产业链长，可放大页岩气经济价值。但是受下游甲醇、化肥等产品价格影响，目前多数天然气化工企业效益低下。因此必须慎重选择页岩气化工项目，避免产能重复建设。采用费托合成技术将页岩气转化为汽柴油产品的 GTL 技术（天然气制合成油）正在开发之中，可能成为页岩气利用新的领域。重庆页岩气利用可选择压缩液化、工业燃料用气项目和经济效益好的化工项目，并密切关注将页岩气转化为汽柴油产品等新领域。同时，随着技术进步，页岩气开发成本降低，重庆页岩气利用产业得到快速发展。

11.1 页岩气装备产业

11.1.1 国内外页岩气装备产业发展概况

除特殊装备外，由于常规油气开发装备与页岩气开发装备基本相同，因而大部分油气装备可用于页岩气开发。

（1）国际油气装备市场状况

据调查，国际页岩气装备供给厂商主要有斯伦贝谢、哈里伯顿、贝克休斯等美国公司。这些公司的页岩气勘探开发装备拥有世界一流技术水平，各自在某些领域拥有相关核心技术，占据大部分市场份额。据美国商业信息报导，斯伦贝谢有限公司宣布，该公司 2013 年第一季的营业收入为 106.7 亿美元，这表明 2013 年全年营业收入约 400 亿美元。而哈里伯顿公司 2013 年第一季财报显示：销售额同比增长 1.5%，达到 69.7 亿美元，表明哈里伯顿 2013 年全年收入约 280 亿美元。

在 2010 年全球油气生产行业 4 400 亿美元支出中，80%的开支投放在钻采活动中，约 3 600 亿美元。根据国际能源署预测，到 2020 年国际石油装备市场年需求总量约为 8 200 亿美元。

全球页岩气装备市场具有技术与装备结合、各环节垄断、技术保密、全球采购的特点，其发展趋势是：技术装备垄断逐渐加强、装备产业一体化进程加速、装备研制与工艺技术研发设计紧密结合、智能化程度越来越高、注重发展高端技术设备和高效节能环保型装备。

（2）国内油气装备市场状况

我国有超过 4 000 家油气装备企业，主要分布在黑龙江大庆、山东东营、辽宁盘锦、陕西宝鸡、湖北潜江、天津渤海、四川广汉等。通过引进、消化、吸收国外先进设计、制造技术和自主创新，我国油气装备制造能力和水平有了很大提高，部分大型设备和关键产品跻身世界前列，具备了比较完整的、以中低端产品为主的油气装备制造体系，如表 11-1 和表 11-2 所示。

表 11-1　我国油气装备产业基地及集群

序号	油气装备产业基地及集群	地域分布
1	油气钻井装备制造基地	以宝鸡、广汉、东营、兰州、江汉、南阳、天津、盘锦为主
2	采油采气设备制造基地	以各大油田所在地（13 个省市的 27 座城市）为主
3	石油工具和井口设备制造基地	以上海、江苏、河北、四川为主
4	石油钻头制造基地	以江汉、成都、宜春、天津为主

序号	油气装备产业基地及集群	地域分布
5	石油管线制造基地	以宝鸡、沧州、番禺、东营、江汉为主
6	物探、录测井设备制造基地	以徐水、上海、西安为主
7	动力设备制造基地	以济南、永济、东营为主
8	地方石油装备产业集群	山东东营、江苏建湖、黑龙江大庆、河北沧州、辽宁盘锦、四川广汉、湖北江汉等

表 11-2　国产油气装备

序号	国产产品	技术水平
1	钻机	可基本满足高压喷射、定向、丛式、水平等先进钻井工艺的需要，钻机的设计、制造水平已跻身世界前沿；目前国内 87%的大中型钻机、90%的修井机、全部抽油机都是国内制造
2	采油设备	除常规机械采油设备外，还开发了稠油热采和强采设备及三次采油注聚合物装置、注氮装置等，可满足原油稳产、增产的需要
3	井下作业设备	修井机、水泥车和固井压裂车等均已系列化生产，质量达到国际水平
4	测井录井设备	近钻头地质导向钻井系统、快速与成像测井系统等已接近国际水平
5	中短距离油气集输用地面设备	焊接钢管、油气输送用 X70、X80 高钢级大直径直缝和螺旋焊管、CT70 等级连续油管等已能立足国内生产，并大量出口

常规油气勘探开发中的大多数装备可直接或通过适用性技术改造后用于页岩气藏的勘探开发，并为页岩气专用装备的研制奠定良好的基础。但页岩气勘探开发有其特殊性，需要技术、工艺和装备的紧密融合，需要研制适合我国国情的易移运、轻污染、低成本和车载化、轻量化、智能化的页岩气勘探开发技术和装备，这是实现我国页岩气规模化开发的必要条件。

山东、四川、重庆等省市均提出发展页岩气装备产业。其中，山东欲打造东营、青岛、烟台、潍坊、德州五大页岩气装备制造基地，重点发展勘探设备、钻完井装备、测录井装备、固井压裂装备、生产作业装备、电控设备与专用工具。四川拟采取“壮大本土+招引缺链”的发展思路，完全产业链条，增强产业集中度，打造四川能源装备研发制造及技术服务基地，用 5 年时间，有效聚集国内外能源装备科技资源，建成国家级能源装备研发与产业化基地。该基地包括西南石油大学国家级科技园、能源装备制造孵化园、能源装备制造及技术服务园三部分，分别承担科研、转化、制造和技术服务，形成完整的产业链条。

11.1.2 国内页岩气装备产业的竞争态势分析

根据上述分析，除常规油气生产装备外，具有基础并明确提出大力发展页岩气装备产业的省市主要是山东、四川、重庆等。从目前的竞争态势来看，重庆发展页岩气装备产业的主要竞争者为山东、四川，而其中竞争最为激烈的是四川。对此，主要分析山东、四川页岩气产业发展状况，并重点分析四川页岩气装备产业发展状况。

（1）山东页岩气产业发展状况

1）规划

山东欲打造东营、青岛、烟台、潍坊、德州五大页岩气装备制造基地，重点发展勘探设备、钻完井装备、测录井装备、固井压裂装备、生产作业装备、电控设备与专用工具。

页岩气产业将巩固扩大现有优势和培育发展新的经济增长点，加大政策扶持力度，着力培植一批具有较强竞争力的企业集团和产业集聚区，努力打造成为全国最大、国际知名的页岩气装备制造基地。

东营将依托山东科瑞、胜利高原等核心企业，打造我国最大的具有较高国际知名度的油气钻采和测录井装备制造基地，重点发展页岩气系列专用钻机、大型压裂车组、连续油管车、油气专用管等装备。

青岛将加快海西湾海洋油气工程装备制造基地建设，加快中国石油大学（华东）页岩气工程技术与装备研发平台建设，积极吸引国际大公司在青岛建立科研机构，尽快把青岛打造成具有国际知名度的油气勘探开发装备制造和开发方案设计、工程技术服务基地。

烟台的目标是发展成为具有国际知名度的固井压裂成套装备及压裂液环保处理设备制造基地。

潍坊将依托机械工业基础好、制造能力强的优势，引导企业加快开发生产压裂车用发动机、发电机组、变速箱、压裂液处理、页岩气回收利用等装备，延伸产业链条，尽快发展成为具有全球供货能力的发动机、油管和钻井泥浆泵及相关节能环保装备制造基地。

德州的目标是发展成为井下作业设备及专用工具制造基地。

2）发展思路

通过联合重组、合资合作、政策扶持，培育形成一批自主开发能力强、主导产品优势突出、国际知名度高的大型页岩气企业集团。

据调查，山东计划到 2015 年形成 8～10 家年产品销售收入过 10 亿元的企业，其中超过 20 亿元的 5 家；全省页岩气装备制造业主营业务收入达到 200 亿元，其中对外出口占 40%。到 2020 年有 10 家以上企业产品销售收入过 20 亿元，其中超过 50 亿元的企业 5 家；主营业务收入达到 500 亿元，其中对外出口占 50%①。国家级企业研发机构达到 6 家，省级企业研发机构达到 30 家。

借助高端装备制造业的优势，青岛市城阳区正着手打造中国北方重要的页岩气新能源开采设备制造中心，重点引进 1～2 家页岩油气装备生产核心企业，以此为契机，带动片区内其他相关配套企业逐步发展，引入相关配套企业，构建完整的产业基地。

目前规划了页岩气开发高端成套装备制造基地与棘洪滩动车小镇建设相结合，规划总面积约 4.3 km^2。其中，一期规划面积 2.9 km^2，主要包括整机装备区、成套装备区、零部件配套区、孵化器及综合配套中心 4 个功能区；重点引进高端成套装备研发机构、成套装备生产及系统集成企业、掌握关键技术和重要配套技术的生产企业、科技服务公司、油气资源开发公司，加快集聚资源要素、培育完善产业链条，实现页岩油气成套装备制造的自主化和产业化。

3）建设成效

截至 2012 年年底，山东石油装备行业拥有规模以上企业 160 多家、国家级工程技术研究中心 1 家、省级企业技术中心 17 家，全行业实现主营业务收入 1 000 多亿元，占全国的 40%。

青岛市城阳区拥有 6 000 余家工业企业，其中部分企业与页岩油气开发高端成套装备制造产业关联度高，有利于优势互补、协同发展。2013 年 7 月，TSC 集

① 吴淑娟：《山东拟建五大页岩气装备基地》，载《经济导报》，2013 年 6 月 15 日。

团海工装备和页岩气产业基地已经正式开工建设，由TSC集团旗下青岛天时石油机械有限公司（主要生产压裂泵整机、泵头、配件三类产品）投资建设，计划总投资2亿美元，主要以生产制造石油钻井泥浆泵易损件及配件为主。TSC集团计划在青岛再购置200亩土地新建生产基地，进行与页岩气有关的大马力压裂车组、页岩气钻机等设备的研发制造①。

2013年10月由页岩油气装备生产企业、高校和科研单位联合组建的山东省页岩油气装备技术创新联盟成立。该联盟将围绕生产、科研、市场开展合作，攻克共性技术难关，提升自主创新能力，共同推进山东省页岩油气装备科学、持续发展。

（2）四川页岩气产业发展状况

1）发展规划与目标

2013年1月新都区政府、成都市科技局、西南石油大学三方签署《成都新能源装备研发与产业化基地合作协议》，抢抓新能源发展战略机遇期，用5年时间有效聚集国内外能源装备科技资源，建成国家级能源装备研发与产业化基地。该基地包括西南石油大学国家级科技园、能源装备制造孵化园、能源装备制造及技术服务园三部分，分别承担科研、转化、制造和技术服务，形成完整的产业链条。

新都工业区已聚集了20多家石油装备企业，该区也已规划2 000亩土地作为页岩气装备研发制造及技术服务基地，其中600亩左右的起步区已开建。该基地将包括三大板块：研发基地、孵化园、装备制造及技术服务。

2）发展思路

采取“壮大本土+招引缺链”的发展思路，完全产业链条，增强产业集中度，打造四川能源装备研发制造及技术服务基地。

全球油气开发领域“四巨头”之列的斯伦贝谢、威德福、哈里伯顿已与新都展开合作，西南石油大学正与在蓉同领域企业协同，酝酿建设四川页岩气开发研究院。地校合作的方式能很好地解决创新技术从实验室到生产线的问题，实现科技与经济、创新与产业的互动。三方共建的新能源装备研发制造及技术服务基地将集科研、孵化、制造和技术服务于一体，其核心将由包括西南石油大学国家大

① 吴淑娟，李政：《北方页岩气装备制造基地胎动》，载《经济导报》，2013年3月25日。

学科技园、能源装备制造孵化园和能源装备制造及技术服务园在内的三“园”支撑，它们将分别承担科研、转化和生产制造及技术服务功能，形成从研发、装备到生产、仓储的完整产业链条。

与此同时，位于新都工业东区内的能源装备制造及技术服务园，将是能源装备制造、技术服务的载体，其规划占地约 1 200 亩，分为能源装备制造板块、技术服务板块两个区域，服务园将通过招大引强、培优育强，引入具有国际水准的技术和世界先进水平的服务模式，促进上下游产业链延伸，实现能源装备企业在新都的高端化、集群化发展。

3）建设成效

截至 2012 年 10 月，全球四大油田服务公司已有斯伦贝谢、哈利伯顿、威德福三家落户新都，其中，斯伦贝谢成都基地项目拟用土地 160 亩，项目投资 3.2 亿元，主要业务包括完井、试井、固井、定向钻井、随钻测井及人工举升系统，同时将设立研发中心和实验室，成都基地计划用两年时间建成。

位于新都区的西南石油大学正与贝克休斯公司、四川宏华石油设备有限公司一起，筹划在四川共建四川页岩气开发研究院。

除科研之外，新都在能源装备方面已经具备较好的产业基础，截至 2011 年年底，四川昆仑石油设备制造有限公司、成都大漠石油机械有限公司等 26 家国内外石油机械制造及服务企业聚集于新都工业区，投产企业 9 家，年产值达到 14.6 亿元[①]。据产业园官员估计，基地五年内年产值将达百亿元以上。

2014 年 9 月，新都区人民政府与深圳赤湾石油基地股份有限公司签约，将在新都工业东区投资建设成都国际油气基地项目，竣工运营后预计年产值不低于 60 亿元。

11.1.3　重庆页岩气技术装备产业分析

（1）重庆页岩气技术装备产业发展现状

1）规划与目标

两江新区临港页岩气重型装备产业园启动区规划面积达 3 750.5 亩，选址在两

① 全球三大油田技术服务商齐聚新都——打造四川能源装备基地. 大河论坛，http：//bbs.dahe.cn，2012-10-21.

江新区鱼复工业园。

产业园将把页岩气装备成套设备、燃气轮机组以及大型石化设备作为重点领域和发展方向，通过完整的产业链建设，着力打造具有核心技术以及竞争力的基地。临港重装码头为专用码头，主要服务于产业园内重装企业。

两江新区临港页岩气重型装备产业园的远期规划为：2012—2015 年，围绕勘探开发，快速培育页岩气及高端装备战略性新兴支柱产业；2015—2017 年，围绕页岩气开采及高端装备战略性新兴支柱产业形成框架；2017—2020 年，全面推进页岩气及高端装备全产业链、全价值链建议，构建页岩气及高端装备产业集群，推动页岩气产业全面快速稳步发展①。预计产业园建成后，年产值将达 300 亿元。

2）发展思路

重点围绕页岩气勘采关键设备制造及相关服务进行布局，规划占地 2.5 km^2 的页岩气临港重型装备产业园启动，拟推动页岩气产业核心环节集群集聚，力争打造国家级页岩气产业基地。

3）建设成效

2011 年 5 月，重庆与全球最大的油气服务商斯伦贝谢公司签署页岩气战略技术合作框架协议，打通了核心技术引进渠道。

2012 年 6 月，重庆市政府与国家开发投资公司签署战略合作框架协议。国家开发投资公司计划投资 300 亿元，依托重庆丰富的页岩气资源，在勘探、开发、利用等方面与重庆开展广泛深入合作，探索成立重庆市页岩气开发专项基金等。

2012 年 8 月，重庆市政府下发《关于印发重庆市装备制造业三年振兴规划的通知》，明确将页岩气装备纳入能源装备制造板块发展方向，按照会议有关部署，力争用 3 年左右时间形成约 10 亿 m^3 页岩气的年开采量，同时积极发展页岩气深加工业和勘探开发装备制造业，力争在勘探、钻井、增产设备等方面有所突破，形成大马力柴油机、柱塞泵、气压机、特种车辆、电控、配电等设备制造能力。

2012 年 8 月 30 日，重庆两江新区与美国福布斯能源集团签署合作框架协议，拟成立页岩气开发合资公司，建立私募股权基金，引入页岩气核心技术，促进钻井和勘探设备等页岩气装备制造业发展，推动两江新区成为页岩气装备制造的主

① 重庆打造页岩气装备制造主战场谋建 300 亿产业园. 前瞻网 http：//www.qianzhan.com，2012-09-28.

要承载平台。

2012 年 9 月，重庆地质矿产研究院与斯伦贝谢油田（新加坡）公司合资组建的页岩气技术服务公司在渝签订合作合同。合资公司将立足重庆、面向全国，为页岩气的勘探开发提供技术服务①。

2013 年 6 月，重庆两江新区与山西祎达特钢集团有限公司、百勤石油技术有限公司、国投重庆页岩气开发利用公司等 5 家企业签订投资协议，计划投资 60 亿元建设页岩气装备制造项目。

2014 年 4 月，重庆两江金融发展有限公司联合多家国有企业共同发起设立重庆联顺页岩气创业投资基金，首期募集资金规模达 2.5 亿元。联顺创投基金将重点投资在页岩气产业相关的研发、销售、技术、设备、服务等公司及其他能源与资源类相关公司，拟进一步培育和促进页岩气勘探开发和装备制造产业的发展，加快新区引进和培育页岩气装备制造和服务创新企业，打造两江新区页岩气装备产业链。

2014 年 12 月，由中石油股份公司、国投重庆页岩气开发利用有限公司、中化石油勘探开发公司和重庆地质矿产研究院共同出资组建重庆页岩气勘探开发有限责任公司。整体推进中石油在渝 5 个页岩气矿权区块，共 1.56 万 km^2 范围内的页岩气资源勘探开发、生产和销售等工作。

（2）重庆页岩气技术装备产业发展基础

目前，重庆本地有近十家油气装备生产企业，分别是重庆生普石油设备制造有限公司、重庆胤合石油化工机械制造有限公司、重庆中重石油机械有限公司、重庆望江鑫祺机械有限公司、重庆城开石油管道有限公司、重庆天艺石油钻采工具有限公司等，生产的油气装备产品如下：

1）石油勘探测试仪器仪表

重庆生普石油设备制造有限公司由原重庆石油仪器二厂 2001 年 11 月改制而成，是一家以石油电子信息产品为主要发展方向的科技型企业，主要从事石油勘探测试仪器仪表的研发和生产，产品方向为服务于油田测井和钻探，是国内最大的高温高压双侧向主电极科研和生产企业。

①重庆页岩气开发迈出重要一步. 重庆日报，http：//cqrbepaper.cqnews.net/cqrb/html/2012-09/12/content_1571755.htm.

2）钻井采油设备、配件、工具及化工机械产品

重庆胤合石油化工机械制造有限公司是一家集研发、制造、销售及服务于一体的专业化从事石油天然气钻井采油设备、配件、工具及化工机械产品的企业；重庆望江鑫祺机械有限公司是集研发、设计、生产制造、销售石油钻采工具与钻采装备于一体的专业化公司；重庆天艺石油钻采工具有限公司是一家其他石油设备、抽油杆扶正器、抽油杆扶正刮蜡器、抽油井自动清蜡装置等产品经销批发的私营有限责任公司。

3）钻机绞车齿轮箱

重庆永进重型机械成套设备有限责任公司 2005 年成功研制的国家发展改革委重大装备研制项目——9 000 m 石油钻机绞车齿轮箱，获得“重庆市重点新产品”称号。在此基础上，2007 年再行突破，成功研制 12 000 m 石油钻机绞车齿轮箱，填补了国内首台 12 000 m 钻机绞车传动装置设计制造技术的空白。

4）井口装置、采油树、管道

重庆新泰标川仪表有限公司由重庆科学研究院和重庆新泰机械有限责任公司联合成立。公司经营的领域有控制阀系列产品，仪器仪表设备、自动化控制及系统集成等。2010 年该公司进军全球智能控制阀领域，为中石油、中石化等公司生产输油输气管道的智能化控制阀，填补了国内空白。现已开发智能流量仪表、智能调节阀等系列产品，已取得美国石油学会的资格认证。公司生产的新型智能化控制阀，能够随时监测输油输气管道的运行状态，并自动记录输油量和输气量。

5）防喷管线

重庆中重石油机械有限公司成立于 1997 年，主要为气田设计生产各种规格型号的整体式防喷管线，整体式防喷、放喷弯头，整体式 S 弯管、放喷管线、压井管线、进液管线、排气管线、排液管线、泄荷管线。

6）页岩气收集装置

重庆耐德工业股份有限公司从事页岩气收集装置的研发生产。

7）油气管道

重庆城开石油管道有限公司是一家专业从事石油天然气压力管道、燃气压力管道生产、安装和市政工程用的绝缘接头、钢塑转换接头、引入管、燃气管网防

雷连接件的集技术研发、产品开发、生产制造、销售及管道技术服务于一体的高新技术型企业。

8）维修与服务

中国石油川东钻探公司机械厂主要业务为各种石油钻机维修钻采设备制造、水电工程安装、顶驱项目服务、压力机制造、野营房制造、井电设备制造等。

（3）重庆页岩气技术装备产业发展的工业基础

重庆是我国重要的国防科研生产基地和六大老工业基地之一，形成了较为完善的体系，具有较强的综合配套能力。经过多年努力，重庆已基本形成以汽车摩托车、电子信息、装备制造、材料工业、石油天然气化工、轻纺劳动密集型产业和能源工业等“6+1”重点产业为主导的产业体系。

汽车摩托车产业：重庆是我国重要的汽车摩托车生产基地。汽车摩托车是重庆第一大支柱产业，已经形成重型车、轻型车、微型车、轿车和摩托车多系列的研发生产格局。

信息产业：重庆是国家信息产业基地，已初步形成两江新区和西永微电子产业园两大核心产业园区。

装备制造业：重庆有很强的机械制造和配套能力，是我国重要的内燃机生产基地、最大的仪器仪表生产基地、最大的内河船舶研发基地、大型变压器生产基地。

材料工业：主要由冶金工业和建材工业组成。

化学工业：重庆是中国重要的天然气化工和精细化工生产基地。

轻纺工业：拥有食品工业、皮革及其制品工业、家用电器制造业、造纸及纸制品工业、纺织服装工业、日化工业、硅酸盐工业等 20 多个大类，覆盖 80 多个行业。

能源工业：主要包括天然气工业、煤炭工业、电力工业等，能源工业占重庆工业销售产值的 8.5%。

因此，重庆具备页岩气装备研究和制造的工业基础与技术力量。

（4）重庆页岩气技术装备产业发展的优劣势分析

1）发展优势

①资源与先导示范区优势。第一，资源储量丰富。重庆地区的页岩气可采资

源量在 2 万亿 m^3 左右[①]，位居全国第三；据调查，重庆及其周边地区（含川南、川东、黔北、鄂西）页岩气资源量就达到 10 万亿 m^3[②]。第二，享有先导示范区的优惠政策。重庆作为页岩气资源储量丰富的地区之一，被确定为国家页岩气开发先导示范区，并享有相关的政策支持（矿权、税收、补贴等）。

②两江新区的成本要素优势。2012 年 9 月，重庆市两江新区规划面积为 3 750.5 亩的临港页岩气重型装备产业园（鱼复产业园）。该产业园依托了两江新区的相关优势：

第一，两江新区交通优越。首先，重庆地处中西结合部，是中国大陆版图的几何中心，承东启西、沟通南北，拥有面向国际、连接南北、辐射西部的密集立体交通网络，将形成中国第四大国际机场、内河航运最大港口和 8 条铁路汇集三大交通枢纽。长三角海运到达欧洲 28 天，重庆铁海联运到达欧洲 27 天。其次，两江新区创新的物流方式伴随新欧亚大陆桥和印度洋出海通道的打通，极大降低了物流交易成本，为两江新区汇聚全球生产要素、搭建快速结转平台、发挥长江黄金水道、江北国际航空港枢纽、内陆唯一保税港区影响力、辐射中西部创造了优越的条件，由此可见两江新区已经处于中国内陆开放的最前沿。

第二，两江新区空间布局和产业布局合理。两江新区分为现代服务业、先进制造业、都市综合功能区三大板块；形成十大功能区，即江北嘴中央商务区、保税港区、鱼复现代制造和物流区、龙兴先进制造区、北部都市经济区、空港临港产业区、悦来会展城、蔡家高技术产业区、水复生态产业区、木古出口加工区。在产业布局上，将形成轨道交通、电力装备（含核电、风电等）、新能源汽车、电子信息、节能材料五大战略性产业，以及国家级研发总部、重大科研成果转化基地、数据中心三大战略性创新功能布局，并加快培育一批高成长性新兴产业集群，形成“5+3”的战略性布局。

第三，两江新区政策优惠。国务院给予两江新区前所未有的优惠政策，要求在现有政策范围内，加大对两江新区发展的支持力度，推动产业、资金和人才向两江新区集聚。西部大开发优惠政策、统筹城乡综合配套改革先行先试政策以及

---

① 重庆页岩气可采资源达 2.05 万亿立方米. 东方财富网，http：//finance.eastmoney.com/news/1345，20120321197318640.html.

②重庆商报. 2011-10-11.

比照浦东新区和滨海新区的开发开放政策，这三大优惠政策的叠加，意味着两江新区成为享有国家内陆最优惠政策的区域。目前，两江新区已集中推出到 2020 年减按 15%的税率征收企业所得税等诸多优惠政策，引起全球投资者广泛关注。

第四，两江新区开发基础条件较好。与浦东新区和滨海新区几乎“白手起家”不同，两江新区是“老城＋新城”，内陆地区唯一的保税港区、西部最大的会展中心、金融商贸区均在区内。2012 年 GDP 达到了近 1 500 亿元，同比增幅 20.4%，分别是浦东和滨海设立之初的 13 倍和 4 倍，具有一定的基础[①]，如图 11-1 所示。

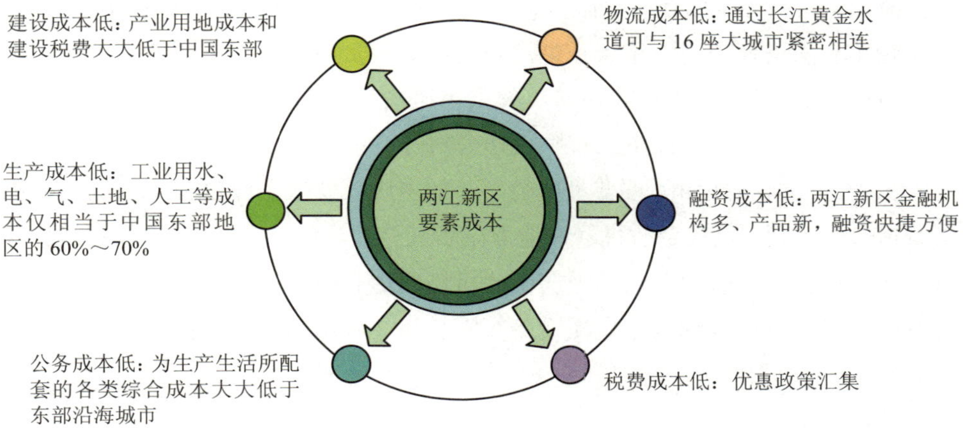

图 11-1 重庆页岩气装备产业发展的要素成本优势

③邻近市场优势。重庆装备产品辐射到贵州、湖南等地页岩气开发市场不到两天的车程，装备销售、运输、维修等运输成本较低，相对其他省市有邻近市场的半径优势。

2）发展基础

页岩气装备涉及研究开发、机械制造与加工、电子电气、仪器仪表、材料等诸多领域。这些产业重庆均有相关的基础：

①http：//www.liangjiang.gov.cn/.

①研究开发机构。

重庆地质矿产研究院（主要从事页岩气勘探）、重庆科技学院（主要从事各类油气技术装备研发）、重庆流体与机电集成控制工程中心、重庆大学（机械制造与加工、电子电器研发）、重庆工业自动化仪表研究所（仪器仪表研发）、重庆材料研究院（仪表材料研发）、中国科学院重庆绿色智能技术研究院（井下工具研发）、中冶赛迪（大功率变频研发）等。

②机械制造与加工企业。

重庆大江工业（集团）有限责任公司（主要从事大型工程机械加工生产）、重庆齿轮箱有限责任公司、重庆重型汽车集团有限责任公司（重型特种车辆：压裂车）、重庆水泵厂有限责任公司（压裂泵、泥浆泵）、重庆长征重工有限责任公司（大型铸锻件）、重庆长征重工有限责任公司等。

另外，还有一些相关重型机械公司：如重庆长安汽车股份公司、重庆中重机械制造有限公司、重庆金桥机器制造有限责任公司、重庆康辉机械制造有限公司、重庆大环机械制造有限公司、重庆中建机械制造有限公司、重庆奇佳机械设备制造有限公司、重庆淼炼重型机械设备有限公司（我国西南地区锻件的重要基地之一）等。

③电子电气。

重庆 ABB 有限公司（大功率变频器及控制）、重庆中冶赛迪公司（大功率变频器及控制）、重庆赛力盟电机有限责任公司等。

④仪器仪表。

中国四联仪器仪表集团有限公司、重庆川仪自动化股份有限公司、重庆精益仪表有限公司、重庆精科仪表制造有限责任公司、重庆前卫科技集团有限公司等。这些公司为石油装备生产提供了相关设备与人才支持。

⑤其他。

重庆耐德自动化技术有限公司（环保设备、LNG 设备）、中船重工重庆液压机电有限公司（液压传动）、重庆新泰栎川仪表有限公司（井口装置、采油树、管道）等。

3）劣势与挑战

相比山东、四川等省市页岩气装备产业的发展，重庆存在一定的不足与劣势，主要包括：

①页岩气重装龙头企业缺乏。

从目前基础来看，山东有压裂车钻机与钻井平台生产等企业；四川有压裂泵生产企业，这些企业多年生产，具有一定的市场知名度，而重庆没有相关龙头生产企业。

②配套企业没有形成产业聚集。

山东、四川由于多年的石油装备生产与研发，形成了较为完善的石油装备生产的企业集聚，有众多配套企业，对页岩气装备开发与生产起到巨大的支撑作用，也为后续发展起到推动作用，而重庆市石油装备生产企业的产品相对独立，相互之间互补性小，较为分散，处于各自为阵状况，基本没有形成石油装备产业的聚集。

③页岩气相关研究机构较弱。

中国石油大学（华东）具有重质油国家重点实验室、超临界二氧化碳钻完井实验室、油气成因高温高压热模拟实验室等；西南石油大学拥有目前我国最先进的油气藏地质及开发工程国家重点实验室，以及专门用于页岩气研究的非常规天然气实验室。

重庆和中国石油大学（北京）油气资源与探测国家重点实验室联合成立了重庆页岩气研究中心，相比山东、四川分别有中国石油大学（华东）、西南石油大学等众多国家级研究机构的全方位支持而言，重庆仅仅是在某些领域可获得有限支持。

④人才缺乏。

尽管有科研机构在重庆设立研发中心，但是研究人员很少，难以支撑未来页岩气产业发展的需要。由于重庆没有相应的研究机构，不具备硕士点、博士点资格，因此在培养页岩气开发技术人才方面，远不如山东、四川，这是未来重庆页岩气技术装备产业发展的一个重要“瓶颈”。此外，由于重庆仅有少量装备企业，没有培养出大量的专业性人才，而页岩气装备产业发展需要大量的技术与生产人才，重庆还没有机构或学校开展相关人才培养，对页岩气装备产业发展不利。

11.1.4　重庆页岩气技术装备产业选择与发展

页岩气技术装备涉及众多产品，既包括常规油气装备产品，又涉及页岩气开发的核心技术产品与新产品。常规油气装备产品，有众多生产企业进行生产，市场竞争激烈，而核心技术产品与新产品，竞争程度较低。另外，重庆具有一定条件生产附加值高的产品，也可以发展。因此，重庆页岩气技术装备产业发展需要选择具有一定产业规模的“核心技术产品、新产品与高附加值产品”。根据目前重庆的基础与条件，可以选择发展压裂车组、液压智能石油钻机、环保设备、LNG 装备、桥塞、地质导向仪器、智能油气田系统等。

基于此，重庆页岩气技术装备产业的发展思路是：以压裂车及液压智能石油钻机为龙头产品，利用压裂车成熟技术，先期发展大型压裂车，采用组装方式，在 1～2 年内形成量产，快速占领重庆市场并形成装备配套产业体系；同时，利用 3～5 年研制生产液压智能石油钻机，推进页岩气技术装备产业高地建设。发展目标：到 2017 年初具产业形态，年产值 100 亿～300 亿元；到 2020 年形成 500 亿～800 亿元的产业规模。

（1）重点打造龙头产品

1）超大型压裂车组

压裂车组是页岩气开采的关键设备之一，包括压裂车、混砂车、管汇车、仪表车等核心装备，目前国内外已有 3 000 型的压裂车组。但在开采压裂中需要多台压裂车组，要求场地面积大，成本费用高。开发超大型压裂车组对于减少场地面积、车辆数量，提高工作效率具有非常大的作用。压裂车组主目前每台压裂车造价千万元左右。

①超大型压裂车组市场分析。

a. 市场规模。根据重庆页岩气产量规划，2020 年产量达到 300 亿～500 亿 m^3，则需要页岩气钻井数量在 8 000～16 000 口。按照美国钻井数量在 1 万口页岩气井左右需要 100 万台以上的水马力压裂车、每台压裂车 3 000 马力计，则需要压裂车 300 台左右的市场规模，再加上混砂车、管汇车、仪表车等估计在 500 台，按照每台目前的市场价格 0.1 亿元左右，则市场规模为 80 亿～100 亿元。

b. 市场占有率。重庆地区是页岩气开发的主战场，则可能利用地域优势，如果售价低于同类产品或与同类产品接近，则乐观估计可占市场的 60%份额。

②超大型压裂车组实现途径。

a. 充分利用现有优势。第一，与中石化合作，具有产品市场优势；第二，具有重型汽车生产基础，如重庆上汽依维柯红岩有限公司能够生产需要的压裂车底盘、驾驶室等；第三，仪器仪表技术完善。

b. 积极推进支撑机构研发核心技术。第一，压裂泵（支撑：重庆水泵厂有限责任公司）；第二，控制系统（支撑：重庆 ABB 有限公司、重庆中冶赛迪公司、重庆大学、重庆科技学院）等。

c. 调动相关企业参与配合。如重庆大江工业（集团）有限责任公司、重庆齿轮箱有限责任公司、重庆重型汽车集团有限责任公司、重庆长征重工有限责任公司、重庆长征重工有限责任公司、中国四联仪器仪表集团有限公司、重庆川仪自动化股份有限公司、重庆工业自动化仪表研究所等。

d. 政府全力协调推进。第一，在市政府相关部门的组织协调下组建股份公司，由中石化公司、重庆水泵厂有限责任公司、重庆中冶赛迪公司、重庆上汽依维柯红岩有限公司等，共同组建合作合资公司。第二，针对压裂车组研发关键技术及产品。第三，生产关键技术设备，并购买其他相关配套产品，加快推进产品开发、试制。第四，中石化公司主要负责产品市场销售。

2）液压智能石油钻机

目前，中石油集团公司投资引进德国海瑞克公司的液压智能石油钻机，为国内首台，现国内无相关厂家生产。该类型钻机价值高，每套需 2 亿元人民币左右，但发展前景好：液压智能石油钻机全套设备高度智能化、自动化，仅需 20 人就能实现对全套设备的操作维护和管理使用，人力资源配置数量比目前常规钻机减少近 60%。

①液压智能石油钻机的优点。

体积小，场地占地面积小，模块化，装卸、安装快捷，大大降低了开发成本，提高了钻井效率；并且由于体积小，便于在重庆多山、崎岖狭窄道路运输，大大降低了运输成本，发展该产品非常适合重庆地区页岩气开发。

②液压智能石油钻机市场分析。

a. 市场规模。根据重庆页岩气产量规划，2020 年产量达到 600 亿～1 000 亿 m^3，则需要页岩气钻井数量在 8 000～16 000 口，则每年钻井数量在 1 000～2 000 口，按照钻每口井需要 30 天计算，则至少需要 100～200 套钻机。如果未来市场 30%采用液压智能石油钻机，则每年有 30～60 套液压智能石油钻机的需求规模。

另外，由于液压智能石油钻机性能优越，将在常规油气开采中逐步取代传统钻机（目前市场估计上万套），按照设备老化的速度每年更换全部市场传统钻机数量的 10%，则每年估计市场规模需求为 1 000 套。目前每套液压智能石油钻机进口的价格在 2 亿元左右，而实现国产化后，价格为进口价格的 1/3 即 1 亿元/套，约为传统钻机价格的两倍。由此，估计每年市场规模在 1 500 亿元左右。

b. 市场占有率。据调研，在国内市场上还没有相关厂商生产液压智能石油钻机。但据消息，四川宏华公司准备研发、生产该产品。如果重庆率先生产，联合川东钻探公司则会占据市场先机，国内市场占有率有望达到 60%左右，近 1 000 亿元规模。

③液压智能石油钻机实现途径。

a. 充分利用现有优势。第一，中石油公司 2014 年 7 月引进液压智能石油钻机，并投放在川东钻探公司（属地重庆），为重庆研发该产品提供了良好条件。第二，重庆科技学院专家团队与川东钻探公司长期合作，一直跟踪研究液压智能石油钻机，已经掌握了液压智能石油钻机整个作业动作与主要构件，并将在进口后直接参与安装、测绘，获得该产品的第一手技术资料，估计 3 年内完成测试、正式生产。第三，液压智能石油钻机的核心技术在重庆本地有相应的支撑机构，能完全胜任相关技术。

b. 积极推进支撑机构研发核心技术。第一，大功率变频调速及控制系统（重庆支撑机构：重庆中冶赛迪公司、重庆赛力盟电机有限责任公司、重庆 ABB 有限公司）。第二，全液压传动与机电集成装备（重庆支撑机构：重庆流体与机电集成控制工程中心、重庆液压件厂、中船重工重庆液压机电有限公司）。

c. 调动相关企业参与配合。重庆流体与机电集成控制工程中心、中船重工重庆液压机电有限公司、重庆液压件厂、重庆科技学院、重庆 ABB 有限公司、重庆中冶赛迪公司、重庆赛力盟电机有限责任公司、重庆大江工业（集团）有限责任公司、重庆长征重工有限责任公司、中石油川东钻探公司（市场）等。

d. 政府全力协调推进。第一，在市政府相关部门的组织协调下组建股份公司（中石油川东钻探公司、重庆科技学院、重庆流体与机电集成控制工程中心、重庆中冶赛迪公司、重庆 ABB 有限公司、重庆液压件厂、中船重工重庆液压机电有限公司等）。其中，中石油川东钻探公司保证产品市场；重庆科技学院、重庆流体与机电集成控制工程对产品进行研发；重庆中冶赛迪公司、重庆ABB有限公司等进行大功率变频调速及控制系统的研发及配套设备提供；重庆液压件厂、中船重工重庆液压机电有限公司进行全液压传动与机电集成装备研发及配套设备提供。第二，通过重庆科委设立研发项目开展研究。第三，引入风险基金投资，对产品进行试制与生产，最终形成完善产品并销售。

（2）重点发展技术装备产品

1）环保设备

随着环保要求的提高，对页岩气开发过程中废液处理的要求也越发严格，环保设备能够很好地处理这些废液，消除环境风险，利于页岩气可持续开发及产业发展。

①国内市场状况。

现阶段国内针对油田行业的水处理工艺及设备发展状况与国外相比，还没有成型的产品投放市场，系列化的产品更谈不上，而国内各油服公司也没有专业化的服务队伍。尽管各大油田均在此方面或多或少地开展过研究工作，但均没有大的进展。通过查询，国内有两家公司在此方面已经有了起步产品，并有了部分应用。

a. 北京纬纶华业环保科技股份有限公司。该公司2001年成立，主要技术资源包括：含油污泥资源化处理技术、高浓度有机废水处理技术[催化湿式氧化（CWO）技术]、高盐废水处理技术（趋零排放技术）和创新成套环保设备——WLYS 油水分离系统、WLPL 精细过滤器及引进消化吸收的国际先进环保设备——螺旋压榨式脱水机、板框脱水机、油泥干化处理设备和阿库曝气机等。产品主要应用区域为延长油田、榆林地区。

b. 上海名天环保科技有限公司。该公司是一家科技型水处理专业公司，与同济大学、东北大学、第九研究院等科研院所建立了密切的横向协作关系。公司最新的专利设备“油田废水快速处理机”作为主要设备处理废水，该设备集投药、混絮凝反应、泥水分离、水质净化、污泥浓缩脱水等多种功能于一体（已获国家专利）。主要用于污水、废水的一级物化强化混凝处理，能快速（3 min 以内）高效去除水中的悬浮物、COD、BOD、氨氮，可降浊、脱色、去除黏度、清澈水质，有效减少水中有机物，可替代传统污水处理工艺中的气浮或初沉池、二沉池，是传统处理方法的革命性替代品，使用单位包括陕西延长、中海油公司等。

②国外市场状况。

随着美国在页岩气商业化开采方面的成功，其在压裂液返排处理方面经过多年的发展，技术上已经成熟，并出现了多个专业化的设备制造商和油田水处理服务商。在设备制造方面知名度较高的公司有：

Fountain Quail Water Management LLC，该公司是一家专业从事水处理的公司，位于得克萨斯州，成立于2004年，在2006年被Aqua-Pure Ventureinc一家风险投资公司收购，并在加拿大的多伦多创业板上市。

ECOSPHERE TECHNOLOGIES INC（ESPH：OTCBB），成立于1998年，是一家多元化的工程、技术开发和制造公司，为在美国市场的各种工业废弃物处理提供清洁技术和服务。该公司设计和制造移动水过滤设备，并提供能源勘探与废水处理、循环用水服务。它利用其专利技术——Ozonix 技术治理油气井的返排废水。

CETCO Oil Field Services，成立于1996年，是一家多元化的油田服务公司，在苏州设有办事处，在水处理领域以海上业务为主，目前随着美国页岩气开发的发展，已进入陆地油气领域。

③压裂返排液/污水处理关键技术。

反渗透膜：反渗透膜是实现反渗透的核心元件，是一种模拟生物半透膜制成的具有一定特性的人工半透膜。一般用高分子材料制成。如醋酸纤维素膜、芳香族聚酰肼膜、芳香族聚酰胺膜。表面微孔的直径一般为0.5～10 nm，透过性的大小与膜本身的化学结构有关。有的高分子材料对盐的排斥性好，而水的透过速度并不好。有的高分子材料化学结构具有较多亲水基团，因而水的透过速度相对较快。因此一种满意的反渗透膜应具有适当的渗透量或脱盐率。

复合膜：复合膜的特征是主要由两种以上材料制成，以很薄的致密层和多孔支撑层复合而成。多孔支撑层又称基膜，起增强机械强度的作用；致密层也称表皮层，起脱盐作用，故又称脱盐层。脱盐层厚度一般为50 nm，最薄的为30 nm。

由单一材料制成的非对称膜有下列不足之处：

其一，致密层和支持层之间存在被压密的过渡层。

其二，表皮层厚度最薄极限为 100 nm，很难通过减小膜厚度降低推动压力。

其三，脱盐率与透水速度相互制约，因为同种材料很难兼具脱盐和支撑两者均优。

复合膜很好地解决了上述问题，它可以分别针对致密层和支持层的要求选择脱盐性能好的材料和机械强度高的材料。因而复合膜的致密层可以做得很薄，有利于降低拖动压力；同时消除了过渡区，抗压密性能好。

基膜的材料以聚砜最为普遍，聚砜价廉易得，制膜简单，机械强度好，抗压密性能好，化学性能稳定，无毒，能抗生物降解；其次为聚丙烯和聚丙烯腈。

脱盐层的材料主要为芳香聚酰胺，此外还有哌嗪酰胺、丙烯-烷基聚酰胺与缩合尿素、糠醇与三羟乙基异氰酸酯、间苯二胺与均苯三甲酰氯等。

④污泥处理技术设备。

a. 过滤粉碎机。过滤粉碎机是污泥厌氧消化反应器配套的专用设备，具有过滤、粉碎、加热功能。它连通反应器中消化液自循环系统，污泥泵将消化液泵入过滤粉机中，过滤粉碎机中的过滤装置可过滤一定体积的固体物质通过，过滤出较大体积的固体物质经粉碎装置粉碎再通过。过滤粉碎机内胆、铰刀、中轴、过滤管采用不锈钢制成，外壳采用钢板制成，内胆与外壳之间填充发泡聚氨酯保温层；粉碎装置设有 4～6 组铰刀，配有 1.5 kW 高速电机；过滤粉碎机呈长方体，体积为 0.5～0.8 m^3。过滤粉碎机体积小、设计紧凑、经济耐用，易损件铰刀不容易损坏。过滤粉碎机可以替代进口设备大型搅拌机、铰刀型污泥泵、加热交换器等；造价低廉，投资不足进口同样功能的设备的 1%。

b. 污泥干燥机。污泥干燥机是一种低燃耗、高效率的干燥设备。高湿污泥由进料螺旋直接送入滚筒破碎干燥机，被滚筒内壁上的抄板反复抄起撒落，经破碎装置击散后，物料与呈负压的高温介质充分接触，完成传热传质过程。由于滚筒的倾角和引分风的作用，物料由进料端缓缓移动，干燥后由出料螺旋排出，尾气通过除尘器除尘后，排入大气。滚筒与破碎装置均采用无级调速，可适应不同物料的干燥要求。该机可与使用不同燃料（如煤、重油、天然气等）的热源配套使用。污泥处理成套设备主要由滚筒破碎干燥机、燃烧炉、进料螺旋、出料螺旋、输送管道、除尘器、关风器、引风机、控制柜等组成。

⑤环保装备实现途径。

a. 促进支撑企业发展。重庆耐德自动化技术有限公司、重庆大江工业（集团）有限责任公司、重庆齿轮箱有限责任公司、重庆川仪自动化股份有限公司、重庆工业自动化仪表研究所等。

b. 引导调动相关资源。①依托重庆现有企业，在政府的引导下组建股份公司，鼓励民营企业参与。②与重庆市内外高校、科研院所联合组建研究开发团队，培养、引进水处理方面的人才，就处理工艺进行梳理，选择技术先进、成熟度高、适应陆地油气田、占地面积小、能耗低的水处理工艺及设备类型。③与国外相关企业进行接洽，考虑技术的引进和合作方式。

2）LNG 装备

LNG 橇装设备是用特种车拉到目的地后，撬搬到地面上的一种临时性的小型 LNG 储存加注站。该设备直观上包含两部分：低温双层保温罐和角钢或工字钢制成的撬装支架及支架上固定的一组设备。对于处理页岩气出气量在 10 万 m^3/d 以内的气井，具有较好的商业价值。

①市场状况。

国内 LNG 装备厂商主要有哈尔滨雪贝低温设备有限公司、张家港富瑞特种装备股份有限公司等。

a. 哈尔滨雪贝低温设备有限公司。该公司成立于 2004 年，拥有包括低温、超导、真空、机械、材料、焊接、自控、仪表等各专业的工程技术队伍。公司 MRC 制冷工艺设备按液化能力分为 MiniLNG－5000 型：液化能力（标态）2 000～5 000 m^3/d，MiniLNG－10000 型：液化能力（标态）5 000～10 000 m^3/d，MiniLNG－50000 型：液化能力（标态）10 000～50 000 m^3/d。按气源特点划分为 MiniLNG－OFM 型：油田伴生气；MiniLNG－CBM 型：煤层气；MiniLNG－CMM 型：煤矿瓦斯气；MiniLNG－BGM 型：沼气和生物制气；MiniLNG－NGM 型：常规天然气；MiniLNG－SGM 型：页岩气。

b. 张家港富瑞特种装备股份有限公司。该公司成立于 2003 年，是一家专业从事海水淡化、气体分离液化设备，低温液体储罐、集装箱、槽车，高压阀门、低温阀门、压力管道元件以及液化天然气（LNG）气瓶、汽车用车载瓶及汽化设备、撬装设备的制造、销售和相应的技术服务的民营科技型企业。公司于 2010

年 6 月开始研制天然气液化橇装设备，销售主要针对新疆气田如新疆广汇公司。

此外，天津大学、西南石油大学、哈尔滨工业大学均有开展小型液化天然气装置的工艺与技术方面的研究。各大石油公司的天然气液化装置主要以大型工厂式天然气液化设施为主。

国外方面，法国的 Axens 公司与法国石油研究所、美国得克萨斯大学工程试验室是开展液化工艺研究的知名单位。

②产品设备。

a. LNG 撬装站。LNG 撬装站的主要设备包括 LNG 储罐、气化器、加热器、调压计量加臭装置等。LNG 储罐：真空粉末绝热低温双层储罐，内罐材质为 0Cr18Ni9，外罐材质为 16MnR。空温气化器：主气化器、储罐增压器、卸车增压器，材质为 LF21。空温加热器：EAG 加热器、BOG 加热器，材质为 LF21。电水浴加热器：辅助加热器。调压计量加臭装置：整体撬装。

b. LNG 槽罐车。LNG 槽罐车主要由汽车底盘、罐体、管路系统、操作箱等组成。罐体是由一个碳钢真空外筒和一个与其同心的奥氏体不锈钢制内筒组成的，内外筒之间为真空层。一般采用几十层铝箔纸并抽至高真空，为使真空得以长期保持，夹层中还设置有吸附剂。罐体后部设置有操作室，操作阀门和仪表一般都布置在操作室中。为保证罐体能稳定安全地贮存与运输低温液体，罐体设置有多重安全装置和各类仪表，包括增压减压系统、安全系统仪表监测系统、抽真空及测量系统、紧急控制系统。

c. LNG 船。LNG 船主要有球罐型、薄膜型和自持式棱柱型 3 种，但成熟的船型是球罐型和薄膜型两大类。球罐型多数是在钢船体内做几个球形液化罐，即采用 4 个或 5 个直径相同的球体制成，球罐的直径达 40 m 左右。

③实现途径。

a. 促进支撑企业发展。依托重庆耐德自动化技术有限公司、重庆大江工业（集团）有限责任公司等企业，促进 LNG 相关设备产品的研发与生产。

b. 引导调动相关资源。依托重庆现有企业，在政府的引导下组建股份公司；与国外相关企业进行接洽，考虑技术引进和合作；协同国内研究机构，进行技术研发，实现产品的创新。

3）井下工具

①桥塞。

桥塞的作用是油气井封层，具有施工工序少、周期短、卡封位置准确的特点，分为永久式桥塞和可取式桥塞两种。用于深层气井的已试层封堵，为上返测试、压裂改造等工艺技术的成功实施提供保障，是压裂的关键设备之一。目前桥塞生产企业包括山西万泽锦达矿山机械设备有限公司、濮阳市科锐机械工程技术有限公司、盘锦海纳石油机械有限公司等。

永久式桥塞形成于20世纪80年代初，由于其施工工序少、周期短、卡封位置准确，所以一经问世就在油气井封层方面得到了广泛应用，基本上取代了以前打水泥塞封层的工艺技术，成为试油井封堵已试层进行上返试油的主要封层工艺。

可取式桥塞是随着永久式桥塞的出现而出现的，形成于20世纪80年代，作为一种油田用井下封堵工具，在油田勘探和开发中广泛用于对油水井分层压裂、分层酸化、分层试油施工时封堵下部井段。它较好地解决了坐封、打捞、解封操作复杂，使用成功率低的问题。功能上部分可以替代丢手+封隔器、永久式桥塞和注灰封堵，是一种安全可靠、成本低廉、功能齐全的井下封堵工具。在中浅层试油施工中，对于封隔异常高压、高产、跨距大或者斜井等特殊层位，实现上返试油，双封封隔器施工的成功率较低，为方便后续试油、提高试油一次成功率，通常采用可取式桥塞进行封层。

实现途径：a. 促进支撑企业发展。依托本地企业、中国科学院重庆绿色智能技术研究院与中国石化公司（中石化国产桥塞应用成功）合作，实施桥塞产品的产业试制与创新，并联盟重庆相关企业共同发展。b. 引导调动相关资源。采取政府+研究机构+企业+投资机构的协同创新模式，中国石化公司、科院重庆绿色智能研究院、两江新区页岩气产业基地、相关企业和风险投资机构共同组建股份公司，实施技术突破、试制、生产。

②地质导向仪器。

地质导向钻井（Geosteering）技术，是使用随钻测量数据和随钻地层评价测量数据来控制井眼轨迹的钻井技术，它以井下实际地质特征来确定和控制井眼轨迹，而不是按照预先设计的井眼轨道进行钻井。导向钻井技术井下钻具主要由导向仪器、井下导向工具和配套工具共同组成。

世界上多家具有相当实力的钻井服务公司都在研究、开发旋转导向工具，如SPERRY—SUN公司、BAKER—HUGHES INTEQ公司、SCHLUM—BERGER公司、CAMCO钻井服务公司、CAM—BRIDGE钻井自动化公司等，但到目前为止，其中获得商业性成功的只有SPERRY—SUN公司的GEO—PILOT旋转导向钻井系统、BAKER—HUGHESINTEQ公司的旋转闭环钻井系统RCLS（Rotary Closed Loop Drilling System）和SCHLUMBERGER公司的POWERDRIVE旋转导向钻井系统。

由于投入应用的旋转导向工具都不具有地质评价功能，旋转地质导向钻井技术因此并未完全成熟，旋转地质导向钻井技术只能和地质评价仪器配合使用，利用地质评价仪器测量的地质参数进行地质导向。

实现途径：a. 促进重庆科技学院（现已引进苏义脑院士；苏院士多年重点研究该技术及设备，技术取得重大进展，有产品在国内油田应用）、重庆川仪自动化股份有限公司、重庆工业自动化仪表研究所等单位合作发展。b. 引导调动相关资源。在重庆市经信委、重庆市科委协调下，组成以苏义脑院士为核心的项目研发团队，协调投资基金、重庆相关电子企业共同组建股份公司，进行该产品技术突破，实现技术可靠的产品生产。

4）培育产品

①智能油气田系统。

我国智能油气田与国外存在较大差距。智能化油气田的核心是基于模型系统的最优化，包括4个层次：单井优化、生产优化、油气藏优化以及整体资产优化，最终追求的是系统的整体优化。提高油气田生产效率、安全生产、节约能源的效果，可以实现无人采油的精细化生产与控制。

智能油气田系统一般分为6个子系统：井站数据采集子系统、数据发布子系统、远程视频监控子系统、地理信息管理子系统、报警管理子系统、宽带多媒体集群子系统。该系统将地理信息系统和SCADA系统进行有机融合，在实际应用过程中，系统以生产流程为基础，以岗位为单元，通过多级别的用户管理、严密的权限控制策略，不但可以一天24小时不间断地对某个单井进行远程可视化监控，达到相关生产数据自动录入、设备远程控制、报表自动生成、异常自动报警、单井自动巡井等目的，而且还可通过一条指令，远距离实现对油气井的批量启、停。

②其他相关产品。

主要包括油管、天然气化工装备等。

11.2 页岩气环保产业

11.2.1 重庆环保产业现状

“十二五”时期以来，重庆市环保产业年均增长 14.2%，技术装备迅速升级，产品种类日益丰富，服务水平逐步提高，初步形成了产业体系框架。

根据《重庆市环保产业集群发展规划（2015—2020）》，到 2017 年，全市环保产业年销售收入达到 670 亿元。培育一批在国内具有较强竞争力和知名度的大型企业，打造一批拥有自主知识产权的知名品牌，形成一批优势明显、特色突出的百亿元级工业园区，创新平台和科技服务体系更加健全，产业集群发展格局初步显现。到 2020 年，全市环保产业年销售收入达到 1 300 亿元。

该规划提出，要依托重点项目建设与运营形成的市场空间，培育大型环保综合服务企业、资源综合利用企业和环保技术装备（产品）生产龙头企业，带动环保产业集群化、规模化发展，着力培育污水和污泥处理设备、大气污染防治设备（产品）、固体废物处理设备、环境仪器及环境修复、再生资源、固体废物综合利用、再制造、环保服务业集群等八大环保产业集群。到 2020 年，形成年销售收入 100 亿元的环保企业 3 家、年销售收入 50 亿元的环保企业 6 家。一批技术装备达到国内领先或先进水平、部分技术装备达到国际先进水平、以新兴业态为代表的环保服务业全面发展，形成龙头企业引领、产业链条完整的八大优势产业集群。

但是，重庆市环保产业与全国部分省市存在较大差距，如表 11-3 所示，2010—2013 年，重庆市工业污染治理投资情况的各项投资指标均低于全国平均水平；还存在产业集中度低、市场体系不健全、市场化程度不高等问题。此外，在相关页岩气开发的环境保护制度方面，主要是依据《环境保护法》，没有专门针对页岩气开发的环境保护制度与标准。尽管重庆组建了“重庆市涪陵页岩气环保研发与技术服务中心”，启动了“页岩气油基岩屑处置”“页岩气环境保护技术规范”等首批课题，但是还处在研究阶段。对于含油岩屑的内部转移、交接制度，并采取先进的处理工艺对含油岩屑进行再利用缺乏标准。在环保设施方面，含油岩屑暂存场所和含油岩屑再利用集中处置中心建设跟不上开发速度，存在含油岩屑的乱堆乱放和不规范处置现象。基于此，重庆市环保局开展一些工作促进环保产业发展：完善环保市场化机制，一是组建重庆资源与环境交易所，在工业领域全面开展“三票”交易，健全区县工作机制，完善交易监管制度，规范交易市场。二是组建基金管理公司，完善运作规则，启动运作环保产业股权投资基金。推进政府购买环境服务，推动环境污染第三方治理。三是有序推进社会环境监测机构参与相关环境监测服务活动。

表 11-3 2010—2013 年重庆市工业污染治理投资与全国平均比较 单位：万元

指标	2010 年		2011 年		2012 年		2013 年	
	全国平均	重庆	全国平均	重庆	全国平均	重庆	全国平均	重庆
工业污染治理完成投资	128 057.00	77 502	143 342.00	49 384	161 438.00	38 226	279 892.00	78 880
治理废水项目完成投资	41 790.90	37 761	50 886.20	24 915	45 272.50	17 510	40 284.60	6 399
治理废气项目完成投资	60 705.90	27 369	68 284.20	8 241	83 133.50	16 531	206 745.00	71 856
治理固体废物项目完成投资	4 602.97	3 189	10 125.00	14 281	7 983.84	1 471	4 531.61	—
治理噪声项目完成投资	457.84	500	697.52	354	375.07	309	568.65	44
治理其他项目完成投资	20 000.70	8 684	13 349.40	1 593	24 672.90	2 405	27 761.50	581

11.2.2 页岩气开采废物

页岩气开发对环境可能造成的破坏，即是环保产业的市场需求所在。从已经获得的信息来看，页岩气开采环节主要存在以下环境问题。

（1）废水

在开采页岩气时，水主要用于水平井钻探和水力压裂。水平井钻探过程中需要水来清除沙砾、冷却钻头和控制钻探压力，其每日用水量为 6 万～60 万加仑（250～2 270m^3），而高密度的用水发生在水平压裂阶段。钻井完成后，需要高压注入含水、沙子和化学品的流体，以破裂页岩层。在 15～30 d 的压裂期中，平均每口井的需水量为 200 万～500 万加仑（7 500～19 000 m^3）[①]。2010 年 9 月，对

① 国际能源网能源资讯频道，2015-03-20.

志留系龙马溪组页岩储层进行水力压裂，压裂液返排率为13%[①]；彭页HF-1井，返排率达49.04%[②]；涪陵区块压裂液返排率平均为3%～4%[③]；国外页岩气井生产1年后压裂液返排率平均为35%～62%[④]。因此，在完成压裂后，一定比例的压裂液（一般情况下8%～20%）在压力释放后会回流至地表，即返排废水（flowback water）。但根据不同地区的页岩气储存构造，返排废水总量为42万～250万加仑（1 600～9 500 m^3），这部分废水除含有化学添加剂、重金属和放射性元素外，还含有高浓度的盐类和COD，需要在反排期内（1～2 周）得到有效处理。此外，由于页岩气层也赋存了油和地下水，在生产过程中也会存在生产废水排放（produced water）。废水排放量与页岩气田的地质结构息息相关，单井为1～20 m^3/d[⑤]，寿命周期废水排放总量可以达到数百万加仑。

（2）废渣

相比水资源消耗问题，页岩气开采产生的油基泥浆和钻屑问题也同样让人担忧。在页岩气的开发过程中，会产生大量的油基钻屑，油基钻屑中含有大量的柴油及固体危险废弃物，不能直接进行排放，因此有必要对油基钻井液钻屑进行无害化处理。资料显示，一口井深4 800 m的页岩气井，一开和二开使用水基泥浆钻井，三开水平段使用油基泥浆钻井，单口井产生总的废弃钻屑为1 543 t，其中水基钻屑990 t、含油岩屑为553 t。这些废油基泥浆和含油钻屑如若得不到有效处理，长时间堆积会对土壤形成二次污染。

（3）废气

页岩气开发中产生的气体含有可挥发性有机化合物及其他有害空气污染物，如苯和正己烷等。2010年4月的"天普大学第二个关于Marcellus页岩气开发的公开讨论会"上有报告指出，页岩气开采产生的废气中有61%的成分是对健康有害的。2010年4月，美国大约150户居民被迫疏散到邻近的卡多县正是由于埃科（Exco）公司的钻机无意中造成了浅层天然气泄漏。据相关报道，美国的页岩气开

---

① 中国石油新闻中心，2014-02-26.

② 中华人民共和国国土资源部网站，http：//www.mlr.gov.cn/xwdt/jrxw/201210/t20121030_1151859.htm.

③ 邹龙庆，张剑，李彦超：《涪陵页岩气体积压裂改造理念及关键技术》，百度百科。

④ 高树生，胡志明，等：《国外页岩气井生产1年后压裂液返排率平均为35%～62%》，载《天然气工业》，2013年12月。

⑤ 国际能源网能源资讯频道，2015-03-20.

采技术存在问题，如家畜饮用了开采点的水后死亡的事件。宾夕法尼亚州甲烷渗入水井之后，一些居民甚至可以点燃自家的饮用水。同时，甲烷是一种导致全球气候变暖的温室气体，温室效应在100年时间段内比二氧化碳至少高出25倍，甲烷逃逸到大气中会加剧全球变暖，甲烷渗入地下蓄水层会造成地下水污染。甲烷泄漏可能来自页岩气开发过程中的故意排气、设备泄漏，或者水力压裂过程。在美国，37%的甲烷排放总量来自油气行业。每年油气行业释放的甲烷量达到1 200万t，其中80%为不必要的排放，造成的后果相对于2亿t以上的二氧化碳排放。美国国家环境保护局颁布了一项新法规，该法规要求到2015年1月，所有采用水力压裂法进行页岩气开采的气井都必须安装相关设备，以减少可挥发性有机化合物及其他有害空气污染物的排放，如苯和正己烷等。截至2013年年初，美国新气井中约有一半已安装了相关设备，以便在进行页岩气开采时能够根除可挥发性有机化合物的排放，捕集空气污染物及甲烷。

11.2.3 页岩气环保关联产业发展机遇

目前，页岩气开采主要应用的是水平井钻井和水力压裂技术，需要大量耗水已是不争的事实。并且开采过程中使用的高压裂液含有化学试剂。在页岩气开采过程中，一般大部分压裂液会回流到地面先储存，然后再进行处理回收和再利用，在这过程中压裂液如若渗入地下或随雨季到来外溢，极易造成当地浅层和地下水质的污染。在治霾压力的倒逼下，更加严格的环保将成为另一种“新常态”。很显然，加大环保投入将不可避免，这将直接影响到页岩气开发企业的利润，进而影响页岩气产业顺利发展。

近年，国家对环保非常重视。2012年，国务院印发了《“十二五”节能环保产业发展规划》，对发展节能环保产业进行了全面部署；2013年8月，国务院印发了《关于加快发展节能环保产业的意见》，十二届全国人大常委会第八次会议表决，新修订的《环境保护法》于2015年1月1日起执行。李克强总理指出，对环保执法部门要加大支持力度，包括能力建设，不允许有对执法的干扰和法外施权。

2013年8月，国家发展改革委有关负责人就《关于加快发展节能环保产业的意见》答记者问时指出：节能环保产业是指为节约能源资源、发展循环经济、保护生态环境提供物质基础和技术保障的产业，作为国家加快培育和发展的战略性新兴产业之一，发展面临难得的历史机遇。加快发展节能环保产业，对于拉动投资增长和消费需求、形成新的经济增长点、促进产业升级和发展方式转变、提高能源资源效率、保护生态环境、改善民生具有重要意义。

我国节能环保市场潜力巨大，环保产业的发展也很好地契合了"新常态"时期国民经济转型升级和稳增长两方面的诉求，将节能环保产业的发展目标定位于"支柱产业"有逻辑合理性和现实意义。

11.2.4 页岩气环保产业产值预测

目前，页岩气环保产业主要集中在废水、废渣及废气回收上，其中以废水处理、废渣（油基钻屑）处理为主。

根据预测估计，目前重庆页岩气钻进速度为每年 200～300 口井，如果每年增长 10%，到 2020 年，钻井数可能为每年 500 口井。以此为基础，对页岩气环保产业产值进行简单预测。

①废水处理预计市场产值规模为 160 万～950 万元/a。根据前述数据，每口井返排压裂液 1 600～9 500 m^3，油田的废水处理工艺复杂，标准严格，处理费用要高出很多，则按照城市污水处理费用两倍计算，约 2 元/t（目前全国 30 个重点城市中，只有 1/5 的城市居民污水处理费和非居民污水处理费达到 0.95 元/t 和 1.4 元/t 的标准），则每口井的废水处理费用为 3 200～19 000 元。到 2020 年，市场产值规模为 160 万～950 万元/a。

②废渣处理预计市场产值规模为 11.25 亿～15 亿元/a。一口井深 4 800 m 的页岩气井，一开和二开使用水基泥浆钻井，三开水平段使用油基泥浆钻井，单口井产生的总废弃钻屑量为 1 543 t，其中水基钻屑 990 t、含油岩屑 553 t。但是，我国的页岩气储藏深度一般为 3 500～4 500 m，则可以假定单口井产生的总废弃钻屑量为 1 500 t 左右。按目前油田吨废渣处理费用 1 500～2 000 元/t 计，以 2020 年钻井 500 口的规模，则废渣处理市场产值规模为 11.25 亿～15 亿元/a。

③废气及其他废物处理。按照废水、废渣处理费用的 10%计算废气及其他废物处理的费用，则废气及其他废物处理的市场规模为 1 亿～1.5 亿元/a。

由此，到 2020 年，重庆页岩气开发的环保市场产值规模为 12.39 亿～16.60 亿元/a，如表 11-4 所示。

表 11-4　重庆页岩气开发环保产业规模（2020 年）

类别	数量	单位处理费用	小计/万元
废水	80 万～475 万 t	2 元/t	160～950
废渣	75 万 t	1 500～2 000 元/t	112 500～150 000
废气及其他废物		按照废气、废渣处理费用 10%计算	11 266～15 095
总计			123 926～166 045

按照环保产业链的规律，围绕页岩气废水、废渣、废气、环境监测等相关产业产值规模为直接废物处理市场规模的 5～10 倍，则环保产业的市场规模为 60 亿～160 亿元，平均为 100 亿元左右。

11.2.5　页岩气环保产业发展方向

根据调研，重庆页岩气环保产业可有以下几个发展方向。

（1）页岩气环境技术标准

2013 年 8 月 21 日，经国家能源局批准，页岩气标准化技术委员会在北京成立，页岩气产业技术标准体系的建设工作全面启动。包括全面开展页岩气开发环境风险防控技术规范体系研究，根据不同地质条件、不同开采方式及页岩气开发利用各环节的不同特点，研究制定符合我国国情的页岩气开发环保技术规范体系，包括水资源利用、温室气体排放、废水处理、土壤和地表水的污染、植被恢复等多个方面，提前做好相关技术储备，做到资源开发与环境保护的统筹兼顾。

借助涪陵页岩气成功开采的机遇，重庆市组织相关环保部门、环保企业、科研单位结合页岩气标准化技术委员会的工作需要，针对页岩气环境标准开展广泛的合作与项目研究，积极参与到页岩气标准研究、标准体系、规范制定与实施中。该标准能对我国乃至世界页岩气勘探开发发挥指导作用，必将参与到页岩气、油气勘探开发活动中。据估计，环境评估与检测费用将会占勘探开发总投资的 10%左右，预计未来页岩气开采每年投资规模达 2 000 亿～3 000 亿元，页岩气环保标准产业市场的规模为 200 亿元/a。

（2）页岩气开发环境智慧检测系统

该系统主要包含“智慧环境云数据中心”“智慧环境应急指挥调度平台”“环

境水质监测预警平台”“污染源全过程监控平台”“安全生产综合监管平台”等项目和相关产业。建设智慧环境大平台是未来发展趋势，具有前瞻性，也可体现页岩气开发示范基地的示范效果：

①打造全国“页岩气环境保护”建设样板：有助于“智慧环境”及“智慧城市”项目建设和运营经验的积累，有望形成示范性项目，有利于未来相关产业发展。

②软硬件齐头并进：环境监测行业从检测设备到信息化软件技术运营服务，给重庆软件信息产业发展带来机遇，有望通过数据平台的搭建，实现重庆软硬件产业的齐头并进。

③延伸环保产业链：借助该项目环境治理项目的合作机会，延伸环保产业链，向水处理、污泥处理、流域治理、大气治理等环保领域延伸。

（3）环保处理设备

在页岩气勘探和开采过程中需要处理液态废物，包括从钻井平台上排放的钻探溶液、开采中从地层中排出的含油废水和大量的油渣；处理有害固体废物，包括装过石油的材料、盛过化学物质的包装、各种垃圾等。

每口井废水少则有几百立方米，多则有几千立方米，废渣、废弃物等污染物达数十吨。如果全国每年勘探开发 1 000 口井，废水处理将达到百万吨，废渣、废弃物处理量达上万吨，因此发展环保装备具有广阔的空间。

（4）加强环保服务

页岩气开发中许多废物需要处理，环保问题与地方政府、企业有密切关系，组织有能力、有资质的企业参与到页岩气开采过程中，为开发企业提供废水净化处理、废渣处理与填埋等业务，增进环保产业发展。表 11-5 所示为重庆相关页岩气环保企业，其中一些企业稍加引导、支持即可进入页岩气环保产业中，将推动页岩气产业发展。

表 11-5 重庆环保企业（页岩气相关）

序号	单位名称	证书等级	项目类别
1	重庆康达环保产业（集团）有限公司	甲级	废水、废气、固体废物、噪声
2	中冶赛迪工程技术股份有限公司	甲级	废水、废气、固体废物、噪声
3	重庆市环境保护工程设计研究院有限公司	甲级	废水、废气、固体废物、噪声

序号	单位名称	证书等级	项目类别
4	重庆深安科技发展有限公司	甲级 乙级	油气田废水、噪声 固体废物
5	中煤国际工程集团重庆设计研究院	甲级	废水、废气、固体废物、噪声
6	重庆绿色科新环保发展有限公司	甲级	废水、废气、固体废物、噪声
7	重庆华油环保工程有限公司	乙级	油气田废水、固体废物、噪声、生活污水
8	重庆石油川东钻探建筑安装工程有限公司	乙级	油气田废水、固体废物
9	重庆政大建筑安装工程有限责任公司	乙级	油气田废水、固体废物
10	川庆钻探工程有限公司川东钻探公司	乙级	油气田废水、固体废物
11	重庆凯洁环保工程有限公司	丙临	油气田废水、固体废物

（5）PPP+产业基金融合

PPP（Public-Private-Partnership）也称“3P”模式，即公私合作模式，一种是公共基础设施项目融资模式；产业基金作为环保产业资本汇聚的平台，集合银行、政府、公司等强大的社会资本。在该模式下，鼓励私营企业与政府进行合作，参与页岩气环境项目的基础设施建设，如页岩气开发环境智慧检测系统等环保公共产品、服务。

该模式让非公共部门所掌握的资源参与提供公共产品和服务，从而实现政府公共部门的职能并同时也为民营部门带来利益。通过这种合作和管理，可以在不排除并适当满足私人部门的投资营利目标的同时，为社会更有效率地提供环境保护公共产品和服务，使有限的资源发挥更大的作用。

11.3　页岩气利用产业与发展

页岩气的组成与常规天然气相仿，其利用方式基本相同，主要包括直接燃烧、压缩液化、天然气化工三种路径（图 11-2）。页岩气直接燃烧包括居民、商业、发电、工业燃料等领域；页岩气压缩液化包括 CNG、LNG 等领域；天然气化工包括将甲烷转化为 CO 和 H_2、裂解为 C_2H_2，将 C_2 以上成分裂解为烯烃，将惰性成分深冷为 He 等惰性气体，将 H_2S 脱硫等多条产业链。

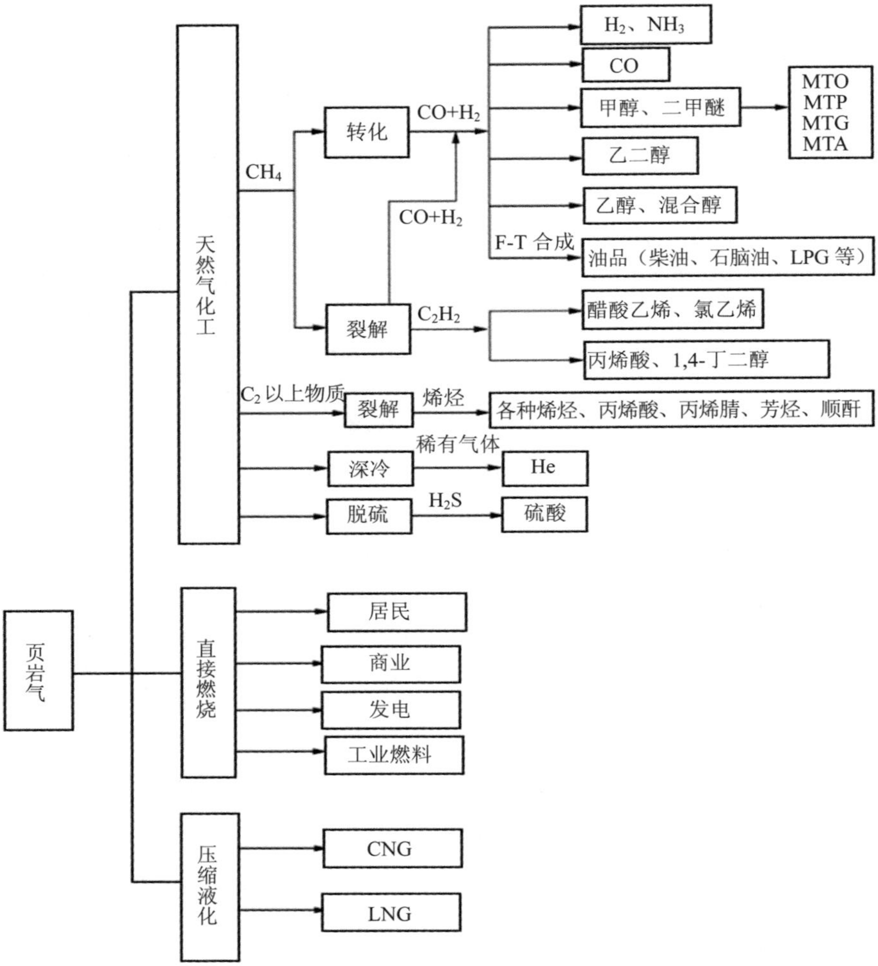

图 11-2　页岩气利用方式

11.3.1　页岩气化工产业

页岩气的主要成分是甲烷，并含有少量的乙烷、丙烷、丁烷、戊烷、二氧化碳、氮气。页岩气不仅能够替代常规天然气在能源领域的应用，而且在化工行业的应用较常规天然气更为广泛。页岩气中分离出大量凝析液 NGL（轻烃），凝析液 NGL 的主要成分为乙烷、丙烷，分别经裂解和脱氢后，即可获得乙烯、丙烯。

甲烷、乙烷、丙烷是页岩气化工的三种最基础的原料，由此构成了页岩气化工产业链。

（1）页岩气化工产业链

1）提取裂解原料

页岩气中含有的乙烷、丙烷、丁烷、戊烷均属于优质裂解原料，乙烷裂解生产乙烯的收率高达 80.5%，远高于亚洲传统的石脑油制 35%的乙烯收率。美国近几年的页岩气开发有大量的湿气资源，使乙烷和丙烷的供应量大幅增加，乙烷裂解制乙烯已成为极具竞争力的工艺路线。

目前，国外石化公司提出了多种从天然气中回收 C_2+凝液（NGL）组分的工艺，如 AdvancedExtrac-tionTechnologies 的 AETNGLrecovery、Technip 的 CRYOMAXMRE，ABBLummus 的 NGL-Pro、Black & VeatchPritchard 的 PRICOLNG、Cono-coPhillips 的 optimizedcascadeLNGprocess。以上工艺的主要产品是液化天然气，副产品是 C_2+凝液，乙烷回收率均可达 90%以上。

2）页岩气制合成油

页岩气组成与天然气相似，将来也可用页岩气代替天然气来制备合成油。天然气制合成油（GTL）是天然气高效利用的途径之一，近几年来一直是业内广泛关注的热点。天然气生产的合成油属于清洁燃料，其优点在于不含硫、氮、镍杂质和芳烃等非理想组分，符合现代燃料的严格要求和日益苛刻的环境法规，从而为生产清洁能源开辟了一条新的途径。目前，GTL 技术已从试验阶段发展到了工业应用阶段，并以较大的技术、经济优势，受到了越来越多石油公司的关注。GTL 工艺主要由合成气生产、F－T 合成、合成油加工、反应水处理四部分组成。不同 GTL 生产工艺，其主要产品略有差别。GTL 产品中，液化气可用作燃料；GTL 石脑油是非常优质的乙烯装置原料，但不宜用作汽油调和组分，也不宜用作催化重整原料。GTL 柴油含硫量接近 0，十六烷值为 70～80，相对密度为 0.78，闪点为 81℃，浊点为–12℃，远优于常规炼油厂生产的清洁柴油，也远优于欧盟对超清洁柴油的规格要求。GTL 润滑油基础油不含硫，不含芳烃，倾点低，挥发性低，黏度指数高，氧化安定性好，生物降解率高，其质量远优于目前炼油厂生产的Ⅰ、Ⅱ、Ⅲ类基础油。石蜡的外观不透明，白色，基本无味，具有高线性度和窄碳数分布，用于色料或香料中颇为理想。

3）页岩气制氢

页岩气中的甲烷制备氢气可通过两种工艺路线来实现：一种是通过制备合成气（H_2 和 CO 的混合气）从而得到氢气；另一种是甲烷催化裂解反应产生氢气。这两种方法首先都要活化甲烷分子，但甲烷分子惰性很强，反应条件苛刻。传统的制氢方法较多，如水蒸气甲烷重整（SRM）、甲烷部分氧化（POM）、甲烷自热重整（ATR）等。SRM 工艺的生产技术较为成熟，但该过程会产生 CO_2，因此需要增加 CO_2 捕获和储存装置，这会使制氢的成本提高 20%～50%。POM 工艺过程能耗低，可采用大空速操作，无须外界供热，可避免使用耐高温的合金钢管反应器，采用极其廉价的耐火材料堆砌反应器即可，装置的固定投资明显降低，但尚未见到该技术工业化的相关报道。ATR 工艺是一种新型制氢方法，其基本原理是在反应器中耦合了放热的甲烷部分氧化反应和强吸热的甲烷水蒸气重整反应，因此反应体系本身可实现自供热。

4）页岩气制乙烯

乙烯作为基础工业原料，在石化工业中占有重要地位。如页岩气中的甲烷转化成乙烯，将会是页岩气化工利用的最有前景的路线之一。甲烷制乙烯的方法分为一步法、二步法、三步法。

三步法分为甲醇路线、二甲醚路线、乙醇路线。即将甲烷制成合成气，经催化反应分别生成甲醇、二甲醚、乙醇，再生成乙烯。甲醇路线也就是 MTO 法，是目前广泛应用的新工艺。

二步法主要有合成气路线、氧化路线和氯化路线。合成气路线，将甲烷经合成气直接生成乙烯；氧化路线，即将甲烷氧化生成甲醇，用 MTO 法制成乙烯；氯化路线，首先将甲烷转化为一氯甲烷，再转化为乙烯。二步法工艺正处于研究阶段，未达到工业生产的要求。

一步法包括氧化偶联法、选择性氧化法。经过 10 余年的努力，中国科学院兰州化学物理研究所、中国科学院成都有机化学研究所等在氧化偶联法方面的研究成果比较显著，在国际上处于先进地位。最近，韩国 LG 化学公司正在进行甲烷生产乙烯的技术开发。由于二步法、三步法的工艺流程较长，随着天然气、页岩气价格逐渐上升，将不再具备经济上的优势。尽管一步法工艺尚不具备工业应用条件，但该技术的经济意义巨大，工业化前景值得期待。

5）页岩气制芳烃

页岩气中的甲烷也可经催化过程转化为芳烃，将极大地增加产品的附加值。甲烷制芳烃方法分为部分氧化法、无氧脱氢法。部分氧化法的甲烷转化率很低，芳烃选择性和收率也很低，且产生大量的二氧化碳气体，在经济上不具备开发前景。1993 年，中国科学院大连化学物理研究所在国际上首先报道了甲烷无氧脱氢芳构化制芳烃的研究成果。目前，甲烷无氧脱氢芳构化已经成为甲烷利用研究中的一个重要分支，是目前甲烷直接转化的主要研究内容之一。

6）页岩气制纳米碳材料

页岩气不仅可以高效地转化为高品质液体燃料和高附加值的化学品，也可用来制备碳纳米管、纳米碳纤维、纳米碳颗粒等具有特殊性能的材料。以甲烷为碳源、过渡金属为催化剂时，反应产物主要是碳纳米管、纳米碳纤维或纳米碳颗粒。用甲烷制得的碳纳米管管径很均匀，且纯度很高，看不到杂质。由甲烷制备纳米碳材料具有原料价格优势，工业化应用前景巨大。

（2）项目经济性分析

1）甲醇项目经济性分析

天然气是 C_1 化学工业的基本原料，其下游衍生物为以合成气为基础原料的产品，如合成氨、甲醇、丁辛醇、氢气等。因此，产业链非常长，能够衍生出众多化工项目。

下面对甲醇项目进行经济性分析，分析过程采用完全成本法，该方法是将企业在生产经营过程中发生的所有费用都分摊到产品成本中去，形成产品的完全成本，包括直接材料（原材料、辅助材料、燃料及动力）、直接工资、其他直接支出、制造费用、期间费用（管理费用、财务费用和销售费用）。

以装置规模、原料及公用工程消耗、定员、制造费用（包括折旧及维修费等）、投资、期间费用等参数为基础，来计算盈亏：

①当完全成本/（产品售价–税金）＜1 时，产品盈利；

②当完全成本/（产品售价–税金）=1 时，产品盈亏平衡；

③当完全成本/（产品售价–税金）＞1 时，产品亏损；

④在盈亏平衡点时，完全成本=产品售价–税金。

以此列方程求出天然气价格。

设方程左边：先设每立方米天然气价格为 x，由原料、辅助材料、公用工程消耗、直接工资、制造费用等基础参数，列出含 x 的生产成本，期间费用按生产成本的 10%计，形成产品完全成本。

设方程右边："产品售价–税金"中的产品售价按 2015 年 4 月的平均价计，产品及原材料价格见表 11-6。税金为含 x 的代数式，税金在盈亏平衡点时不计所得税，只计流转税及附加。流转税包括增值税、消费税和营业税，石化产品一般不涉及营业税，且仅汽油、柴油含消费税，故实际流转税即为增值税。城建税为流转税的 7%，教育附加为流转税的 3%，合计为增值税的 10%。其中，增值税率为 17%。

表 11-6　甲醇产品及原材料价格

名称		产品价格（含税）
项目	甲醇	2 355 元/t
	丁辛醇	7 900 元/t
	氢气	14 000 元/t
原料与材料	新鲜水	2.34 元/t
	高压蒸汽	80 元/t
	中压蒸汽	70 元/t
	氮气	0.50 元/m^3
	电	0.50 元/（kW·h）
	脱盐水	11.7 元/t
	工业风	0.35 元/m^3
	循环水	0.29 元/t

资料来源：中国石化集团齐鲁石化公司规划院研究报告《天然气化工利用的经济性分析》。

增值税=售价（含税）×扣税率–买价（含税）×扣税率，扣税率=税率/（1+税率）。由此方程求出盈亏平衡点时天然气价格 x，以测算不同产品对天然气价格的承受能力。

以规模为 30 万 t/a 天然气重整合成装置为基准，天然气耗量为每吨甲醇 959 m^3，设盈亏平衡时天然气价格为 x 元/m^3，则甲醇成本构成见表 11-7。

表 11-7　甲醇成本构成

项目	成本/（元/t）
直接材料	959x +93
原材料	959x
辅助材料	33
燃料及动力	60
直接工资	6
制造费用	312
则：生产成本	959x +411
完全成本	（1+10%）（959x +411）

$$(1+10\%)(959x+411)=2\,355-[2\,355-(959x+93)]\times17\%\times(1+7\%+3\%)/(1+17\%)$$

则 x=1.709 元/m^3

在甲醇价格为 2 355 元/t 时，生产甲醇所需天然气的盈亏平衡点为 1.709 元/m^3。若甲醇规模扩大，产品成本中固定费用将进一步下降，盈亏平衡点将上升。

但是，目前天然气（页岩气）价格为 1.92～2.32 元/m^3，因此天然气制甲醇处于亏损状态。

2）MTO/MTP 项目经济性分析

天然气制烯烃（MTO）是以甲醇为原料的天然气下游产业项目，是重庆长寿等化工园区可能发展的产品项目，对此我们进行投资效益分析。MTO 项目分析基础数据如表 11-8 所示。

表 11-8　天然气制烯烃（MTO）项目分析基础数据

	烯烃	
规模/（万 t/a）	50	100
天然气单耗/（m^3/t）	2 150	2 150
天然气年消耗/亿 m^3	10.75	21.5
总投资/10^8 元	51	91

资料来源：中国石油规划总院研究报告《天然气化工利用技术经济分析》。

根据中石油报告中提供的原料及产品价格，天然气价格为 2 元/m^3，项目经济分析结果如表 11-9 所示。

表 11-9　不同价格烯烃项目（100×10^4 t/a）经济分析结果

序号	指标	单位	烯烃：6 500 元/t	烯烃：6 800 元/t	烯烃：8 000 元/t
1	总投资	亿元	91	91	91
2	天然气价格	元/m^3	2	2	2
3	天然气消耗量	万 m^3/a	215 000	215 000	215 000
4	成本	万元	676 272	676 272	676 272
5	烯烃产量	万 t	100	100	100
6	销售收入	万元	650 000	680 000	800 000
7	盈利水平	万元	−26 272	3 728	123 728

注：根据中国石油规划总院 2000 年研究报告《天然气化工利用技术经济分析》计算。其中，天然气价格取当前重庆天然气化工企业的价格，即 2 元/m^3。

从表 11-9 可以看出，按照目前天然气价格 2 元/m^3 及相应生产成本，烯烃价格在 6 800 元/t 左右处于盈亏平衡点。因此，烯烃项目受市场价格影响较大。但是由于受到煤制甲醇成本低于天然气甲醇的影响，天然气制烯烃优势不再；除非加强对煤制甲醇的环保要求，其污染物处理成本增加，可能使其成本优势丧失，否则天然气制烯烃难以在成本上与煤制烯烃竞争。

3）其他天然气化工项目经济状况

调研了重庆长寿化工园及涪陵白涛化工园主要的天然气化工企业：川维厂、重庆卡贝乐化工有限责任公司、重庆建峰化工股份有限公司、重庆华峰化工有限公司等。情况如下：

①天然化工项目绝大部分处于亏损状况。当前天然气价格为 2.32 元/m^3，以天然气为主要原料的项目合成氨、化肥、尿素、甲醇、醋酸乙烯，以及天然气乙炔制 VAC、PVA、VAE、维生素项目举步维艰，企业基本处于亏损状态。

②天然气用量逐步减少。企业减产并降低天然气用量，实现未来不会增加天然气用量。

③天然气项目搬迁或转停产。重庆建峰化工股份有限公司二化厂是目前国内规模最大、工艺最先进的化肥生产装置，针对天然气价格承受力达不到目前价格

水平的现状，准备搬迁外地或国外，如中东等。部分项目已停产或转产。

④天然气用量占成本小的项目效益相对较好。如重庆华峰化工有限公司生产己二酸产品，天然气占总成本的10%左右，效益较好。

出现以上状况的原因分析如下：

①煤化工成本低。根据调研，目前煤化工可以生产甲醇、合成氨等化工原料产品，几乎可以完全取代天然气，但是成本比天然气为原料的成本低很多，使得天然气化工没有成本优势。其主要原因是国内企业环保成本没有计入或很少计入生产成本，使得煤化工对周围环境影响大。

②天然气价格相对较高。目前长寿化工园区、白涛化工园区的企业取得天然气价格为1.92元/m^3，而增量气为2.32元/m^3，相对于一些地区或产品（化肥）原料价格偏高，企业经营状况（利润）对天然气价格变化非常敏感。

③化工产品过剩。通过调研，目前绝大部分化工产品过剩严重，只要产品效益好，将很快涌现大部分产品，市场竞争激烈，效益显著下降直至亏损。

（3）重庆页岩气化工产业发展

以发展天然气制醋酸系列、乙炔等下游产品项目为主导方向，布置和发展精细化工、清洁燃料、新材料、汽车和摩托车化工材料用品、化工建材等项目，产品链延伸，产业做大做强，形成庞大的产品群。以天然气制乙炔、醋酸乙烯、聚乙烯醇、VAE乳液等项目为重点，发展天然气化工产业集群，包括20万t/a BDO及聚四氢呋喃、60万t/a醋酸、4万t/a氰化钠、1万t/a EDTA、3万t/a PVB、1万t/a γ-丁内酯、6万t/a PBT等项目。大力发展天然气制氢氰酸和氯甲烷产业链，发展高附加值的下游产品，重点推进20万t/a MMA、3万t/a表面活性剂、聚四氟乙烯等项目，建成世界领先的天然气化工基地。

充分利用重庆市页岩气资源优势，打造化工原料基地，原料利用率达到80%以上；进一步完善和优化长寿经开区、涪陵白涛园区天然气化工产业布局，将产品关联度高、原料互供的企业及项目布置在同一区域，形成“大规模、高水平、基地化”天然气化工产业格局。

根据重庆化工基础及项目的前景，在未来可以从以下几个方面投资。

1）甲基丙烯酸甲酯（MMA）项目

甲基丙烯酸甲酯是一种有机化合物，又称MMA，是一种重要的化工原料，是生产透明塑料聚甲基丙烯酸甲酯（有机玻璃，PMMA）的单体。主要用于生产有机玻璃、光导纤维、航空航天透明材料、液晶显示屏、高档涂料等。

项目案例：新建 9 万 t/a 甲基丙烯酸甲酯生产线及配套设施，总投资额 7 亿元。项目全面投产后，年可实现销售收入 7.3 亿元，年利税 2.1 亿元，年利润 1.1 亿元，投资回收期 6.3 a。

世界上最大的 MMA 生产商三菱丽阳估计，到 2020 年全球 MMA 需求还将以 2%～3%每年的增速增长，到 2020 年全球 MMA 需求将达到 450 万 t/a，目前全球需求估计为 300 万 t/a。

2）乙炔项目

乙炔是最简单的炔烃，用于制取乙醛、醋酸、丙酮、季戊四醇、丙炔醇、1,4-丁炔二醇、1,4-丁二醇、丁二烯、异戊二烯、氯乙烯、偏氯乙烯、三氯乙烯、四氯乙烯、醋酸乙烯、甲基苯乙烯、乙烯基乙炔、乙烯基乙醚、丙烯酸及其酯类等，亦是合成橡胶、合成纤维和塑料的单体。也用于金属焊接或切割。

案例：5 万 t/a 乙炔项目。采用天然气部分氧化法生产乙炔的工艺，建年产 5 万 t 乙炔生产线及配套设施。总投资额 5 亿元，项目建成投产后，年可实现销售收入 7 亿元，利税总额 1.6 亿元，净利润 0.85 亿元，投资回收期 5.9 年。

3）1,4-丁二醇项目

1,4-丁二醇（以下简称 BDO）是一种重要的有机和精细化工原料，被广泛应用于医药、化工、纺织、造纸、汽车和日用化工等领域。由 BDO 可以生产四氢呋喃（THF）、聚对苯二甲酸丁二醇酯（PBT）、γ-丁内脂（GBL）和聚氨酯树脂、涂料和增塑剂等，以及作为溶剂和电镀行业的增亮剂等。

案例：4 万 t/a 1,4-丁二醇项目。采用以乙炔为原料的炔醛法生产路线生产 1,4-丁二醇，建年产 4 万 t 1,4-丁二醇生产线及配套设施。总投资额 7 亿元，项目全面投产后，年可实现销售收入 8 亿元，年利税总额 2.2 亿元，年利润 1.2 亿元，投资回收期 5.9 年。

4）醋酸产业链项目

醋酸是一种重要的基本有机化工原料，主要用于制取醋酸乙烯单体（VCM）、醋酸纤维、醋酐、对苯二甲酸、氯乙酸、聚乙烯醇、醋酸酯及金属醋酸盐等。根据专家预测，受醋酸下游产品市场需求的拉动，未来 5～10 年我国醋酸需求的年均增长率在 7%左右。

案例：40 万 t/a 天然气制醋酸项目。以天然气制乙炔副产的甲醇为原料，采用低压羰基合成醋酸。项目总投资 16.44 亿元，预计年销售收入 12.9 亿元，年利润总额 1.9 亿元。

案例：5 万 t/a 醋酸纤维丝束项目。新建 5 万 t/a 醋酸纤维丝束生产线及配套设施，总投资额 7.2 亿元。项目全面投产后，年可实现销售收入 10 亿元，年利税 2.5 亿元，年利润 1.2 亿元，投资回收期 6 年。

案例：20 万 t 醋酸酯化加氢制乙醇项目。项目总投资 5 亿元，投产后年销售收入 13 亿元，年利润近 7 000 万元。

5）医药中间体项目

案例：年产 30 t 沃尼妙林粗品、40 t 各类兽用头孢类中间体、10 t 各类高级医药中间体的生产线。项目总投资 1.3 亿元，建成后，年可实现产值 3 亿元，利税 1 亿元。

6）丙烯项目

丙烯开发利用前景广阔，近年需求年均增长率约为 7.6%。

案例：7 万 t/a 丙烯项目。建设规模为年加工天然气 2.6 亿 m^3（70 万 m^3/d），年产丙烯 7 万 t、石脑油 1.9 万 t、液化气 0.65 万 t。项目总投资 10 亿元，项目建成达产后，预计年实现销售收入 7.5 亿元，利润 1.8 亿元。

11.3.2　LNG 产业

（1）LNG 产业发展现状与机遇

与欧美日等发达国家相比，我国 LNG 接收站建设起步较晚但发展较快，2002 年与澳大利亚 LNG 购销合同的签订拉开了我国大规模进口 LNG 的序幕。2013 年，我国进口 LNG 1 802.8 万 t，同比增长 22.7%。截至 2013 年 2 月，我国沿海各地已投产 LNG 接收站项目共 10 个，在建和扩建项目 10 余个，另有多个项目正处于前期规划中。预计 2020 年前我国 LNG 进口量将达到 6 000 万 t/a。

数据显示，我国 LNG 交通能源事业正引领世界交通能源向天然气清洁能源转型的潮流。一直以来，我国进口 LNG 接收站主要由中石油与中海油两家建设。据统计，我国累计投运 LNG 接收码头 6 座，总计产能为 1 880 万 t/a，其中中海油旗下产能为 1 230 万 t/a，中石油旗下产能为 650 万 t/a。目前来看，我国将采取国产常规天然气、非常规天然气、进口管道天然气、进口 LNG 等多种手段来保障国内天然气供给。海通证券预计，到 2015 年和 2020 年，我国进口 LNG 将分别达 437 亿 m^3 和 786 亿 m^3，较 2010 年分别增长 233%和 500%。目前美国仍有 20 多个 LNG 项目在向美国能源部申请出口许可，预计这些项目有望逐步获批。目前美国是世界上天然气资源最为丰富而且低廉的国家之一，随着上述 LNG 项目出口成真，中国大规模进口美国 LNG 只是时间问题。俄罗斯总理梅德韦杰夫近期也在公开场合表示，将打破俄罗斯天然气公司的 LNG 出口垄断，随后俄罗斯媒体报道称，俄罗斯将在今年内放开 LNG 的出口限制。

无论是民营企业还是三大石油巨头，都看到了未来进口 LNG 的广阔市场。据卓创资讯统计，目前正在筹建的接收站约 15 座，全部建成投产后我国 LNG 年接受能力总计为 4 170 万 t，其中，中石化项目 1 400 万 t、中石油项目 650 万 t、中海油项目 2 120 万 t。

截至 2014 年 3 月，我国 LNG 加注站已投运 1 200 座，拥有 LNG 车 10 万辆左右，增长速度处于世界领先水平。预计 2015 年运行于全国城际客运、货运和公交车运输领域的 LNG 车辆将超过 25 万辆，到 2020 年达到 100 万辆。目前，我国天然气汽车领域呈现两个显著变化：一是从以 CNG 燃料为主向 CNG/LNG 并举的模式发展，其中 LNG 车辆增长势头迅猛；二是天然气汽车正在从以公交车、出租车为主扩展到长途客、货运车辆领域，且后者发展速度更快。

（2）重庆 LNG 产业

2014 年 4 月 1 日，中石化、重庆交通运输控股（集团）公司（以下简称重庆交运集团）和重庆燃气集团共同出资组建重庆中石化通汇能源有限公司（以下简称重庆通汇），并开工建设日产 200 万 m^3 的 LNG 工厂，该项目总投资约 15 亿元，主要用于重庆地区的工业用气和公交车、出租车加注等。

值得注意的是，此次重庆与中石化采取央地合作开发模式将页岩气加工为 LNG 以广泛使用，这被认为是率先实现页岩气规模化商用。

厦门大学能源研究中心主任林伯强认为，重庆通汇的操作模式让页岩气定价问题在内部解决，避开了页岩气定价难的问题。而全国 LNG 都是成熟的市场定价，页岩气转化为 LNG 后定价也更灵活。

根据《重庆日报》报道，该页岩气 LNG 项目总投资约 15 亿元，占地 280 亩，设计总规模 200 万 m^3/d，年产 LNG 约 68 万 t，年产值约 50 亿元。重庆市发展改革委表示，重庆将重点保证涪陵、长寿等地以及重点工业项目用气，还将利用涪陵页岩气向公交车和出租车提供加注服务，气源售价也将更优惠。

车用 LNG 经济性。经测算，公交车用 LNG 可节约燃料费用 6.13 万元/a，长途客车可节约 7.35 万元/a，重型卡车可节约 11.04 万元/a，如表 11-10 所示。

表 11-10　LNG 与柴油燃料经济性对比

车型	燃料	燃料价格	百公里消耗	百公里燃料费用/元	公里数/(km/d)	年燃料费用/万元	LNG 节约费用/(万元/a)
公交车	柴油	5.88 元/L	40 L	235.2	250	21.46	6.13
	LNG	3.5 元/m^3	48 m^3	168		15.33	
长途客车	柴油	5.88 元/L	30 L	176.4	400	25.75	7.35
	LNG	3.5 元/m^3	36 m^3	126		18.40	
重型卡车	柴油	5.88 元/L	60 L	352.8	300	38.63	11.04
	LNG	3.5 元/m^3	72 m^3	252		27.59	

注：表中 LNG 价格 3.5 元/m^3 是按照华油广安 2015 年 3 月 LNG 4 900 元/t、每吨 LNG 折合 1 400 m^3 天然气（标态）测算。

船用 LNG 经济性。从目前已投用的 LNG 动力船舶的运行状况来看，LNG 动力船舶在经济性、环保性、安全性等方面均有其独特的发展优势，而经济性恰恰是市场发展的内在动力。

当前运行较多的 LNG 双燃料动力船在使用过程中，天然气替代柴油率为 70% 左右。据船舶公司统计，使用全柴油时，每艘船舶平均年消耗柴油 120 t。按 2015 年 3 月柴油价格 7 000 元/t、LNG 价格 4 900 元/t 计，混燃改造后每艘船舶年节省：

$$120 \times 70\% \times (7\,000 - 4\,900) = 17.64 \text{ 万元}$$

按照一辆船舶“油改气”费用 60 万元计算，投资回报期约 3 年。而一艘船舶的寿命周期大致为 25 年以上，经济效益非常明显，而未来如采用纯 LNG 作为动力燃料，则经济性还将进一步提升。

（3）LNG 产业发展方向

根据调研，LNG 产业可有以下几个发展方向：

1）LNG 汽车

LNG 汽车是以低温液态天然气为燃料的新一代天然气汽车，其突出优点是 LNG 能量密度大（约为 CNG 的 3 倍），汽车续驶里程长，可达 400 km 以上，相对汽车使用柴油、汽油具有显著的经济效益。

重庆有好的汽车制造基础，尤其是有 CNG 制造技术，这方面进行改进就可以生产 LNG 汽车。

另根据重庆发展规划，预计 2020 年重庆发展 5 万辆 LNG 汽车，未来发展前景也非常广阔。如果按照每辆 LNG 汽车 10 万元计，则仅汽车就可以新增产值 50 亿元，如果按照相关产业链则可以达到百亿级的产业链。

2）LNG 船舶加气站设施

目前我国 LNG 船行业发展现状良好，LNG 船行业拥有巨大市场潜力，迅速扩大的市场需求量为 LNG 船行业提供了基础。因此，越来越多的国内造船企业开始进军 LNG 船领域，江南造船厂、大连船舶重工、中远川崎、熔盛重工、明德重工等都表示将涉足该领域。

预计，在国家清洁能源发展战略指导下，未来在长江航运上的船只将会出现更多的船舶，并且沿江 LNG 加气站也会加紧建设，届时需要更多的相关设施与配套产业。

3）LNG 装备与设施

据美国 EIA 测算，到 2035 年，全球 LNG 相关基础设施建设将超过 5 900 亿美元。国金证券研究发现，到 2020 年，北美 LNG 装备投资为 350 亿美元，我国在 LNG 接收终端上将投入超过 600 亿元。而到 2015 年，小型液化装置、车用供气系统和 LNG 加气站的市场规模将分别达 127 亿元、70 亿元和 66 亿元。

现阶段我国 LNG 终端用户主要有三类：未来用量最大的是 LNG 的加注站及储备罐；其次是城市燃气管网的调峰储罐，以及作为城市管网拓展先锋的小型卫星气化站——局域网或工业用户。LNG 物流周转量到 2020 年有可能占到天然气需求总量的 30%左右；LNG 罐箱运输，特别是近年来异军突起的 LNG 集装箱多联运输，将成为沿海 LNG 接收站和 LNG 集装箱物流的重要渠道。LNG 罐箱特别是加装方形框架的圆柱形 LNG 保冷集装箱多联运输具有极大的灵活性，不像管网那样需要大量的沉没资金，对气源和用户气量的变化都有很强的适应性，可以规避新开辟天然气市场初期用量少、管道设施利用率低、折旧成本过高的风险。LNG 车船罐箱运输是开拓天然气下游管网新市场的“开路先锋”。在 LNG 市场充分发育、几十万座加注站遍地开花的情况下，LNG 车船罐箱运输更是加注站 LNG 供应链上最重要的一环。如 21 世纪初中原绿能高科有限责任公司、新疆广汇实业投资（集团）有限责任公司就将 LNG 从河南、新疆运到几千千米外的广东、福建等十多个地区。

因此，重庆可以在 LNG 加气站、LNG 气化站、LNG 储备站等专业设备领域发展，包括低温储罐、泵撬、加气机、PLC 控制系统等全套 LNG 加气站系统的制造及安装等。

11.3.3　页岩气发电

随着近几年国家对环保问题越来越重视，加上燃气机组调峰性能好、顶峰能力强，天然气在发电行业中的用量逐年上升。电力、热力生产和供应用天然气，从 2008 年的 73.92 亿 m^3，迅速发展到 2011 年的 215.9 亿 m^3。2011 年，整个水、电、煤气生产行业的天然气用量占到我国天然气总消费量的 17.2%，而发电和热力生产占到了其中的 96%。

不过，表面上看来发展迅速的天然气发电行业，企业的运营却遇到颇多困难。撇开天然气供应不足、经常遭遇原料气限供导致利用小时数大幅下降不谈，天然气价格与上网电价不匹配、发电成本与上网电价倒挂的矛盾是目前大多数燃气发电企业的面临的一大问题。

就目前最先进的 GE 公司 9FA 型机组而言，根据计算，其每度电的燃料费用约为原料天然气价格的 0.18 倍。假设该机组年利用小时数为 3 500 h，则计算得出对应的投资折旧成本和水费等非天然气原料成本总和为每度电 0.057 元。按燃气机组气价 2.32 元/m^3 测算，每度电的燃料成本就达到 0.418 元，加上折旧和其他原料成本就达到了每度电 0.475 元。而上网电价才每度电 0.454 元，成本与上网电价已然倒挂。

虽说天然气发电在调峰以及环保方面有着显著优势，但该行业后续的发展需要更多的气价优惠或提高天然气发电上网电价等政策来扶持。要么必须加强冷热电三联供应，提高综合效益。

11.3.4 页岩气利用新领域与未来优势

（1）利用新领域

除 CNG、LNG 汽车和船舶以外，采用费托合成技术将页岩气转化为汽油、柴油产品的 GTL 技术（天然气制合成油）正在开发之中。部分丙烷和丁烷也可以采用烷基化工艺生产用于汽油调和组分异辛烷。

（2）未来优势

通过近几年的页岩气开发，中石化、中石油等石油公司逐渐掌握了页岩气开发的规律，设备实现国产化，单井开发成本从 1.2 亿元下降到 0.6 亿元，使许多原来认为无开采价值的页岩气区块具有了商业开采的潜力。

但是，相比美国，我国页岩气单井开采成本还是非常高的，为美国的 3～5 倍。这表明我国页岩气开发成本还具有较大的下降空间。如果关键技术实现了突破并且装备实现国产化，大规模开采的页岩气成本将会大幅下降。重庆作为页岩气富集区，页岩气利用产业将有较大优势。具体如下：

①就地利用的天然气化工原料成本相对较低。在页岩气开发成本大幅下降的同时，开发公司的页岩气售价也会相应下降，以天然气为主要燃料的重庆化工企业距离页岩气生产区近，就近使用页岩气的运输成本相比其他远距离的企业低，天然气原料价格相对较低，为重庆化工企业及其相关产业链发展预留了一定的空间。

②天然气发电成本降低。在重庆天然气供应不足的情况下，天然气发电需要依靠管道将天然气从外地输送到发电厂，成本会由于运输费用而增高。未来页岩气大规模开采，成本较低，重庆天然气能够满足本地区的用量，由于页岩气就近，天然气发电企业将节省一部分运输成本，提高发电企业的经济效益。

③其他天然气利用、LNG、LNG 汽车等产业将会由于天然气原料成本较低而快速发展。

第 12 章 重庆页岩气开发监管政策与措施

为了实现我国页岩气产业的快速、健康发展，早在 2009 年，重庆市委、市政府就对重庆发展页岩气进行了动员部署，提出要努力把重庆建成全国页岩气开发的主战场。据测算，到 2020 年重庆页岩气产业链全流程的年产值将达到千亿级，蕴含着巨大商机。因此应立足重庆页岩气发展情况与主要问题，提前谋划，率先探索并构建重庆市页岩气开发政策体系，有针对性地提出页岩气开发的体制、机制及政策保障措施的建议，大力推进页岩气开发步伐，稳步促进重庆页岩气产业发展，发挥重要的引领与示范作用。综合考虑重庆页岩气开发实际情况，建议重庆市地方政府借鉴北美页岩气发展经验，从税收优惠、财政补贴、投资融资、技术创新等方面构建页岩气开发政策体系，加强政府扶持力度，通过加强组织领导、完善页岩气产业链、促进技术创新等，努力降低页岩气开采成本，保障页岩气资源的安全、有效、持续开发。通过研究发现重庆页岩气产业发展面临着市场垄断、专业市场尚未建立、监管体系不完善、矿业权配置存在障碍、缺乏合理的开发收益分配机制等问题。为了解决制约页岩气产业的市场与监管问题，应该争取各方支持，充分发挥市场机制作用，提高就地转化水平，构建页岩气开发环境监管长效协调机制，出台页岩气开发环境监管暂行办法，加快提出页岩气开发环境监管综合能力建设方案，共同促进市场发育和监管体系完善，为页岩气产业可持续发展注入活力及提供保障。

12.1 重庆页岩气开发政策与措施

12.1.1 制定页岩气开发相关政策及措施的方向

加大财政经费扶持力度，争取国家资金支持。市财政进一步优化专项资金支出结构，加大投入，资助研究机构开展技术研发，促进整体产业技术进步，重点支持关键共性技术研发、提高创新能力建设、重大首台套装备产业化等。积极争取国家相关部门的专项资金支持，对国家支持的重点项目做好配套服务，加强金融服务，拓宽融资渠道，为页岩气开发和页岩气装备制造业的培育提供资金支持和金融保障。有关区县也要加大支持页岩气装备发展的力度，优先安排项目、土地、资金、水电等生产要素，落实国家重大技术装备进口税收、增值税抵扣和企业技术开发经费加计扣除等优惠政策，协调金融机构保证重点企业信贷供应，支持页岩气装备产业园区建设，引导产业实现规模化、集聚化发展。

制定落实重庆地方页岩气产业鼓励政策。对页岩气勘探、开发实行税收减免及财政补贴，参照煤层气财政补贴政策，研究制定重庆地区页岩气具体补贴政策；对重庆地区页岩气开发减免生产税；对页岩气产业相关企业的用地优先审批；对依法取得页岩气探矿权、采矿权的矿业权人或探矿权、采矿权申请人减免页岩气探矿权和采矿权使用费；页岩气出厂价格实行市场定价；要加强配套设施尤其是管网建设，打破垄断，放开对民营企业的管网准入，建立输气管网和管网运行的市场化公平准入机制，对管道公司实行税率减免、提供贷款；要积极探索页岩气的多种应用模式，鼓励分布式综合供能与多方式的燃气应用，提高页岩气的综合利用效率与价格承受能力，促使页岩气产业发展形成“开发—应用—再开发、投资—收益—再投资”的良性循环；要探索设立产业发展基金，加强对页岩气产业发展的投融资支持，逐步建立探矿权、经营权的交易市场，鼓励相关资产的兼并重组，建立民营资本的进入和退出机制；明确行业准入门槛和标准，加强统筹和监督，防止投资过热，避免“一窝蜂”上项目，形成有序竞争的页岩气发展格局；加强示范应用，确定适合重庆地质实际情况的适用技术，抓好页岩气示范区建设，探索技术集成和系统性方案，加强规范，统一标准。

12.1.2 重庆市页岩气开发类政策构建

开发类政策是指重庆市在进行页岩气生产初期，即页岩气开发时所需要的相关支持性政策，应主要包括以下内容：

（1）重庆市页岩气产业相关税收优惠政策

对重庆市页岩气开采企业减免矿产资源补偿费、矿权使用费，研究出台资源税、增值税、所得税等税收激励政策。

页岩气勘探开发等鼓励类项目项下进口的国内不能生产的自用设备（包括随设备进口的技术），按现行有关规定免征关税。

（2）重庆市页岩气产业开发补贴、津贴政策

依据《页岩气开发利用补贴政策》,《重庆市页岩气产业发展规划（2015—2020年）》按页岩气开发利用量，对页岩气生产企业直接进行补贴。对申请财政补贴的页岩气生产企业年度报告实行审核制度和公示制度。对于存在弄虚作假行为的企业，国家将收回补贴并依法予以处置。

除国家财政外，重庆市地方财政（包括各相关区县财政）根据情况对页岩气生产企业进行补贴，补贴额度由重庆市财政确定。

（3）重庆市页岩气产业投资融资指导政策

页岩气开发纳入重庆市发展战略性新兴产业的重点产业，加大对页岩气勘探开发等的财政扶持力度。实施由政府主导的财政拨款、财政提供贷款及政府担保等筹资融资措施。

鼓励重庆市外、国外实力雄厚的风险投资及其他形式的社会资本对重庆市页岩气产业发展进行投资。

（4）重庆市页岩气产业相关地表权与矿业权获取政策

依法取得页岩气探矿权的矿业权人或探矿权、采矿权申请人可按照相关规定申请减免页岩气探矿权或采矿权使用费。

研发类政策是指重庆市在进行页岩气开发技术创新与技术引进等过程中所需要的支持性政策。应主要包括以下内容：

（5）重庆市页岩气产业相关科研主体支持政策

发展以企业为主体、产学研用相结合的页岩气技术创新机制。加强重庆市能源页岩气研发（实验）中心和其他研发平台的建设，推进页岩气勘探开发理论与技术攻关。

加强重庆市页岩气专业教学、基地建设和人才培养。鼓励企业开展全方位、多层次的职工安全、技术教育培训。

（6）重庆市页岩气产业专项创新基金与技术攻关项目管理政策

除国家财政出资进行资助的页岩气专项项目外，重庆市建立省部级和相关页岩气分布属地区县两级的非常规油气专项基金与页岩气开发基础研究和关键技术攻关，并提供相关的培训及研究费用。

召集重庆市科研机构和高校与页岩气开发企业共同开展页岩气产业技术创新及产业内研究项目。

（7）重庆市页岩气产业知识产权保护相关规定

加强重庆市页岩气关键技术自主研发，立足实际，结合国情，形成具有自主知识产权的关键技术体系，促进页岩气发展。

项目的知识产权归政府或牵头机构所有，其他项目参与者都可以共享或优先购买研发出的新技术或新型产品。

对于相关科研机构、高校或页岩气企业参与的科研项目及其过程中产生的专利、专有技术等的知识产权归属可由相关科研机构、高校或企业独占性拥有，或共同拥有。

（8）重庆市页岩气产业技术合作研发政策

鼓励页岩气资源地所属地方（各相关区县）企业以合资、合作等方式，参与页岩气勘探开发。

鼓励重庆市从事页岩气勘探开发的企业与国外或国内拥有先进页岩气技术的机构、企业开展技术合作或勘探开发区内的合作，引进页岩气勘探开发技术和生产经营管理经验。

（9）重庆市页岩气产业技术创新政策

鼓励重庆市页岩气勘探开发企业应用国际成熟的高新、适用技术提高页岩气勘探成功率、开发利用率和经济效益。包括页岩气分析测试技术、水平井钻完井技术、水平井分段压裂技术、增产改造技术、微地震监测技术、开发环境影响控制技术等关键技术。

鼓励页岩气勘探开发技术自主化，加快页岩气关键装备研制，形成适合我国国情的轻量化、车载化、易移运、低污染、低成本、智能化的页岩气装备体系，促进油气装备制造业转型升级。

12.1.3　促进重庆页岩气开发的措施与建议

具体而言，可以从以下几个方面加以突破和完善：

（1）加强组织领导，完善组织管理体系

成立市领导为组长，相关市级部门（市发展改革委、市经信委、市国土局、两江新区管委会等）及主要企业载体为成员的页岩气产业发展领导小组。

在具体工作开展中，市发展改革委要作好牵头作用，相关部门、科研院所和主要企业共同参与，负责重庆页岩气产业化工作的协调推进。建立定期或不定期沟通协调机制，及时解决工作过程中遇到的各种问题。各有关部门要根据市政府页岩气产业发展领导小组的统一部署，提高对发展页岩气产业必要性和重要性的认识，明确推进页岩气产业的工作任务和责任，结合本部门实际，制定有利于促进页岩气产业发展的项目、资金、技术、人才和服务等政策措施，建立协调机制，加强工作协调。做到“政府统筹、企业跟进，协调联动、合力推进”，构建起“凝聚力量、优势互补、集成共享、合作共赢”的市场运行机制。

市发展改革委总体负责牵头组织实施，研究制定和落实页岩气产业鼓励政策。要规划完善页岩气利用配套基础设施，一是在天然气管网设施比较完善的页岩气勘探开发区，积极建设气田集输管道，将页岩气输入天然气管网；二是对于远离天然气管网设施、初期产量较小的勘探开发区，建设小型 LNG 或 CNG 利用装置，防止放空浪费；三是根据勘探开发进展情况，适时实施建设页岩气外输管道。要提前规划页岩气开发利用对钢铁、水泥、化工、装备制造、工程建设等相关行业和领域的拉动作用，做好上下游产业布局。引入有实力的企业参与页岩气勘探开发，鼓励和引导社会资本、民营企业积极参与页岩气产业，推进投资主体多元化，形成大型企业集团与中小企业优势互补、协调发展的产业格局。培育专业化技术服务公司，降低勘探开发成本，实现跨国服务，培养新的经济增长点。

市国土局负责推进全市页岩气资源调查评价工作，编制页岩气勘探开发规划，负责统筹协调和组织企业积极参与页岩气探矿权出让招标工作，支持中标企业加快勘探开发步伐。研究出台有关加强页岩气资源勘查开采监督管理工作的相关规定，进一步统筹协调页岩气资源勘查开采，加大协调服务力度，督促矿业权人切实履行法定职责和义务，对页岩气科研、施工和技术服务市场进行规范。探索页岩气资源管理的新机制，开展页岩气资源发展战略与政策研究，编制勘查开采规划，建立页岩气资源管理制度体系和标准体系，并开展国内外形势分析和跟踪，要加强页岩气资源储量管理、监督管理、战略调查管理、信息资料管理等机制和制度，以大力推动重庆页岩气资源的勘探和开发。

市经信委要深刻把握国家能源战略需求和页岩气发展趋势，依托重庆装备制造产业基础，抓住页岩气大开发时机，把装备制造业与页岩气开发有机结合，在为重庆页岩气开发提供技术装备的同时，加快重庆装备制造产业结构调整，推动产业优化升级，打造页岩气装备制造基地，形成特色页岩气装备产业集群，全面提升重庆装备制造产业竞争力。强化自主创新与引进消化吸收，努力实现重大技术装备自主化，大幅度提高页岩气成套装备制造能力、关键零部件技术水平和工艺水平。积极开展与国外公司的合作，引进技术，通过引进消化再创新，重点研发和形成页岩气分析设备，为查明页岩气资源情况提供技术支撑；借鉴常规油气藏和低渗透气藏钻完井技术，重点开展表层特殊钻机、导向工具包括旋转导向和地质导向工具、随钻测量工具（MND）和随井测量工具（LND）等钻完井设备的引进和国产化；大力推进招商引资工作，力争在可钻式桥塞及分段压裂封隔器、3000 型压裂车等重大装备上有所突破。

市科委要组织市内各高校、科研机构及有关企业加大页岩气勘探开发技术科技攻关，以及高端专业人才引进和培育。加强页岩气研发（实验）中心和其他页岩气重点实验室建设，建立高层次人才培养和学术交流基地。组织市内企业及院所积极与国内外研究机构开展勘探开发关键技术联合研究，通过引进国外技术服务和开展对外合作等，吸收借鉴国外先进成熟技术，形成具有本地特色的勘探开发核心技术。鼓励并组织高校、科研院所及有关企业联合建立重庆页岩气产业联盟，开展技术交流与合作，为重庆市页岩气产业发展提供有效的组织保障。

两江新区管委会、涪陵工业园区等园区要按照“产业集聚+园区载体”的原则，着力建设好页岩气装备制造基地，负责集中承接企业落地，加大招商引资力度，与有关区县做好合理产业布局，重点围绕页岩气的开发利用勘采关键设备制造及相关服务，致力于为页岩气企业营造良好的投资环境，整合优势资源，提供完善的配套服务，打造集核心技术研发、运营服务、总部结算、高端装备制造于一体的页岩气产业集群。

（2）完善页岩气产业链，科学制定产业发展规划

与石油、天然气一样，页岩气产业链比较长。从美国经验看，页岩气产业链分为开发、设备、应用三个主要环节。其中，开发环节包括勘探、开采、增产、储运，设备环节包括各种页岩气勘探开发装备的生产，应用环节包括燃气车辆、燃气发电、天然气化工。重庆页岩气产业蕴含着巨大商机，需要结合重庆页岩气发展实际，提前科学制定产业发展规划，抓住产业链各个环节予以重点攻克，推动页岩气产业快速发展。

第一，做好与页岩气勘探开发相关的装备制造业发展规划。从国家页岩气发展规划看，“十三五”时期将迎来产业快速增长期。可以预见，勘探开发设备将会迎来新一轮投资热潮。预计未来 5～10 年，全国要打几千上万口页岩气井，需要大量相关装备，这是一个庞大的市场，重庆要充分利用老工业基地配套能力强的优势，力争在勘探、钻井、增产设备等方面有所突破，形成大马力柴油机、柱塞泵、气压机、特种车辆、电控、配电等设备制造能力。

目前，重庆正规划打造两江新区、涪陵页岩气重型装备产业园，将把页岩气装备成套设备、燃气轮机组以及大型石化设备作为重点领域和发展方向，通过建设产业链，打造具有核心技术以及竞争力的项目。下阶段，要立足于产业园开发建设，重点抓好两点：一是抓好关键技术工艺研发。重庆可以立足现有优势和条件，抓紧引进一批页岩气装备制造龙头企业，在引进的基础上注重消化吸收。同时，设立专项发展资金，积极支持重庆相关科研单位重点攻关，积极破解页岩气勘探开发过程中的难题。二是积极培育中小能源企业。与大型企业相比，民企在技术创新引进、机制体制上有优势，灵活、高效是民企相比大企业的优势所在。在产业园建设过程中，要努力围绕产业园装备制造龙头企业，大力发展相关配套企业，形成页岩气装备制造产业集群，并在资金、土地、贷款等方面予以重点支持，为中小企业掘金页岩气市场打开便利之门。

同时，可根据国内外页岩气产业发展趋势，结合重庆市产业实际，在重庆西部郊县工业园区等与两江新区合作布局页岩气装备制造基地。以重庆页岩气大规模勘探开采形成的对页岩气开发装备的强大市场需求为基础，通过制定相关地方

优惠政策，加大政府引导，引进国内外装备制造企业，使国内外企业向重庆市集聚，建立生产基地，同时，引导重庆本地具有一定产业基础的装备制造企业，适当做产品结构调整或开发，向页岩气重要装备的配套部件产业转移，促进国内外配套部件制造商落户重庆，最终形成页岩气装备制造产业链。

第二，做好配套基础设施建设规划。从长远看，除技术突破外，配套的管网建设、基础设施建设等，也会制约页岩气的规模化生产。对于重庆而言，需要加快配套基础设施建设，尤其是抓好天然气县县通工程，为页岩气的管道输送筑牢基础。需要特别注意以下三个问题：一是合理把握管道建设节奏。提前介入页岩气市场研究，通过深入分析，并结合上游资源情况，稳步推进新建管道规划建设。尤其是在黔江、梁平、彭水等页岩气勘探已取得突破的地区，可以再规划建设一批管道设施。二是适当放大管道设计输送能力。随着重庆工业化、城镇化步伐加快，对天然气市场需求日趋增大。因此有必要在综合分析市场需求的情况下，适当提高管道的设计输送能力。三是加快干线管道和支线管道建设。页岩气乃至天然气产业都是上、中、下游紧密结合的一项系统化工程，仅有主干线，没有支线管网，页岩气无法输送给终端用户。在实施天然气县县通过程中，要将主干线和支线管网整体规划、同步实施、同期竣工，有效解决页岩气输送不畅的问题。在天然气管线尚不能延伸且初期开采量较小的勘探开发区，可先行建设小型 LNG 利用装置，防止放空浪费。

第三，做好与页岩气相关的化工、车辆（船舶）产业规划。化工、汽车产业是重庆市六大支柱产业之一，页岩气大规模开发利用，必将对相关产业发展带来深远的影响。

化工产业方面。目前，重庆市能源化工产业分煤化工和天然气化工两部分，有长寿、涪陵、万州三大化工基地。近年来，这三大基地都面临原料短缺、实际产能难以有效扩大的困难。页岩气的开发，将解决重庆能源化工产业的原料短缺问题。重庆化学工业三年振兴规划已明确提出。要做强天然气化工产业。要紧紧围绕这一目标，依托重庆天然气化工现有的产业基础，抓紧技术研发，掌握利用页岩气生产化工原料的最新技术，为天然气化工产业蓬勃发展奠定坚实的基础。车辆（船舶）产业方面。按照“以更新替代为主、再制造为辅”“示范、推广、全覆盖”的总体思路，加快 LNG 车辆（船舶）在交通运输领域的推广应用，带动 LNG 生产、LNG 加气站建设、LNG 车辆（船舶）装备制造及全产业链发展，形成标准体系健全、站点布局合理、装备制造跟进、配套政策完善、市场稳步发展的产业格局，加快建成 LNG 高效利用产业示范区。目前，重庆市天然气汽车的保有量实现 4 万辆，天然气汽车产业的年产值超过 18 亿元，其中气瓶、压缩机等天然气车辆（船舶）产品在国内的市场占有率均超过了 30%。页岩气的快速发展，为液化天然气车辆（船舶）发展带来了福音。应该利用这一大好机遇，从三个方面来实现突破：一是加快天然气车辆（船舶）技术攻关，争取尽快与国际技术水准接轨。二是在资金、土地等方面予以倾斜，加大力度推进区县加气站建设和管网改造，始终做到配套基础设施与车辆（船舶）发展相匹配。三是抓紧修订完善各项法规制度，促进天然气车辆（船舶）产业健康发展。

（3）开展页岩气产业专利分析，防范知识产权风险

页岩气作为近年来兴起的一种新能源，其重大的战略意义和广阔的发展前景备受瞩目，开展专利分析，不仅可以为重庆市开发页岩气产业提供辅助决策的科学依据，而且也为相关单位掌握页岩气技术领域发展趋势、提高自主创新能力、准确把握产业发展动向与市场预期、防范产业化过程中存在的知识产权风险提供重要保障，为重庆市建设全国页岩气开发的主战场保驾护航。

①围绕国家和重庆的产业发展规划，从专利申请、专利评估、融资、转让、许可、标准构建、专利池构建、维权服务、专利管理等一系列制度和模式进行统筹谋划，形成体系性的运作模式，构建系统性的知识产权顶层设计和运行方案。探索构建创新性的知识产权服务体系，建立“页岩气快速审查中心”“知识产权国际交易所”“知识产权共享平台”“知识产权并购基金”等。

②开展页岩气产业专利分析，从技术、产业（市场）和专利三方面开展页岩气产业链上关键技术的分析，全方位了解页岩气涉及的关键技术，掌握页岩气产业链中关键技术的专利现状，绘制产业发展技术路线图，明晰重庆开发页岩气的优势和劣势，并对其未来发展进行合理预测。分析页岩气重点技术领域的专利情况，为重庆市各相关部门提供在发展页岩气装备制造产业过程中合理配置资源的建议。针对页岩气装备系统成套技术和一些单项配套技术设备上的差距，开展专利价值评估和技术空白点分析，帮助企业对相关技术进行引进、并购、消化吸收

和再创新，获得快速获取技术的能力。

③把握页岩气产业技术发展动向与市场预期，及时发现存在的知识产权风险，找出有针对性的专利策略、产业技术规划及风险规避等预警建议和应对措施，为企业和相关机构开展页岩气研究和实践、提高研发起点、避免专利风险提供必要支撑和依据。

（4）建立页岩气开发技术体系，加强人才队伍建设

①强化创新能力建设。支持相关企业建立和完善技术开发机构，创建国家和市级企业技术中心，建设国家和市企业重点实验室、工程（技术）研究中心、博士后工作站，提高企业引进技术消化吸收与自主开发创新能力。支持重庆地质矿产研究院、重庆市科学技术研究院、中科院重庆分院、重庆科技学院、重庆大学等高校和科研机构建立公共技术创新平台，跟踪研究分析国内外页岩气产业发展情况和最新技术，建立完善页岩气开发技术与信息交流机制。鼓励吸引国际大公司来重庆市建立研发机构，围绕页岩气装备制造关键技术和薄弱环节，加强技术攻关，尽快突破一批重大关键技术，积极支持具有自主知识产权的科研成果产业化，为重庆市页岩气装备制造业发展提供有力的技术支撑。

②加强人才队伍建设。加强对行业人才的培养和引进，鼓励留学回国人员和外地优秀人才到重庆投资发展和从事技术创新工作，着力引进有在国内外页岩气装备制造研发机构或大企业工作经验的高层次专业人才。加强人才培养和培训，支持企业和高校、科研机构进行人才共建，加强创新型、应用型、复合型、技能型人才的培养。鼓励企业建立科学合理的薪酬制度和完善的人才激励政策，广招高素质页岩气装备制造专业人才，为产业发展提供可持续的智力支撑。建立专家咨询机制，聘请国内外知名学者和工程专家，适时对产业发展现状进行回顾性评估，对产业发展前景提供前瞻性咨询。

③增加财政科技经费投入。财政经费通过科技项目的支持形式，开展页岩气资源调查评价和潜力评价、页岩气靶区优选和勘查技术攻关示范；加强页岩气成藏机理及资源评价等基础地质研究，形成适合我国地质条件的页岩气地质理论、资源评价方法参数体系；加大对页岩气勘探开发相关技术研究的支持力度；在工程技术攻关上，支持学习和引进水平井＋多段压裂技术、清水压裂技术和同步压裂技术，在消化吸收的基础上加强自主创新，加快形成适合重庆页岩气勘探特点

的工程工艺配套技术系列；加强有关页岩气研发（实验）中心和其他有关共性技术平台建设；鼓励市内企业及院所与国外研究机构开展勘探开发关键技术联合研究，通过引进国外技术服务和开展对外合作等，吸收借鉴国外先进成熟技术，形成具有地方特色的勘探开发核心技术。

12.2　页岩气市场发展及监管政策与措施

我国页岩气产业尚处于起步阶段，尤其在市场政策与监管机制方面还存在明显不足和缺陷。国外经验提供了一些有益参考，但由于我国特殊的地质赋存和市场环境，亟须深入研究“中国特色”页岩气市场政策及监管政策，促进中外企业更好地参与页岩气产业发展。本节立足于我国页岩气市场发展与监管中存在的问题，借鉴美国、欧洲在油气管理特别是页岩气监管、产业政策上的经验和教训，重点探讨重庆在矿权管理、页岩气监管、市场准入和示范区建设、资源环境等方面具有操作性的可行方案和实施策略。

12.2.1　页岩气市场发展及监管政策的不足

美国页岩气产业的成功除了技术突破和创新精神，还得益于其灵活的体制和机制。反观我国页岩气产业的发展，受制于体制机制制约，适应产业发展的市场环境及监管体系还未建立，还面临着体制机制方面的一系列问题：

一是面临诸多垄断，充满活力的竞争格局难以出现。由于我国石油工业长期由大型国企垄断，体系相对封闭，勘探开发技术一直掌握在三大石油公司手中。由于页岩气区块多与传统油气区块重叠，存在事实上的探矿权垄断，页岩气资源仍大部分掌握在三大石油公司手中。另外，地方政府纷纷组建国有能源公司，参与页岩气的勘探开发，也形成了一种新的地方垄断。

二是有利于页岩气产业发展的专业市场尚未建立。虽然近年来出现了一些为油气勘探开发服务的专业技术公司，但大多数仍从属于各大石油公司，真正市场化的技术服务市场尚未建立。美国页岩气的发展经验表明，当众多企业进入页岩气勘探开发领域时，随着竞争和优胜劣汰，必然伴随着企业的进入和退出，一个运转良好的资源并购、交易市场则有利于资源重组和产业发展，这方面我国还是空白；页岩气产业是一个高投入、高风险的行业，如果没有一个良好的投融资市场支持，势必影响产业发展；无论是央企还是民企，都缺少页岩气勘探开发的经验，相关技术人员和管理人员更是缺乏。

三是监管体系还不完善。随着更多企业的进入，尤其是缺少勘探开发生产经验的企业进入，势必对产业的监管和规范发展提出挑战。建立技术标准、制定生产规范、打破地方保护、保护资源环境等都要求监管体系的建立和完善，而从我国的现状来看，无论是在人员、机构和手段方面都存在严重不足。

四是页岩气矿业权配置存在障碍。我国传统石油、天然气探矿权和采矿权主要以申请在先方式获得，经原国土资源部审批后登记。油气矿业权大部分由中石油、中石化和中海油三大石油公司获得，延长石油、中联煤层气、河南煤层气拥有少量矿权。由于页岩气近 80%分布区和常规天然气分布区重叠，第一次和第二次拿出来招标的区块都避开了重叠区。现在的问题是，页岩气矿业权配置如沿用传统的审批登记方式，将限制多种所有制经济进入这一领域；如果按照现在这种方式招标，虽避免了矛盾，但也避开了资源富集区，大部分页岩气区块将无法靠竞争方式出让。

五是天然气管网不开放。作为页岩气产业发展的重要配套设施，我国油气管网仍处于高度垄断状态，目前我国天然气骨干网的建设与运营是由三大国有石油公司掌握的，他们是管网的投资主体、生产建设主体、输送和销售主体。这种模式有利于将集中开采的天然气输送到消费地，但不利于页岩气这种小规模、广分布的燃气资源开发、输送。

六是缺乏合理的开发收益分配机制。世界上大多数资源富集国通过征收可观的资源税费和签订开发合同，使国家获取油气资源收益最大化，并把开发企业的收益控制在合理的范围内。在取得矿业权环节，主要税费是矿业权租金和红利。在矿产资源生产和销售环节，主要是征收权利金和超额利润税。

油气资源国与资源开采企业签订的合同包括产量分成合同、服务合同、回购合同、联合经营合同等。不论石油企业与资源国政府（或国家石油公司）签订何种合同，都要依法纳税。各国一般会将油气收益形成一个专门的基金，用于国家需要的方向。

我国矿产资源属国家所有，但对资源开发征收的税费比率较低，企业的利润空间较大。石油、天然气开发的利润大部分留在了国有企业，如果页岩气向各类所有制企业开放，大部分收入将落入开发企业和个人手中。

如果没有合理的分配制度安排，就有可能像其他资源行业放开后那样，出现炒作探矿权和采矿权、少数企业和个人获益过多的问题，甚至引发社会矛盾。反之，如果仍由少数国有企业作为页岩气开发主体，地方政府将只能有少量税收收入，大多数将上缴开发企业所在的发达地区或中央政府，这将影响地方的发展积极性，容易引起地方与中央的矛盾。

12.2.2　完善页岩气产业市场及监管政策及措施的方向

推进页岩气资源勘探开发，应当突破传统油气开发模式，对新矿种实行新体制。在页岩气开发的制度安排上，应当进一步大胆探索。一方面，可以考虑实行“市场配置，多元投入，合理分配，开放创新”的原则，实施各种鼓励政策，调动各方面积极性，提高页岩气对我国能源供应的保障能力。另一方面，可以为推进油页岩、油砂、天然气水合物等油气资源开发探索一条新路。结合国外经验和我国实际，可以对未来页岩气的市场及监管体制做一些构想。

运用市场机制配置页岩气矿业权。所有页岩气矿业权都应当通过公开招标出让，出价高者获得矿业权。由于页岩气是新矿种，对页岩气与已登记常规石油天然气重叠的区域，国家也应设置新的页岩气矿业权，各类企业通过平等竞争获得。同时，进一步解放思想，允许国外企业参与页岩气矿业权投标和勘查开发。

进一步放宽市场准入。页岩气分布面积广、埋藏浅，地表条件很适合中小企业进行分散式开发。国家应鼓励中小企业和民营资本参与页岩气开发。放宽页岩气的市场准入，投标单位不仅限于已有的油气开发企业，不宜设置过高的资质要求，要向各种所有制企业开放，为资本市场的参与留出空间。

适时进行天然气管网改革，条件成熟时建立单独的天然气管网公司，专门从事天然气的运营业务，并组建专门的监管机构进行监管。管网实行“网运分开”，接入和建设向所有用户开放。

合理分配收益。为了保证国家作为资源所有者的权益，可以借鉴国外的做法，一是由自然资源部与开发企业签订分成合同，分成收益建立专门基金，作为财政性资金管理。在基金中提取一部分充实公益性地勘基金，专项用于页岩气地质勘探。二是在页岩气开发中进行权利金制度试点，将矿产资源补偿费、矿区使用费、资源税合并为权利金。权利金分为两部分，分别反映矿产资源的绝对地租和级差地租。反映绝对地租的部分，可按照产值或产量进行征收，并实行比例费率；反映级差地租的部分实行从价计征、滑动比例和累进费率。

12.2.3 页岩气市场拓展及监管政策构建

（1）市场类政策

市场类政策是指在完成开发后为促进页岩气商业化运用所需要的支持性政策。应主要包括以下内容：

1）重庆市页岩气产业行业规范政策

为促进页岩气资源有序开发，重庆市能源主管部门负责制定页岩气勘探开发技术的行业标准和规范。

鼓励建立重庆市或相关区县页岩气示范区。示范区应具有一定的规模和代表性，示范的理论、方法和技术应具有推广应用前景。鼓励页岩气生产企业多家联合进行示范区建设，做好示范区经验总结推广工作。

支持在优质页岩气示范区内优先开展页岩气勘探开发技术集成应用，探索工厂化作业模式，完善页岩气勘探开发利用的理论和技术体系，推动页岩气低成本规模开发，为新技术推广应用奠定基础。

2）重庆市页岩气产业市场准入政策

加快重庆市页岩气勘探开发利用，鼓励包括民营企业在内的多元投资主体投资页岩气勘探开发，通过规范产业准入和监管，确保页岩气勘探开发健康发展。

重庆市从事页岩气勘探开发的企业应具备与项目勘探开发相适应的投资能力，具有良好的财务状况和健全的财务会计制度，能够独立承担民事责任。页岩气勘探开发企业应配齐地质勘查、钻探开采等专业技术人员。从事页岩气建设项目勘查、设计、施工、监理、安全评价等业务，应具备相应资质。

鼓励页岩气就近利用和接入管网。鼓励企业在基础设施缺乏地区投资建设天然气输送管道、压缩天然气站（CNG）与小型液化天然气站（LNG）等基础设施。

同时规定基础设施对页岩气生产销售企业实行非歧视性准入。

3）重庆市页岩气产业相关价格制定政策

页岩气出厂价格实行市场定价与政府指导价相结合。制定公平交易规则，鼓励供、运、需三方建立合作关系，引导合理生产、运输和消费。

鼓励各种投资主体进入页岩气销售市场，逐步形成页岩气开采企业、销售企业及城镇燃气经营企业等多种主体并存的市场格局。

（2）监管类政策

监管类政策是指重庆市页岩气产业发展除了技术与商业化规范外应该遵循的其他监督、指导与管理政策。建议应包括以下内容：

1）重庆市页岩气环境保护与安全生产政策

重庆市页岩气勘探开发利用按照统一规划、合理布局、示范先行、综合利用的原则。依靠科技进步，走资源利用率高、经济效益好、环境污染少的可持续发展道路，为全面建设小康社会提供清洁能源保障。

依靠科技进步，推进井场集约化建设和无水、少水储层改造及水资源循环使用，实现安全、高效、清洁生产，建设资源节约、环境友好、协调发展的页岩气资源勘探开发利用体系。

加强节能和能效管理。页岩气勘探开发利用项目必须按照节能设计规范和标准建设，推广使用符合国家能效标准、经过认证的节能产品。引进技术、设备等应达到国际先进水平。

坚持页岩气勘探开发与生态保护并重的原则。钻井、压裂等作业过程和地面工程建设要减少占地面积、及时恢复植被、节约利用水资源，落实各类废弃物处置措施，保护生态环境。

钻井液、压裂液等应做到循环利用。采取节水措施，减少耗水量。鼓励采用先进的工艺、设备，开采过程逸散气体禁止直接排放。

加强对地下水和土壤的保护。钻井、压裂、气体集输处理等作业过程必须采取各项对地下水和土壤的保护措施，防止页岩气开发对地下水和土壤的污染。对重庆市页岩气勘探开发利用开展战略环境影响评价或规划影响评价，从资源环境效率、生态环境承载力及环境风险水平等多方面，优化页岩气勘探开发的时空布局。禁止在自然保护区、风景名胜区、饮用水水源保护区和地质灾害危险区等禁采区内开采页岩气。

2）重庆市页岩气区县监管分配政策

建立健全市级与区县级监管机制，加强重庆市页岩气开发生产过程监管。页岩气勘探开发生产活动必须符合一定的相关技术标准和规范；鉴于现状，可参照石油天然气行业管理规范制定重庆市相关管理标准和规范。

3）重庆市页岩气产业效益考核制度

通过规划引导，逐步形成与环境保护、储运、销售和利用等外部条件相适应、与区域经济发展相协调的页岩气开发布局。

坚持页岩气勘探开发与生态保护并重的原则。钻井、压裂等作业过程和地面工程建设要减少占地面积、及时恢复植被、节约利用水资源，落实各类废弃物处置措施，保护生态环境。

页岩气勘探开发利用必须依法开展环境影响评价，环保设施与主体工程要严格实行项目建设“三同时”制度。

12.2.4 促进重庆页岩气市场完善与监管措施与建议

1）充分发挥市场机制作用

深化改革，充分发挥市场机制作用，统筹兼顾，标本兼治，加快推进页岩气定价机制、管网接入等重点领域和关键环节改革，构建有利于促进页岩气产业可持续发展的体制机制。

提高就地转化水平。从产业结构调整升级的要求来看，一方面要大力支持这些地区加快发展天然气化工产业，另一方面要制定重庆天然气化工优势产业发展规划，积极引进发展高端产业链，并指导地区间产业合理布局、错位发展。

重庆天然气用气结构主要由居民消费、工业生产、化肥生产等组成。天然气供应长期紧张，将会导致天然气价格上涨，特别是中亚（土库曼斯坦、哈萨克斯坦等）气、缅甸气进入，将加速价格调整进程，因此必须进一步优化天然气用气结构。居民用气消费需求（含 CNG）总体呈不断上升趋势，这是重庆用气应确保的重点。在工业生产中，则应把有限的天然气向产业链长、附加值高、经济效益好的企业倾斜，努力提高天然气利用效率和产出效益。化肥生产企业用气量大，对价格调整的承受能力有限。在天然气供应紧张的情况下，一方面应确保重庆农业生产对化肥需求的天然气供应，另一方面应对化肥生产企业进行结构调整，积极发展深加工，积极支持部分化肥生产企业逐步转型。

2）构建页岩气开发环境监管长效协调机制

我国页岩气勘探开发应坚持“在保护中发展，在发展中保护”的基本原则。环保部门要加强自然资源、发改委、能源和水利等相关利益部门的沟通，明确职责范围，建立信息共享和协调联动机制，提高综合决策能力，推动环境保护融入页岩气资源管理、发展规划以及产业政策的制定过程中，为协同控制页岩气开发进程中的各类环境风险提供机制保障。同时，通过宣传教育，增强公民参与意识，培育国内环保组织发展，鼓励环保组织发挥社会监督作用，积极探索页岩气开发环境问题的社会化治理模式。

加强对开采企业的全程环境监测。借鉴美国经验，页岩气开发应侧重在“监督”上，不能等出了事故再处罚解决。因此，应制定严格的监测技术规范，对目前页岩气开发区域的气体排放量、空气质量以及地下水、地表水进行监测。

率先探索建立第三方监测、评估和认证体制。实施第三方监督，在于确保相关企业遵循政策法规和标准，接受不定期检查和独立测量监测。第三方监督可以消除公众对企业行为的怀疑，同时也能帮助页岩气开采企业采取最佳操作方法。

3）尽快出台页岩气开发环境监管暂行办法

强化“在保护中发展”意识，严格执行页岩气开发的规划环评和项目环评制度等环保法律制度。结合《水污染防治法》《大气污染防治法》《环境影响评价法》等法律修订工作，尽快制定基于我国现有技术现状的页岩气开发环境管理暂行规定，对页岩气开发环境监管方面提供指导和规范，确保环境监管尽快到位。同时，因地制宜出台页岩气开发环境监管的地方性法规和相关管理办法。

4）加快提出页岩气开发环境监管综合能力建设方案

借鉴国外经验，结合我国基本国情，抓紧针对页岩气开发的关键风险点和监管要素制定相关污染物排放标准、技术规范及其他相关管理规范，推进重庆页岩气开发环境监管综合能力建设。具体而言，一是在环境准入环节加快研究制定用于规范页岩气资源评价、勘探开发以及商业化开采的环境影响评价技术导则，要求相关油气公司在页岩气开发前进行详细而恰当的水质和空气质量背景值测试，同时，探索许可证管理的制度设计。二是在钻井环节借鉴美国各州经验，结合国内开采常规油气的推荐做法，针对套管和固井作业做出具体环境保护规定。特别是各企业在执行增产作业之前，应向环保等相关部门提交每个气井的监控报告，使监管机构能够确定固井作业是否已妥善完成。三是推进制定页岩气开采的废水排放标准、废水处理处置相关规定，以及油基钻屑等固体废物处置规范，并对水力压裂法出台专门技术规范，加强地表水和地下水的水质管理。四是推动制定页岩气开发的废水地下灌注管理规范，提出公开披露压裂液组分信息的相关环保要求。五是出台适用于页岩气开发的环境监测以及环境监督检查的相关管理规定，推动建立污染责任事故防范以及事故应急管理办法。

参考文献

[1] Arredondo-Ramírez K.，Ponce-Ortega J M，El-Halwagi M M. Optimal planning and infrastructure development for shale gas production[J]. Energy Conversion & Management，2016，119：91-100.

[2] Asche F，Oglend A，Osmundsen P. Gas versus oil prices the impact of shale gas[J]. Energy Policy，2012，47（10）：117-124.

[3] Boersma T，Johnson C. the Shale Gas Revolution：U.S. and EU Policy and Research Agendas[J]. Review of Policy Research，2012，29（4）：570-576.

[4] Bunch A G，Perry C S，Abraham L，et al.. Evaluation of impact of shale gas operations in the Barnett Shale region on volatile organic compounds in air and potential human health risks.[J]. Science of the Total Environment，2014，468-469（2）：832-842.

[5] Clark C E，Burnham A J，Harto C B，et al.. Introduction：The technology and Policy of Hydraulic Fracturing and Potential Environmental Impacts of Shale Gas Development[J]. Environmental Practice，2012，14（4）：249-261.

[6] Considine T，Watson R，Entler P，et al.. An emerging giant：Prospects and economic impacts of developing the Marcellus Shale natural gas play[R]. Pennsylvania：The Pennsylvania State University，2009.

[7] Considine T，Watson R，Blumsack S. the economic impacts of the Pennsylvania Marcellus Shale natural gas play：An update[J]. Journal of Comparative & Physiological Psychology，2010，52（4）：399-402.

[8] Common wealth of Australia：User Manual ANSWER MARKAL，An Energy Policy Optimization Tool [M]. Australia：The Australian Bureau of Agricultural and Resource Economics，1999.

[9] Caporin M，Fontini F. The Long-Run Oil-Natural Gas Price Relationship and the Shale Gas

Revolution[J]. Energy Economics，2015.

[10] Cao Z Y，Amp C I，Polytechnic T. Application Status of Shale Gas Exploration，Development Equipment and Its Development Strategy（Part One）[J]. Journal of Chongqing Industry & Trade Polytechnic，2015.

[11] Dong D，Zou C，Dai J，et al.. Suggestions on the development strategy of shale gas in China [J]. Journal of Natural Gas Geoscience，2016，1（6）：413-423.

[12] Drohan P J，Brittingham M，Bishop J，et al.. Early trends in landcover change and forest fragmentation due to shale-gas development in Pennsylvania：a potential outcome for the Northcentral Appalachians[J]. Environmental Management，2012，49（5）：1061-1075.

[13] Donnelly S，Wilson I C，Appiah J O. Comparing land change from shale gas infrastructure development in neighboring Utica and Marcellus regions，2006–2015[J]. Journal of Land Use Science，2017，12（1）.

[14] Duman R J. Economic viability of shale gas production in the Marcellus shale；indicated by production rates，costs and current natural gas prices. Houghton，MI：Michigan technological University；2012.

[15] Dong X U，Sun C，Liang C. Analysis on influence factors of economic benefits of shale gas development in China and its policy suggestions[J]. International Petroleum Economics，2018.

[16] Evensen D. On the complexity of ethical claims related to shale gas policy[J]. Local Environment，2017：1-8.

[17] Finkel M，Hays J，Law A. The shale gas boom and the need for rational policy[J]. American Journal of Public Health，2013，103（7）：1161-1163.

[18] Faouzi Aloulou. Argentina and China lead shale development outside North America in first-half 2015.

[19] Fishbone L G，Abilock H. MARKAL-A linear programming model for energy systems analysis[J]. International Journal of Energy Research，1981，5：353-375.

[20] Gaspar J，Mathieu J，Yang Y，et al.. Microbial Dynamics and Control in Shale Gas Production[J]. Environ.sci.technol.lett，2014，1（12）：465-473.

[21] Golden J M，Wiseman H J. The Fracking Revolution：Shale Gas as a Case Study in Innovation Policy[J]. Social Science Electronic Publishing，2015，64（4）：955.

[22] Hou D J，Bao S J，Mao X P，et al.. Discussion on the Key Issues of Resource Potential Evaluation for Shale Gas[J]. Journal of Earth Sciences & Environment，2012，34（3）：7-16.

[23] Hasaneen R，El-Halwagi M M. Using integrated process and microeconomic analyses to enable effective environmental policy for shale gas in the USA[J]. Clean Technologies & Environmental Policy，2017，19（9）：1-15.

[24] Hefley WE，Seydor SM，Bencho MK，Chappel I，Dizard M，Hallman J，et al.. The economic impact of the value chain of a Marcellus shale well. Pittsburgh，PA：University of Pittsburgh；2011.

[25] Higginbotham A.The economic impact of the natural gas industry and the Marcellus Shale development in West Virginia in 2009 [R].West Virginia：Oil and Natural Gas Association，2010.

[26] Hu D，Xu S. Opportunity，challenges and policy choices for China on the development of shale gas[J]. Energy Policy，2013，60（5）：21-26.

[27] Hui J X，Cai W J，Wang C. Assessing the Influence of Shale Gas Boom on China's Power Sector and Environmental Policy by Modeling[J]. Advanced Materials Research，2014，962-965：1762-1766.

[28] International Atomic Energy Agency. MESSAGE User Manual [M]. 2002.9.

[29] Jenner S，Lamadrid A J. Shale gas vs. coal：Policy implications from environmental impact comparisons of shale gas，conventional gas，and coal on air，water，and land in the United States[J]. Energy Policy，2013，53（1）：442-453.

[30] Klein，Michael. Hydraulic fracturing and shale gas extraction[J]. Digestive & Liver Disease，2013，47：e52.

[31] Kerschke D I，Schulz H M. The shale gas potential of Tournaisian，Visean，and Namurian black shales in North Germany：baseline parameters in a geological context[J]. Environmental Earth Sciences，2013，70（8）：3817-3837.

[32] Kharak Y K，Thordsen J J，Conaway C H，et al.. The Energy-Water Nexus：Potential Groundwater-Quality Degradation Associated with Production of Shale Gas [J]. Procedia Earth & Planetary Science，2013，7：417-422.

[33] Lei X，Xin S Y，Gao W J，et al.. Research on technical solutions to equipment and downhole

tools for shale gas efficiently drilling and completion[J]. China Mining Magazine，2015.

[34] Li L I，Liu B，Weiqing H U. Comparison and Selection of Equipment Industry Development Mode of Chongqing Shale Gas[J]. Journal of Chongqing University，2014.

[35] Linn J，Muehlenbachs L，Wang Y. How Do Natural Gas Prices Affect Electricity Consumers and the Environment？[J]. Social Science Electronic Publishing，2014.

[36] Lirabarragán L F，Ponceortega J M，Guilléngosálbez G，et al.. Optimal Water Management under Uncertainty for Shale Gas Production[J]. Industrial & Engineering Chemistry Research，2016，55（5）.

[37] Mackay D，Stone T. Potential greenhouse gas emissions associated with shale gas production and use[J]. 2013.

[38] Mian MA. Economics of global shale gas development. London：CWC School for Energy；2013.

[39] Moniz E J，Jacoby H D，Meggs A，et al.. The future of natural gas[R]. Cambridge：Massachusetts Institute of technology，2011.

[40] Munasib A，Rickman D S. Regional economic impacts of the shale gas and tight oil boom：A synthetic control analysis[J]. Regional Science and Urban Economics，2015，50：1-17.

[41] New York State Department of Transportation.Transportation impacts of potential Marcellus shale gas development [R]. US：Draft Discussion Paper，2011.

[42] Nome S，Johnston P. From shale to shining shale：a primer on North American natural gas shale plays. New York，NY：Deutsche Bank；2008.

[43] Nicot J P，Scanlon B R. Water use for Shale-gas production in Texas，U.S.[J]. Environmental Science & Technology，2012，46（6）：3580.

[44] Nicot J P，Scanlon B R，Reedy R C，et al.. Source and Fate of Hydraulic Fracturing Water in the Barnett Shale：A Historical Perspective[J]. Environmental Science & Technology，2014，48（4）：2464-2471.

[45] Office of Fossil Energy and National Energy Technology Laboratory，US Department of Energy. Modern shale gas development in the United States：A primer[R]. Oklahoma：Gound Water Protection Council，2009.

[46] Osborn S G，Vengosh A，Warner N R，et al.. Methane contamination of drinking water

accompanying gas-well drilling and hydraulic fracturing[J]. Proceedings of the National Academy of Sciences of the United States of America，2011，108（20）：8172-8176.

[47] O'Sullivan F，Paltsev S. Shale gas production：potential versus actual greenhouse gas emissions[J]. Environmental Research Letters，2012，2012（7）：044030.

[48] Peng M，Liang H，Chen J. Shale Gas Development：Pollution Disparity and Protection Policy[J]. Chongqing Social Sciences，2016.

[49] Pearson I，Zeniewski P，Gracceva F，Zastera P，McGlade C，Sorrell S，et al.. Unconventional gas：potential energy market impacts in the European Union. Petten：Joint Research Centre of the European Commission；2012.

[50] Rahm B G，Riha S J. Toward strategic management of shale gas development：Regional，collective impacts on water resources[J]. Environmental Science & Policy，2012，17（1）：12-23.

[51] Rumbach A. Natural gas drilling in the Marcellus shale：Potential impacts on the tourism economy of the Southern Tier [R]. Southern Tier Central Regional：Planning and Development Board，2011.

[52] Ross D J K，Bustin R M. The importance of shale composition and pore structure upon gas storage potential of shale gas reservoirs[J]. Marine & Petroleum Geology，2009，26（6）：916-927.

[53] Sun P. The Analysis of Shale Gas Industry's Action on Promoting USA Economy[J]. Petroleum & Petrochemical Today，2013，46（6）：1337-1343.

[54] Tullo A. Petrochemicals：Dow Chemical and oil company YPF explore shale gas in Argentina[J]. Chem.eng.news，2014，91（14）：7.

[55] Tomain J P. Shale Gas and Clean Energy Policy[J]. Case Western Reserve Law Review，2013.

[56] Vengosh A，Warner N，Jackson R，et al.. The Effects of Shale Gas Exploration and Hydraulic Fracturing on the Quality of Water Resources in the United States [J]. Procedia Earth & Planetary Science，2013，7：863-866.

[57] Walter G R，Benke R R，Pickett D A. Effect of biogas generation on radon emissions from landfills receiving radium-bearing waste from shale gas development.[J]. Journal of the Air & Waste Management Association，2012，62（9）：1040-1049.

[58] Wei J，Duan H，Yan Q，et al.. New trend for shale gas industry in the United States under the

New Energy Policy and the cooperation prospects between China and the United States[J]. China Mining Magazine，2018.

[59] Wu Y，Chen K，Yang Y，et al.. A system dynamics analysis of technology，cost and policy that affect the market competition of shale gas in China[J]. Renewable & Sustainable Energy Reviews，2015，45：235-243.

[60] Xi-Shun W U，Sun Z T，Shu S Q，et al.. Global shale gas development pattern and policy review[J]. China Mining Magazine，2015.

[61] Xiangtao L I，Shi W，Guo M，et al.. Characteristics of Marine Shale Gas Reservoirs in Jiaoshiba Area of Fuling Shale Gas Field[J]. Journal of Oil & Gas Technology，2014.

[62] Yang H，Peng M，Zhang Y. Tax and Fee Policy of Shale Gas Resources Development Impact on Environment[J]. Ecological Economy，2015.

[63] Yuan J，Luo D，Xia L，et al.. Policy recommendations to promote shale gas development in China based on a technical and economic evaluation[J]. Energy Policy，2015，85：194-206.

[64] Zeng Y，Yang B. Equipment outfitting and application for large-scale fracturing in shale gas horizontal wells[J]. Oil Drilling & Production Technology，2013，35（6）：78-82.

[65] Zhao Q，Liu D X，Yang S，et al.. China's shale gas policy and the effect for the industry[C]//International Conference on Sustainable Development. 2016：225-230.

[66] Zhang J，Yang M，Xu B，et al.. A novel intelligent sliding sleeve for shale oil and gas mining equipment[J]. Journal of Petroleum Science & Engineering，2017，158.

[67] 安少辉，张作宏，汤少兵. 中国页岩气勘探开发浅析[J]. 西部探矿工程，2016，28（7）：50-53.

[68] 鲍健强，章许旷野，房凯. 美国页岩气开发的环境评估与保护对中国的启示[J]. 未来与发展，2014（8）：55-60.

[69] 鲍玲，董秀成，李慧. 发展页岩气如何避免走煤层气的老路[J]. 企业管理，2013（12）：7-8.

[70] 毕竞悦. 冷静面对“页岩气革命”[J]. 绿叶，2012（12）：52-54.

[71] 蔡万江. 基于专利信息的页岩气技术发展现状分析与对策研究[D]. 北京：北京工业大学，2014.

[72] 曹俊兴. 页岩气开发：机遇与挑战[J]. 科学，2015，67（5）：39-41.

[73] 常治辉. 能源杂论页岩气产业纳入国家战略性新兴产业[J]. 变频器世界，2013（12）：22.

[74] 陈海波. 页岩气革命与北美能源独立及其对中国的启示[J]. 天然气技术与经济，2013（5）：7-10.

[75] 陈卫东. 壳牌不是页岩气革命的牺牲品[J]. 中国石油石化，2014（7）：32.

[76] 程涌，陈国栋，尹琼，等. 中国页岩气勘探开发现状及北美页岩气的启示[J]. 昆明冶金高等专科学校学报，2017，33（1）：16-24.

[77] 崔永强，张玉玮. 页岩气工业前景取决于储层[J]. 天然气工业，2013，33（12）：60-65.

[78] 杜群，万丽丽. 美国页岩气能源开发的环境法律管制及对中国的启示[J]. 中国政法大学学报，2015（6）：146-158.

[79] 董普，贾冬冬. 我国页岩气开发环境保护及评价指标体系研究[J]. 中国人口·资源与环境，2013（S1）：71-73.

[80] 董普，滕宇，黄红红. 影响我国页岩气开发战略的核心竞争力——涉及页岩气开发上市公司价值评估[J]. 会计之友，2014（9）：44-48.

[81] 董大忠，邹才能，戴金星，等. 中国页岩气发展战略对策建议[J]. 天然气地球科学，2016，27（3）：397-406.

[82] 董书礼. 从配角变主唱——美国页岩气产业发展的经验与启示[J]. 中国科技财富，2013（1）：66-68.

[83] 董书礼，宋振华. 美国页岩气产业发展的经验与启示[J]. 高科技与产业化，2013，9（5）：94-97.

[84] 段鹏飞. PPP 模式在我国页岩气开发行业中的应用研究[D]. 大连：东北财经大学，2013.

[85] 方小美，陈明霜. 页岩气开发将改变全球天然气市场格局——美国能源信息署（EIA）公布全球页岩气资源初评结果[J]. 国际石油经济，2011，19（6）：40-44.

[86] 冯相昭，李静，王敏，等. 基于 SWOT 的中国页岩气开发战略评析[J]. 环境与可持续发展，2013，38（2）：15-20.

[87] 富景筠. “页岩气革命”“乌克兰危机”与俄欧能源关系——对天然气市场结构与权力结构的动态分析[J]. 欧洲研究，2014（6）：82-98.

[88] 傅津，刘志刚. 国际油田服务公司一体化发展的经验和启示[J]. 国际石油经济，2012，20（4）：26-33.

[89] 甘会春，沙亚南，李海庆，等. 我国页岩气研究概况及江苏地区潜力分析[J]. 能源与环保，2017，39（4）：78-82.

[90] 高猛. 中国页岩气勘探开发新突破及发展前景思考[J]. 工程技术：文摘版：00320-00320.
[91] 高阳，罗玲，李文博，等. 我国页岩气产业发展分析[J]. 中国矿业，2015（8）：23-25.
[92] 高哲. 波兰页岩气矿业权法律制度及其启示[J]. 山西能源学院学报，2015（2）：180-183.
[93] 管清友，李君臣. 美国页岩气革命与全球政治经济格局[J]. 国际经济评论，2013（2）：21-33.
[94] 郭焦锋，高世楫，赵文智，等. 我国页岩气已具备大规模商业开发条件[J]. 新重庆，2015（5）：27-29.
[95] 国务院发展研究中心资源与环境政策研究所. 天然气发展报告 2017. 北京：中国石油出版社，2017.
[96] 国金证券. 页岩气：投资从设备服务向资源扩散[J]. 股市动态分析，2012（33）：59.
[97] 郭小哲. 页岩气资源—环境—技术协调发展对策[J]. 石油科技论坛，2014，33（2）：36-39.
[98] 贺鹏. 浅析页岩气地面工程建设[J]. 化学工程与装备，2015（4）：151-152.
[99] 何红生. 探索页岩气环保型开采[J]. 矿业装备，2014（10）：38.
[100] 何世念，宗刚，王孝祥，等. 我国页岩气商业开发驶入快车道——专家纵论中国石化涪陵页岩气大突破[J]. 中国石化，2014（4）：27-32.
[101] 何艳青，杨金华，张焕芝，等. 中美页岩气开发技术对比分析[C]//中国工程院/国家能源局能源论坛，2012.
[102] 湖北省政府办公厅、湖北省国土资源厅联合调研组. 合力攻坚加快实现湖北页岩气勘探开发战略突破——关于加快推进湖北省页岩气勘探开发政策措施的思考[J]. 资源环境与工程，2016，30（4）：595-597.
[103] 胡惠雯. 开发页岩气，为能源革命争“气”[J]. 化工管理，2016（7）：53-56.
[104] 胡亮. 国内外页岩气开采利用发展情况概览[J]. 军民两用技术与产品，2014（12）：11-12.
[105] 胡彦. 页岩气对俄欧天然气贸易的影响评析[D]. 上海：华东师范大学，2013.
[106] 黄华良. 重庆能源页岩气公司治理结构研究——对等股权合资企业管控[D]. 重庆：重庆大学，2014.
[107] 姜韵韵. 我国页岩气产业发展路径研究[J]. 商，2016（10）：282.
[108] 江永宏. 页岩气勘探和开发政策研究初探[J]. 科技创新导报，2012（26）：20-21.
[109] 金庆花，张大权，翟刚毅. 关于推进我国页岩气跨越式发展的思考与建议[C]//全国青年地质大会. 2013：638-640.
[110] 金兴学. 楚雄盆地页岩气勘探前景[D]. 荆州：长江大学，2016.

[111] 景东升，魏东. 我国页岩气勘探开发现状及政策思考[J]. 中国石油和化工经济分析，2012（7）：6-8.

[112] 荆克尧，邓群丽，刘岩. 对加快中国页岩气产业发展的建议[J]. 国际石油经济，2011，19（11）：65-68.

[113] 赖惠能，王建. 全国政协委员陈世强：页岩气开发尚未起步[J]. 小康：财智，2015（5）：55-55.

[114] 李成标. 湖北省页岩气产业发展模式及政策创新研究[M]. 北京：经济科学出版社，2015.

[115] 李垂窈，文革，杨宝平，等. 四川页岩气产业发展的 SWOT 分析[J]. 天然气技术与经济，2016（1）：70-74.

[116] 李宏勋，张汶汶，王海军. 基于中国特殊地质特性的页岩气储量评价方法研究[J]. 改革与战略，2013，29（11）：43-45.

[117] 李宏勋，张杨威. 全球页岩气勘探开发现状及我国页岩气产业发展对策[J]. 中外能源，2015，20（5）：22-29.

[118] 李世臻，乔德武，冯志刚，等. 世界页岩气勘探开发现状及对中国的启示[J]. 地质通报，2010，29（6）：918-924.

[119] 李建忠，董大忠，陈更生，等. 中国页岩气资源前景与战略地位[J]. 天然气工业，2009（5）：11-16.

[120] 李良，钱家忠，荆铁亚，等. 我国页岩气开发的五个跨越与“十三五”发展五项建议[J]. 中国能源，2016，38（3）：29-32.

[121] 李祾譞. 页岩气：不同利益的殊途同归[J]. 中国石化，2014（4）：66-68.

[122] 李梅. 松辽盆地北部青一段页岩气形成条件与资源评价[D]. 大庆：东北石油大学，2013.

[123] 李琼玖，李德宽，漆长席，等. 论煤炭与气体烃高温转化醇氨化工产品链的节能减排生态文明战略[C]//全国煤层气、页岩气开采利用技术及市场发展研讨会，2012.

[124] 李世臻，乔德武，冯志刚，等. 世界页岩气勘探开发现状及对中国的启示[J]. 地质通报，2010，29（6）：918-924.

[125] 李世祥，肖俊，等. 我国页岩气勘探开发战略研究——基于 SWOT 量化分析[J]. 中国国土资源经济，2014（7）：48-52.

[126] 李维波，赵蕴华，孟浩. 基于专利计量的页岩气技术发展态势分析[J]. 全球科技经济瞭望，2017，32（2）：49-57.

[127] 李岩，牟博佼. 国外页岩气开发实践对我国的启示[J]. 中国矿业，2013，22（3）：4-7.
[128] 李旸阳. 试论页岩气资源前景与战略地位[J]. 化工管理，2016（4）：108-108.
[129] 李玉喜，乔德武，姜文利，等. 页岩气含气量和页岩气地质评价综述[J]. 地质通报，2011，30（z1）：308-317.
[130] 黎江峰，吴巧生，汪金伟. 能源安全视角下我国页岩气产业绿色发展路径与保障政策[J]. 管理世界，2017（8）：176-177.
[131] 梁鹏，张希柱，童莉. 我国页岩气开发过程中的环境影响与监管建议[J]. 环境与可持续发展，2013，38（2）：25-26.
[132] 梁兴. 中国南方海相页岩气勘探评价进展与思考[C]//浙江省地质学会 2012 年学术年会. 2012.
[133] 梁捷. 借鉴篇 国际油公司的启示[J]. 中国石油企业，2008（5）：57-58.
[134] 陆如泉. 国际石油公司运营管理模式分析及启示[J]. 中国石油企业，2012（4）：35-36.
[135] 刘超. 我国页岩气开发管理的法律制度需求与架构——以波兰页岩气开发管理制度为镜鉴[J]. 社会科学研究，2015（2）：85-91.
[136] 刘超. 页岩气特许权的制度困境与完善进路[J]. 法律科学（西北政法大学学报），2015，33（3）：170-178.
[137] 刘德勋，王红岩，赵群，等. 中国页岩储层特征及开发技术挑战[J]. 广州化工，2015（23）：27-29.
[138] 刘鸿渊，魏东. 国家能源战略视角下的页岩气资源产业化发展研究[J]. 经济体制改革，2014（1）：120-124.
[139] 刘魁，张苏强. 当代页岩气革命的发展正义批判[J]. 南京工业大学学报（社会科学版），2015（1）：15-22.
[140] 刘琳，江昕，陈泰宇，等. 页岩气产业对美国经济发展的影响及中国应对策略的研究[J]. 世界有色金属，2016（20）：81-82.
[141] 刘龙. 页岩气资源开发利用管理研究[D]. 西安：长安大学，2014.
[142] 刘秋菊. 我国页岩气开发的环境法律规制探析[C]//湖北省法学会法经济学研究会 2017 年年会摘要集. 2017.
[143] 刘洪林，王红岩，刘人和，等. 中国页岩气资源及其勘探潜力分析[J]. 地质学报，2010，84（9）：1374-1378.

[144] 李玉喜. 我国页岩气资源潜力、发展历程和前景[C]//中国地质学会 2013 年学术年会论文摘要汇编——S13 石油天然气、非常规能源勘探开发理论与技术分会场，2013.

[145] 刘志逊，贾音传. 我国页岩气勘探开发进展及前景展望[J]. 中国矿业，2015，24（S2）：6-8.

[146] 龙胜祥，曹艳，朱杰，等. 中国页岩气发展前景及相关问题初探[J]. 石油与天然气地质，2016，37（6）：847-853.

[147] 娄志鹏，裴潇. 湖北省页岩气产业发展的风险及对策[J]. 北方经贸，2015（11）：81-82.

[148] 卢桂. 美国马塞勒斯页岩气开采的相关立法及借鉴[D]. 成都：西南政法大学，2014.

[149] 陆争光. 中国页岩气产业发展现状及对策建议[J]. 国际石油经济，2016，24（4）：48-54.

[150] 罗佐县. 北美页岩气产业发展与中资企业投资策略[J]. 对外经贸实务，2014（2）：18-20.

[151] 罗阿华. 开发页岩气，为能源革命争“气”[J]. 中国石油和化工，2016（2）：47-49.

[152] 罗牧云. 页岩气开发中的水资源保护法律问题研究[D]. 北京：北京理工大学，2015.

[153] 吕荣洁. 页岩气的界定标准决定页岩气的发展前景[J]. 中国石油石化，2013（2）：13-13.

[154] 马忠玉，肖宏伟. 能源革命视阈下我国页岩气产业发展战略研究[J]. 中国能源，2017，39（11）：14-18.

[155] 孟凡美. 新兴能源的发展对经济安全的影响[D]. 青岛：青岛大学，2016.

[156] 孟永涛. 页岩气水平井油基泥浆体系的研究及应用[D]. 荆州：长江大学，2013.

[157] 彭民，杨洪波，李玉喜，等. 页岩气资源开发的环境影响研究综述[J]. 资源开发与市场，2015，31（3）：327-331.

[158] 彭民，雷鸣，杨洪波，等. 我国页岩气资源开发中的环境政策选择——基于环境空间差异的考虑[J]. 生态经济（中文版），2016，32（4）：208-213.

[159] 潘继平. 页岩气开发现状及发展前景——关于促进我国页岩气资源开发的思考[J]. 国际石油经济，2009，17（11）：12-15.

[160] 潘继平. 对促进中国页岩气勘探开发若干问题的思考——2011 年中国页岩气发展回顾与思考[J]. 国际石油经济，2012，20（Z1）：101-106.

[161] 戚凯. 自主开发与国际市场：中国页岩气产业的两种战略[C]//中国石油学会石油经济专业委员会青年论坛，2014.

[162] 邱勇. 油公司模式下的岗位管理存在的问题及对策分析[J]. 人力资源管理，2014（4）：40-41.

[163] 邱茂鑫，郭晓霞. 国际石油公司商业模式的衰落与转变[J]. 国际石油经济，2016，24（12）：11-17.
[164] 邱中建，赵文智，邓松涛. 我国致密砂岩气和页岩气的发展前景和战略意义[J]. 中国工程科学，2012，14（6）：4-8.
[165] 琚璇. 中国页岩气产业发展评价及发展对策研究[D]. 石河子：石河子大学，2015.
[166] 陕亮，张万益，罗晓玲，等. 页岩气储层压裂改造关键技术及发展趋势[J]. 地质科技情报，2013（2）：156-162.
[167] 宋莹莹，高胜寒，朱玲利，等. 浅谈我国页岩气项目融资方式与需求分析[J]. 现代商业，2013（20）：66-67.
[168] 舒建中. 页岩气革命对美国能源主导地位的影响[J]. 国际观察，2014（5）：78-89.
[169] 苏彤. 美国能源独立战略的实施及其影响[D]. 长春：吉林大学，2014.
[170] 唐海侠. 中国页岩气发展战略对策分析[J]. 中国新技术新产品，2018（2）：116-117.
[171] 唐佳洁. 页岩气：博弈改变者[J]. 地球，2013（7）：62-65.
[172] 滕睿，孙竹. 国际石油公司管理模式的发展[J]. 中国石化，2009（6）：22-25.
[173] 王先礼. 关于油公司模式的利弊、对策及发展方向研究——兼析齐胜油气勘探开发有限公司[D]. 北京：对外经济贸易大学，2010.
[174] 王俊平. 湖北省页岩气的开发前景及建议[J]. 电网与清洁能源，2012，28（10）：97-101.
[175] 王礼刚，王瑾. 中俄能源合作的新机遇与路径——以页岩气革命为背景[J]. 阅江学刊，2014（2）：70-76.
[176] 王丽波，郑有业. 中国页岩气资源分布与节能减排[J]. 资源与产业，2012，14（3）：30-36.
[177] 王楠. 页岩气开发环境问题研究[J]. 当代经济，2013（1）：62-65.
[178] 王仁贵，张丹枫，晏齐宏. 页岩气开发的中国路径——页岩气开发“紧锣密鼓”[J]. 瞭望，2013（20）：22-26.
[179] 王小鹏. 试论页岩气的发展和石油格局的变化[J]. 现代经济信息，2014（22）：428.
[180] 王晔君. 首个独立行业政策发布页岩气产业发展定调市场化[J]. 华商，2013（11）：46.
[181] 卫永刚. 对胜利油田探索推进“油公司”模式的分析和思考[J]. 中国石油大学胜利学院学报，2013（4）：80-83.
[182] 魏静，段红梅，闫强，等. 能源新政下的美国页岩气产业新动向及中美合作前景[J]. 中国矿业，2018（2）：9-15.

[183] 尉智伟. 基于我国资源结构特点探究页岩气资源开发战略[J]. 中国石油和化工标准与质量，2013（13）：109.
[184] 文乔. 页岩气已进入能源战略视野[J]. 江汉石油科技，2011（2）：8.
[185] 吴炳乾，何发岐. 对我国页岩气发展的建议[J]. 中国石油企业，2011（6）：64.
[186] 吴放. 页岩气开发项目社会影响评价研究[D]. 成都：西南石油大学，2017.
[187] 吴国干，董大忠，曾少华，等. 页岩气资源潜力及发展策略——世界油气工业发展正历经从常规油气向非常规油气转化的关键时期，页岩油气、煤层气、致密岩性油气等非常规油气资源正成为油气勘探开发的新目标[J]. 世界石油工业，2010（6）：39-43.
[188] 吴凯彬，何兵，林兆勇，等. 钻井新工艺技术在长宁页岩气井中的应用[C]//中国石油学会石油科技装备专业委员会钻井液完井液技术研讨会，2011.
[189] 吴勘，杨树旺. 长江经济带页岩气资源开发投资分析——兼论页岩气资源价值开发区块优选[J]. 价格理论与实践，2017（6）：159-162.
[190] 夏玉强.Marcellus 页岩气开采的水资源挑战与环境影响[J]. 科技导报，2010，28（18）：103-110.
[191] 肖楠. 鼓励引导民间投资进入，加快我国页岩气产业发展[J]. 中国经贸导刊，2012（33）：21-23.
[192] 熊云川. 页岩气技术改变全球能源格局[J]. 建材发展导向，2013（1）：26-27.
[193] 熊运实，王彦昌，吴军涛，等. 我国页岩气开发环境保护面临的形势及对策[J]. 油气田环境保护，2015，25（6）：1-4.
[194] 许潇. 页岩气水平井体积改造技术综述[J]. 华东科技：学术版，2012（8）：444.
[195] 闫存章，黄玉珍，葛春梅，等. 页岩气是潜力巨大的非常规天然气资源[J]. 天然气工业，2009（5）：1-6.
[196] 杨宏会. 俄气的天然气发展战略及其挑战[J]. 国际石油经济，2013，21（6）：61-65.
[197] 杨庆芳，李诗珍. 湖北省页岩气发展现状及战略环境分析[J]. 长江大学学报（社科版），2015（12）：38-41.
[198] 杨光. 天然气供给缺口与页岩气的发展现状[C]//2010 中国博士后低碳经济与洁净能源科技与发展学术论坛，2010.
[199] 杨虹. 页岩气开发应防“一哄而上 一蹴而就 一哄而散”[J]. 中国战略新兴产业，2014（3）：70-71.

[200] 杨镱婷，唐玄，王成玉，等. 重庆地区页岩分布特点及页岩气前景[J]. 重庆科技学院学报（自然科学版），2010（2）：3-6.

[201] 姚国征，杨婷婷. 我国页岩气开发存在的问题及对策[J]. 西部资源，2014（2）：160-162.

[202] 殷建平，张琦. 三大国际综合油服公司的发展模式及启示[J]. 对外经贸实务，2010（10）：73-75.

[203] 殷建平，沈梦姣."页岩气革命"带来的影响及我国发展策略研究——基于中美页岩气开发成本对比分析[J]. 价格理论与实践，2014（12）：38-40.

[204] 尹硕，张耀辉. 页岩气产业发展的国际经验剖析与中国对策[J]. 改革，2013（2）：28-36.

[205] 游声刚，郭茜，吴艳婷，等. 重庆地区页岩气产业发展现状及对策建议[J]. 中国矿业，2015（7）：29-32.

[206] 余黎明，王玉川，夏永强. 合理开发利用我国页岩气资源的途径分析[J]. 化学工业，2014，32（2）：8-13.

[207] 余美. 基于科学发展观的我国页岩气开发战略研究[D]. 成都：西南石油大学，2015.

[208] 喻清. 美国页岩气革命对于美国和中东地缘政治的影响[J]. 商，2015（20）：85-86.

[209] 袁宁，王仁山，施志强，等. 福建省非常规能源（干热岩、页岩气）学科发展报告[J]. 海峡科学，2016（1）：3-14.

[210] 岳鹏升，石乔，岳来群，等. 中国页岩气近期勘探开发进展[J]. 天然气勘探与开发，2017，40（3）：38-44.

[211] 曾博雅. 我国页岩气产业发展的财税政策研究[D]. 广州：暨南大学，2016.

[212] 查全衡. 立足实际深化改革促进页岩气开发[J]. 石油科技论坛，2014，33（2）：1-3.

[213] 张平占. 中国特色油公司模式的演变历程与启示[J]. 国际石油经济，2016，24（4）：23-28.

[214] 张宝成. 引入社会资本促进我国页岩气产业发展的路径研究[D]. 北京：中国地质大学，2016.

[215] 张大伟. 加快中国页岩气勘探开发和利用的主要路径[J]. 天然气工业，2011，31（5）：1-5.

[216] 张大伟. 我国页岩气探采与利用路径思考[J]. 资源导刊，2011（8）：7-8.

[217] 张大伟. 加强中国页岩气资源管理的思路框架[J]. 天然气工业，2011，31（12）：115-118.

[218] 张大伟.《页岩气发展规划（2011—2015 年）》解读[J]. 天然气工业，2012，32（4）：6-8.

[219] 张大伟. 绘就"能源革命"路线图——《页岩气发展规划（2011—2015 年）》解读[J]. 国土资源，2012（4）：43-45.

[220] 张大伟. 加强对外合作，促进页岩气勘探开发[J]. 中国国土资源经济，2012，25（5）：11-13.
[221] 张大伟. 中国页岩气勘探开发与对外合作现状[J]. 国际石油经济，2013，21（7）：47-52.
[222] 张大伟. 建设“页岩气特区” 千亿产量可期[J]. 地球，2014（9）：26-27.
[223] 张大伟. 中国非常规油气资源及页岩气未来发展趋势[J]. 国土资源情报，2016（11）：3-7.
[224] 张金川，姜生玲，唐玄，等. 我国页岩气富集类型及资源特点[J]. 天然气工业，2009，29（12）：109-114.
[225] 张定宇. 中国页岩气产业发展对策建议[J]. 国际石油经济，2012（11）：64-68.
[226] 张东晓，杨婷云，吴天昊，等. 页岩气开发机理和关键问题[J]. 科学通报，2016（1）：62-71.
[227] 张福兴. 表面等离子体共振页岩气含量传感器的设计与研究[D]. 东北石油大学，2015.
[228] 张恒龙，秦鹏亮.“页岩气革命”对国际政治经济关系的重构作用[J]. 安徽师范大学学报（人文社科版），2014，42（2）：185-191.
[229] 张凯亮，樊树启. 鄂尔多斯盆地页岩气潜力评价及科学勘探开发探讨[C]//内蒙古自治区自然科学学术年会，2013.
[230] 张抗. 美国能源独立和页岩气革命的深刻影响[J]. 中外能源，2012，17（12）：1-16.
[231] 张抗. 从页岩气革命看中国资源勘探的战略方向[J]. 地质与资源，2013，22（4）：259-263.
[232] 张抗，卢向前. 涪陵页岩气田发现并转入商业开发中国页岩气发展实现战略性突破[J]. 国际石油经济，2015，23（1）：29-30.
[233] 张铭路，李胜蓝，刘海涛. 页岩气发电的现状及发展策略分析[J]. 南京工程学院学报（自然科学版），2014，12（3）：43-47.
[234] 张茉楠. 中国能够复制美国页岩气革命吗？[J]. 发展研究，2013（6）：24-26.
[235] 张前荣. 页岩气开发的国际经验及对我国的借鉴价值[J]. 发展研究，2013（10）：71-74.
[236] 张淑英，柴晶晶，李德山，等. 四川页岩气产业发展战略研究[J]. 中国能源，2016，38（4）：22-26.
[237] 张所续. 加快我国页岩气勘探开发的建议[J]. 国土资源，2013（12）：48-49.
[238] 张卫国. 关于页岩气开发利用的思考[J]. 内蒙古石油化工，2013（4）：46-48.
[239] 张晓伟. 中美页岩气产业政策环境比较及中国的政策选择[D]. 北京：北京大学，2014.
[240] 张子琴. 我国页岩气产业私募股权投资基金应用研究[D]. 北京：中国地质大学，2014.
[241] 赵文智，李建忠，杨涛，等. 我国页岩气资源开发利用的机遇与挑战[C]//中国工程院/国家能源局能源论坛，2012.

[242] 赵文光，夏明军，张雁辉，等. 加拿大页岩气勘探开发现状及进展[J]. 国际石油经济，2013，21（7）：41-46.

[243] 赵亚丽. 页岩气革命背景下中国石油安全预警与对策研究[D]. 北京：中国石油大学（华东），2014.

[244] 赵熠."十三五"产量目标大幅下调 页岩气开发趋于理性[J]. 中国战略新兴产业，2015（9）：24-26.

[245] 郑娟尔，袁国华，罗世兴，等. 阿根廷页岩气勘探开发政策及对我国的启示[J]. 国土资源情报，2016（1）：8-12.

[246] 舟丹. 中国石化逆势而为，大举开发页岩气[J]. 中外能源，2016，21（1）：73.

[247] 周云亨，关婷，叶瑞克. 中国发展页岩气的优势、障碍及政策选择[J]. 江南社会学院学报，2015，17（3）：24-28.